Taijiao Yu Zaojiao Xijie Quanshu

胎教与早教细节全书

付娟娟/编著

图书在版编目（CIP）数据

胎教与早教细节全书 / 付娟娟编著. —北京：中国人口出版社，2015.1

ISBN 978-7-5101-2995-7

Ⅰ.①胎… Ⅱ.①付… Ⅲ.①胎教—基本知识 ②早期教育—基本知识 Ⅳ.①G61

中国版本图书馆CIP数据核字（2014）第271804号

胎教与早教细节全书

付娟娟　编著

出版发行　中国人口出版社
印　　刷　北京燕旭开拓印务有限公司
开　　本　720毫米×960毫米　1/16
印　　张　20.75　　插页　2
字　　数　300千
版　　次　2015年1月第1版
印　　次　2015年1月第1次印刷
书　　号　ISBN 978-7-5101-2995-7
定　　价　32.80元

社　　长　张晓林
网　　址　www.rkcbs.net
电子信箱　rkcbs@126.com
总编室电话　(010) 83519392
发行部电话　(010) 83514662
传　　真　(010) 83515922
地　　址　北京市西城区广安门南街80号中加大厦
邮　　编　100054

目录 CONTENTS

Part 1 从细节入手做胎教，胎宝宝成长更健康

CONTENTS

CONTENTS

Part 2 0~3岁宝宝同步早教

CONTENTS

CONTENTS

CONTENTS

CONTENTS

CONTENTS

CONTENTS

CONTENTS

Part 1
从细节入手做胎教，胎宝宝成长更健康

孕1月，受孕伊始的胎教细节

胎宝宝的发育特征

在怀孕第1个月中，新生命的成长速度比他一生中任何时候都快，在月末他要长到比受精卵大1万倍。

孕3周时也就是真正的怀孕刚刚开始时，胎宝宝长约0.2毫米，重约1.05微克，是由受精卵形成的小小胚芽。小小的胚芽在2周末可见到心脏的外形，心脏在第3周开始跳动。

4周时脑和脊髓的原形开始出现，胚芽的身材开始增长，达0.5～1.0厘米，体重增加至0.5～1.0克。整个胚芽折成圆筒状，头尾弯向腹侧，有长尾巴。原始的神经孔闭合，脑泡形成（以后发育成大脑），原肠出现（以后发育成各种脏器），与母体相连的脐带开始发育。随即眼杯、听泡、鼻窝、口门及肢芽一一出现，血液循环建立，胎盘雏形形成。此时胎宝宝已能像蚯蚓一样蠕动。

准妈妈别把早孕反应当感冒

怀孕后，准妈妈身上会出现一些现象，只要留意，一般都可以发现。到本月末，最先发现的是月经停了。另外，有的准妈妈比较敏感，孕1月末就有早孕反应，但大部分要进入孕2月才能发现，比如基础体温居高不下、乳房增大，乳头、乳晕颜色加深，乳头四周出现小结节，乳房敏感，一碰就痛，臀部变大等。

另外需要特别注意的一点是会出现类似感冒的症状，比如周身发热，浑身倦怠乏力；周身发冷，睡意绵绵，清晨起来有些睡不醒的感觉；头晕、恶心等。

建议准妈妈如果正在备孕，一旦出现这样的症状时，别先急着吃药，可以先买一个试纸自己测一下，阳性和弱阳性一般情况下都是怀上了，这时候准妈妈要多注意身体了。什么药都不要再吃了，早孕的不适会随着孕育时间延长逐渐消失，到孕4月就会舒服些了。

其实，准妈妈在备孕期，不确定怀孕时，就应该事事当心了，提前把自己当个孕妇看待是没有错的。

孕事细节

精卵相遇到宝宝出生，实际需要266天左右，但习惯上整个孕程按照40周或280天来计算，末次月经的第一天作为孕期的第一天，每4周计为1个月(28天)。这样算来，怀孕全程即为280天，40周。

营养胎教：补充叶酸

据研究，准妈妈早期缺乏叶酸，可造成胎宝宝器官形成障碍，引起神经管畸形、神经管闭合不全，最终导致无脑畸形或脊柱裂畸形。因此，准妈妈需要从孕前3个月开始，直到孕后3个月结束，每天补充0.4毫克叶酸。

服用叶酸时，最好咨询医生，按照医生的要求购买服用。通常医生开的都是斯利安叶酸片，这是目前我国唯一一个经过政府批准使用的预防胎宝宝神经管畸形的药物。不要在药店里擅自购买其他叶酸制剂，那可能是有治疗效果的药剂，含量较高，要慎用，叶酸过量同样会导致胎宝宝畸形。

但是，并不是说不补充叶酸胎宝宝就一定会出现神经管畸形，有可能准妈妈本身体内叶酸水平并不低，根本就不需要补充，所以没有补充叶酸就已经怀孕的准妈妈不要为此忧心，接着补充并定时做孕检即可。

胎教细节

准爸爸体内叶酸水平如果太低，有可能出现染色体断裂，增加畸形危险或威胁宝宝将来的健康，建议准爸爸和准妈妈一起从孕前3个月开始补充叶酸。

情绪胎教：拥有一颗平常心

准妈妈应有一颗平常心，不高估自己也不低估自己，将孕育一个胎宝宝看作是一件平常事，既积极主动，尽力而为，又顺其自然，不苛求事事完美，做好每天要做的事情，享受生活，享受做好每一件事情所带来的快乐，这会让自己有足够的力量承担怀孕过程中的挫折和苦闷。

孕育是一个神奇的过程，孕育生命不但复杂而且精密，精卵结合的瞬间，一个新的生命便开始孕育生成，细胞分裂后生命在一分一秒中不断成长。然而，孕育生命并非看起来那样难，也并非看上去那么特殊，它的本质是实现生命的延续，这是人类繁衍的必经之途，也是自古以来每个女性都拥有的一种权利，孕育之所以如此精密，正是因为人类经历了相当长久的进化，所以孕育也是相对安全的。

所以，对待孕产，准妈妈不应太大意，也没必要太紧张，平平淡淡、认认真真就足够。

胎教细节

现在生命孕育的知识已经相当普及，孕育的科学技术也在不断成熟，孕育宝宝比以前要好把握得多了，准妈妈只要调整好心态，配合好医生，孕育过程一般都会很顺利。

音乐胎教：享受纯音乐《晨光》带来的轻松

准妈妈聆听优美的音乐无疑是舒缓心情的好方法，班得瑞的纯音乐是很好的选择。

班得瑞乐团创作时通常深居在阿尔卑斯山林中，直到母带成品完成，这让他们拥有了最自然脱俗的音乐风格。

班得瑞的作品中，此阶段推荐听的是《晨光》。《晨光》用单单的键音，凉凉的旋律，描述了莱茵河清晨的景物。清晨，清澈的空气中传来流水声，朝阳初洒河面，雾气盘升，大地是朦胧的，氛围宁静，听者好像漫步在河边，呼吸着自然，感受着清爽。

整首音乐干净、纯粹、空灵，对大自然的热爱，对生活的热爱，对梦想的追求，融于音乐中，准妈妈常常可以听到其中有林中小鸟的鸣叫，有山林清泉的欢唱，有种子钻出地面呼吸新鲜空气的声音，有如诗如画的仙境般景象，一尘不染的画面洗涤着听者的心灵，感受人与自然的美与和谐、世界的静谧。

胎教细节

此时听音乐，主要为准妈妈放松心情、调整情绪之用，不要选择那些听了感觉悲伤的曲目，而改为欢快、清新、宁静的曲目。

语言胎教：泰戈尔的诗歌《开始》

泰戈尔的诗歌《开始》甜美、深切感人，是一首对生命的礼赞之歌。它通过一个母亲对孩子的自述，追溯了人类诞生孕育的全过程，满怀着母亲无限的爱意。读这首诗歌，准妈妈一定可以感受到生命的美好，体会到生命带来的温暖与感动。

开　始

泰戈尔

“我是从哪儿来的，你，在哪儿把我捡起来的？”孩子问他的妈妈说。

她把孩子紧紧地搂在胸前，半哭半笑地答道——“你曾被我当作心愿藏在我的心里，我的宝贝。

“你曾存在于我孩童时代的泥娃娃身上。每天早晨我用泥土塑造我的神像，那时我反复地塑了又捏碎了的就是你。

“你曾和我们的家庭守护神一同受到祀奉，我崇拜家神时也就崇拜了你。

“你曾活在我所有的希望和爱情里，活在我的生命里，我母亲的生命里。

“在主宰着我们家庭的不死的精灵的膝上，你已经被抚育了好多代了。

“当我做女孩子的时候，我的心的花瓣儿张开，你就像一股花香似的散发出来。

“你的软软的温柔，在我青春的肢体上开花了，像太阳出来之前的天空上的一片曙光。

“上天的第一宠儿，晨曦的孪生兄弟，你从世界的生命的溪流浮泛而下，终于停泊在我的心头。

“当我凝视你的脸蛋儿的时候，神秘之感淹没了我。你这属于一切人的，竟成了我的。

“为了怕失掉你，我把你紧紧地搂在胸前。是什么魔术把这世界的宝贝引到我这双纤小的手臂里来的呢？”

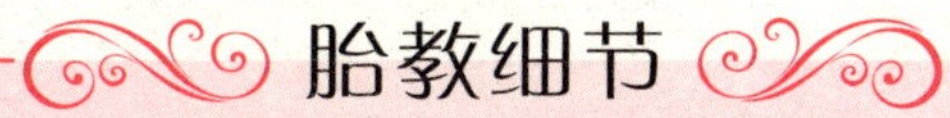

胎教细节

诗歌为很多人所不喜欢，准妈妈可能也是其中一员，如果默读可能就一目十行地过去了，如果是这样，建议准妈妈把诗歌朗读出来。

准爸爸胎教：从戒烟开始

二手烟严重危害准妈妈和胎宝宝的健康，准爸爸一定要戒烟。可以参考下面的建议戒烟。

❶ 一定要自己下定决心，这一点是至关重要的。可把二手烟对胎宝宝的危害写在烟盒上，准爸爸烟瘾上来的时候，看一看，强化自己的责任心，另外可多幻想以后宝宝可爱的模样，能增加决心。

❷ 使用一些辅助的工具。如吃戒烟糖或戒烟药、往鼻子里喷戒烟药水、使用戒烟牙膏或戒烟贴等。不过所有手段都最终要依靠准爸爸的毅力做支撑，否则全部作废。

❸ 主动避开有烟的环境，避免诱惑。如果禁不住诱惑，抽了一支，一切努力就都白费了。

胎教细节

准爸爸如果实在忍不住要抽烟，一定不要在家里封闭的卫生间抽，这会导致烟雾久久无法散去，更加损害准妈妈和胎宝宝的健康。

孕2月，正在构造身体的胎宝宝胎教细节

胎宝宝迅速构造身体

到孕2月时，胎宝宝生长发育已经进入器官形成期。受精后的15～56天是胚胎器官高度分化和形成期，表现为：

5周时，头大但松弛无力地垂下，已具有萌芽状态的手、脚和尾巴。

7周时，头、身体、手脚开始有区别，尾巴逐渐缩短。胚胎似乎已有人形模样。

脑、脊髓、眼、听觉器官、心脏、胃肠、肝脏初具规模，并因心、肝、消化管的发育，胚胎的腹部膨隆；眼睛出现轮廓，鼻部膨起，外耳开始有小皱纹，颜面已似人形；内外生殖器的原基能辨认，但外表上还分辨不出男女性别。

到7周末，胚胎身长已有2～3厘米，体重3～4克，头部占身体总长的一半。

另外，羊膜和绒毛膜构成的双层口袋中充满了羊水，胚胎浸泡在羊水中，可以自由流动。子宫如拳头大小，质柔软。

准妈妈要预防流产

进入孕2月，是不是怀孕，大部分准妈妈都可以确定了。此时，早孕反应都很明显了。只有少部分准妈妈因为体质的关系，反应轻微，不过也不可能像没事人一样轻松。

准妈妈在应付早孕反应的同时，不要忘了安胎。怀孕的头3个月是流产高发期，此时积极预防流产意义非常重大，尤其是之前有过流产史的准妈妈更要注意。

引起流产，人为因素较多见，过度疲劳、剧烈运动、搬运重物、剧烈性生活、摔跤等都可导致流产，因此准妈妈尽量不要上夜班，不做重活，不长时间劳动，不穿高跟鞋，暂停性生活等。

在孕早期，准妈妈如果发现有阴道出血、腹痛现象且出血时间长，量大，腹痛剧烈，很可能是流产的先兆，要尽快到医院做检查。

出现了流产先兆，是否保胎，要看情况，如果是人为因素导致，可尽力保，如果排除了人为因素，很可能就是胚胎本身有缺陷，孕12周以前的流产有60%～70%是非人为因素，是胚胎本身有缺陷而导致的。有缺陷的胚胎为了避免发育成不及格的宝宝，就会被淘汰，这种情况是不建议保胎的。

孕事细节

如果已经连续流产两次以上，应于下次怀孕前做孕前检查，明确流产原因，有针对性地采取措施避免。

营养胎教：补充优质蛋白质

蛋白质是构成人体细胞的主要物质，是细胞构成的物质基础，因此人体每一个细胞都是由蛋白质作为基础框架的，包括肌肉、骨骼、毛发、血液、内脏、激素、抗体等，没有一个细胞能够离开蛋白质而独立存在。

刚刚萌芽的胎宝宝只是一个细胞，需要从这一个细胞中不断分裂，慢慢成长为一个婴儿，这是一个发育的旺盛期，因此就更需要蛋白质的支持，而且需要量较大。此时补充蛋白质要满足以下两点。

❶ 蛋白质摄入每天要保证达到80克，可在平时饮食基础上添加150毫升牛奶或1个鸡蛋或25克瘦肉或30克干黄豆或150克豆腐或50克豆腐干。如果长期摄入不足，会导

致胎宝宝发育迟缓、体重过轻，严重时还会影响智力发育。

❷ 蛋白质摄入要高质量，也就是说多摄入优质蛋白质。像鱼类、肉类、蛋类、奶类、豆类所含蛋白质都属优质，要适当多吃。

到孕中期，蛋白质要增加10～15克，到孕晚期则要达到100克/天。

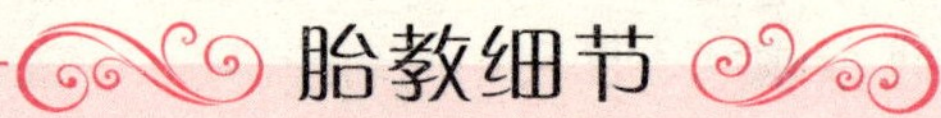

孕2月准妈妈一般都食欲不佳，不必勉强自己多吃，食欲好的时候，多吃一点作为食欲不好时的补充即可。

饮食胎教：远离弓形虫

几乎所有的哺乳动物和禽类都有可能感染弓形虫，所以任何生肉都可能附着弓形虫，而孕早期感染弓形虫会导致胎宝宝脑积水、小头畸形、脑钙化、流产、死胎等，在出生后则有可能发生抽搐、脑瘫、视听障碍、智力障碍等，只有把肉加热熟透才不会感染弓形虫，所以准妈妈吃肉一定要煮熟煮透。另外，弓形虫容易发生交叉感染，一定要注意，在日常饮食上要做到以下几点。

❶ 烹调肉类的时间、火候要足够，让肉食熟透。如果去吃西餐，选择牛排，一定要全熟的。另外，不要吃生鱼片。

❷ 要将切生肉与切菜的案板、菜刀分开。

❸ 吃火锅时要用专用的筷子夹取肉食，并涮烫足够的时间，让肉食熟透。

❹ 准妈妈如果接触了生肉，要记得及时洗手。

❺ 存放的时候，把生肉和熟食、蔬菜、瓜果分开。

胎教细节

弓形虫还多存在于猫狗身上，准妈妈最好不要直接接触没有确定无感染问题的猫狗，尤其是它们的粪便。

环境胎教：化妆、美容安全

怀孕后，爱美的准妈妈在化妆、美容上要多留些心，一些不当产品或做法可能会刺激胎宝宝。

❶ 含有精油、高纯度植物提取物（简单地说，就是那些号称植物系的品牌）或含有雌性激素的护肤品最好停止使用。这些对准妈妈而言，有很强的刺激性，可能会影响胎宝宝正常发育。

❷ SPA香薰护理，孕早期的准妈妈千万别做，就算孕3月过去了，使用香薰油也应小心，如果没有很好的香薰知识，整个孕期最好都不要碰不要闻。

❸ 电流的美容仪(离子导入等)之类不能用，因为即使电流很小也会流遍全身，可能对胎宝宝造成不利影响。

❹ 彩妆类产品中，口红、唇彩最好能禁止使用。

❺ 消除妊娠纹的护肤品，最好在孕3月后再使用。

胎教细节

准妈妈购买护肤产品时可多留心成分表，成分越详细越好，回家后可以查查这些成分对胎宝宝有无影响，那些表达不明、概念模糊的最好不买。

情绪胎教：对镜微笑10秒钟

研究发现微笑可以改变激素分泌，进而影响心情，即使正处在情绪特别低落的时候，有意识地保持微笑的表情一定的时间，心情也能好起来。处在早孕反应中的准妈妈情绪不稳定，容易有不快，学会微笑对准妈妈特别有好处。

❶ 建议准妈妈每天早上起床后对着镜子先微笑10秒钟，这样做可以为一天的好心情奠定基础。对镜微笑的时候准妈妈不妨再多给自己一些正面暗示，比如今天一定会很顺利，今天胎宝宝一定会很平安等，并且告诫自己如果遇到不顺，一定不发火。

❷ 真遇到矛盾，满腔怒火的时候，提醒自己别发火，发火对胎宝宝

不好。这时候可以深呼吸一下，微笑，过一会儿，气真的就消减了。

❸ 有压力时，找个安静角落，坐下来，微笑一会儿。微笑着微笑着，可以想起很多快乐的事情，压力感顿减。

胎教细节

生活是一面镜子，你怒目以对，他也还你以怒目；如果你对他微笑，他也会对你微笑。准妈妈经常微笑，早孕反应带来的不适都会减轻一些。

音乐胎教：听《欢乐颂》

在孕早期，准妈妈应该听一些欢快、柔和的乐曲，有助平复焦躁不安的情绪。推荐听听《欢乐颂》。

《欢乐颂》是贝多芬创作的交响曲，主旋律进场是由大提琴和低音提琴演奏的，浑厚、低沉的声音在寂静中响起，给人一种深沉、平静的感觉。

旋律演奏了一次之后，中提琴进场重复旋律，旋律行进到中音部，主题曲稍亮的音色给旋律带来一种明快的感觉，低音部则退到后面和木管一起伴奏。

中提琴演奏完旋律之后也退到伴奏，接着小提琴加入了，小提琴如歌般的声音欢唱着，让旋律真的活起来了。

小提琴声部简单重复了旋律后，旋律行进到乐队齐奏，这时铜管、木管吹奏主旋律，其他各声部伴奏，场面宏大，由前面的平静、深沉的快乐进入了万众欢腾的场面，欢乐颂的主旋律贯穿始终。

所有这些便构成了这部伟大的曲子所要歌颂的主题——欢乐，一个简单却又优美的旋律将它表现得淋漓尽致。

胎教细节

一些中国的古典名曲也是准妈妈不错的选择，如《春江花月夜》《高山流水》《二泉映月》等。

孕3月，长成小胎宝宝的胎教细节

胚胎长成小胎宝宝

怀孕第3个月末胎宝宝已有40克重，长9～10厘米。整个身体中头显得格外大，几乎占了身长的大部分。胎宝宝有了手指甲和脚趾甲，有眼睑，但仍闭着，有了双唇和一个凸出的鼻子。

胎宝宝的皮肤是透明的，因而可以透过皮肤清楚地看到正在形成的肝、肋骨和皮下血管、心脏，胃肠更为发达。此时胎宝宝自身形成了血液循环，肾脏也开始发达起来，有了输尿管。骨骼和关节尚在发育中。外生殖器已分化完毕，可辨出性别。

这时胎宝宝四肢在羊水中已能自由活动，有时左右腿还可交替做屈伸动作，双手能伸向脸部，这说明脊髓等中枢神经已很发达了。

在孕3月末，胎宝宝将告别胚胎阶段，成为医学意义上真正的胎宝宝，真正的胎宝宝从这时就真正出现了。

准妈妈做第一次产检

从外观上看，准妈妈的下腹部还未明显隆起，但体内的子宫在3个月末时已长到如拳头般大小。

准妈妈增大的子宫开始压迫位于前方及后方的膀胱和直肠，出现尿频和无缘故的便秘或腹泻。

另外，阴道的分泌物较前略有增多，颜色为橙色或淡黄色，有时为浅褐色。

孕3月的前2周，是早孕反应最厉

害的阶段，度过此阶段，会开始减轻，不久会自然消失，准妈妈开始食欲增加，下降的体重逐渐回升。

准妈妈的乳房除了原有的胀痛外，开始进一步长大，乳晕和乳头色素沉着更明显，颜色变黑。

在12周前准妈妈应做第一次产检，并在产检时建档，方便以后每次检查。在产检时，医生会问一些问题，包括准妈妈的月经周期、末次月经时间，怀孕的次数、分娩次数、流产次数和流产方式、既往病史、手术外伤史以及药物过敏史等，另外，还会问准爸爸的年龄和身体状况，以及夫妻双方的家族遗传病史等。家族有无遗传病史，准妈妈要提前了解一下。

其他产检项目比较平常，包括身高、体重、血压、宫高、腹围、胎方位、胎心、尿常规、血常规、心电图等。不需要提前准备什么，听从医生安排即可。

孕事细节

做产检不宜穿连衣裙，最好的搭配是前开口的上衣和大摆的裙子或宽松的裤子。鞋子要避免复杂的系带鞋子，尽量好穿脱。

营养胎教：及时喝水

孕期需水量增加，准妈妈每天摄入的水量最好在1500毫升左右，大约是8杯，以保证需求供给。准妈妈喝水切忌口渴了才喝，那时大脑已经缺水了。正确的做法是每隔2小时喝一次或者是随时随地想起来就喝两口。此外喝的水一定要水质优良。

❶ 自来水一定要烧开再喝。煮沸自来水可令其中的氯分解，阻止致癌物质的产生。

❷ 不喝久沸或反复煮沸的开水。久沸的开水，亚硝酸银、亚硝酸根离子以及砷等有害物质的浓度相对增加，危害身体健康。

❸ 不喝在热水瓶中储存超过24小时的开水。开水储存时间长，其中含氯的有机物不断地被分解成亚硝酸盐，不利于身体健康。

④ 不要喝保温杯沏的茶水。茶叶浸泡在保温杯时，多种维生素会被破坏，有害物质增多，经常饮用易引起消化系统及神经系统的紊乱。

胎教细节

早饭前30分钟喝200毫升25～30℃的新鲜开水，可以温润胃肠，使消化液充分分泌，以促进食欲，刺激肠胃蠕动，有利于定时排便，防止痔疮、便秘。

环境胎教：性生活安全

孕期能否过性生活，是由胎宝宝稳定状况决定的，一般在孕早期和孕晚期，胎宝宝不太稳定的阶段，最好停止性生活，而在胎宝宝稳定的孕中期，和谐、适当的性生活可促进胎宝宝形成好性格。但是不管是什么阶段，如果胎宝宝有先兆流产或准妈妈曾有自然流产和习惯性流产、严重并发症等情形，性生活都要避免。

在被允许的孕中期，性生活要注意以下几点：

首先，性生活的姿势要有所选择，以不压迫到准妈妈的腹部为准，一般女上位、后进式更适合，常规的男上女下的方式要避免，这样的姿势不但可能压迫到胎宝宝，还可能压迫到准妈妈背部的大血管。

其次，性生活的刺激要适度，如果刺激过度，引起子宫的强烈收缩，会影响到胎宝宝。所以要避免猛烈的撞击和揉捏等，刺激一定要适度和温和，包括乳房在内。

再次，孕期的准妈妈抗病菌能力较低下，过性生活时，准妈妈和准爸爸都要做好局部清洁，或者干脆用保险套，减少感染概率。

胎教细节

在不能进行性生活的时候，准妈妈和准爸爸仍可以通过亲吻、抚摸、拥抱等增进感情，不要因为少了性生活就冷落对方。

运动胎教：户外散步

户外散步恐怕是最适合准妈妈的运动了，不受任何条件限制，不但对身体有好处，可提高心肺和神经系统功能，锻炼腿部肌肉，还能让准妈妈睡得更好，让胎宝宝得到更多氧气，对改善准妈妈情绪也很有效。

* 户外散步注意事项

虽然随便到外面走走对身体也有好处，但我们提倡的户外散步不是随便走走，而是注意到很多细节的运动。

❶ 户外散步一定要选个好地方。花草茂盛、绿树成荫的公园是最理想的场所。这些地方空气清新、氧气浓度高，尘土和噪声少，让身心都愉悦。一定要避开空气污浊的地方，如闹市区、集市以及交通要道。如果附近没有公园，可以选择一些清洁僻静的街道。

❷ 散步的时间也很重要，最好选在清晨，当然最终什么时间还要看自己的工作和生活情况安排。

❸ 散步时，要穿宽松舒适的衣服和鞋。

* 户外散步更有效的方法

散步讲究方法，能更好地提高散步的功效，准妈妈可尝试以下3种。

❶ 舒缓散步法：首先听一些轻松舒缓的音乐，然后按节奏行走，步伐不要太大，自我感觉轻松舒适就好，同时，双臂自然在身侧摆动，幅度不必太大，配合深呼吸(将充足的空气从鼻孔吸入肺部，由嘴部呼出)这种散步方式可扩张肺部功能，锻炼分娩时需要的呼吸技巧。

❷ 交替散步法：交替就是快慢结合，首先从慢走开始，热身，10分钟左右即可。其次，步伐稍微加快，1～2分钟即可。最后，快步行走近似小跑，2分钟即可。如此循环4～5次。自第二次开始，慢走减为5分

钟，结束时，慢走5分钟，放松身体。这样可以锻炼腿部肌肉力量，帮助自然分娩。

③ 综合散步法：在第二种散步法的基础上，添加肢体动作，活动全身。比如每做完一个循环，双腿微分开至臀宽，手臂抬起，与肩同宽，手掌向前伸展，匀速下蹲3～5次；一手掐腰，另一只手臂前伸，上半身向手臂掐腰一侧转，同时匀速下蹲，3～5次，做完换一边。

胎教细节

散步时最好请准爸爸陪同，这样可以增加夫妻间的交流，并培养准爸爸对胎宝宝的感情。

色彩胎教：穿对色彩

穿对色彩，把正面、积极的光源色彩穿在身上，会让准妈妈情绪稳定。通过色彩营造出来的好心情，无形中也会影响胎宝宝，因而穿对色彩也是胎教。孕期穿衣服色彩有说法：

① 不同期间衣服色彩可有不同侧重：孕初期，最适合的颜色是粉红色，粉红色能够引起大家的关爱与照顾；孕中期，可以选择黄色，除了让自己心情开怀之外，黄色属于沟通的色彩，可以让准妈妈和胎宝宝轻松地沟通交流；孕晚期，可以选择绿色来放松精神并待产。

② 浅蓝色、白色都有稳定情绪的作用，是整个孕期都可以选择的颜色。

③ 避免黑色，黑色除了会影响准妈妈的情绪之外，还会妨碍胎宝宝吸收光源，使胎宝宝失去快乐和健康的能量，这样的胎宝宝出生之后容易体弱多病。因此，许多准妈妈想借着黑色来修饰孕期身材变胖的观念就要改变了。

胎教细节

职场准妈妈选购孕妇装，色彩要有益于怀孕，款式上可选一些有符合职场特性细节的服装，避免太过臃肿、宽松的装扮。

意念胎教：冥想，与胎宝宝共享安宁

冥想可助准妈妈开发潜在的心灵智慧，提高专注力和洞察力，让心灵变得纯净起来，进而与胎宝宝实现有效沟通，让胎宝宝与准妈妈共享意念中的美好场景。

＊如何进行冥想

第一步，保持轻松的姿势坐着挺直背部，手心向上，放在膝盖上，轻轻挺起胸部，将脸部稍稍向上抬，闭上眼睛。

第二步，让自己平静下来，想象一些美好的事物，比如海滩边，看着潮汐进退，配合呼吸。潮汐来了，吸气；潮汐退了，呼气，然后让脑袋逐渐地放空。

第三步，慢慢地吐气，默默地想象：我现在很舒服，很放松，这种放松的感觉真好，我可以看到紫色的门，这扇门一打开，就可以看到腹中的宝宝。

开始时，即使冥想无法顺利进行，也不需要急躁，可以先跟胎宝宝说说话，然后重新开始，可以参考呼吸放松法来做，能起到很好的辅助效果。

冥想关键在于静心，不要急于求成，不要期望在很短的时间内就达到预期的效果，急躁的心理反而欲速则不达。

胎教细节

想象内容十分重要，美好内容的想象无疑会对胎宝宝产生美的熏陶，内容不佳的想象，则会起到反面作用。所以，要尽量多想些美好的事情。

准爸爸胎教：跟胎宝宝打招呼

准爸爸坚持每天对胎宝宝讲话，让胎宝宝熟悉准爸爸的声音，能够唤起胎宝宝最积极的反应，有益于胎宝宝出生后的智力及情绪稳定，也有助于父子（女）关系的建立。

* 自自然然与胎宝宝打招呼

许多准爸爸觉得要对着一个看不见的小人儿说话有点不好意思，其实胎宝宝完全能听到准爸爸的声音，只要克服心理障碍，多试几次就会好的。

打招呼可以用最平常的方式开始，比如叫叫胎宝宝的小名，然后自然地跟他打个招呼，要上班了可以跟胎宝宝说："宝宝，爸爸要上班了。再见。"下班回来了就说："宝宝，爸爸回来了。"还可以问些与你们有关的问题，比如："听妈妈说你最近很调皮哦，是不是又打算要踢妈妈了呢？"另外，吃饭、看电视、散步都可以告诉胎宝宝。

胎教细节

如果准爸爸文字功底比较好，不妨用诗一般的语言，童话一般的意境，告诉胎宝宝外面的这个美丽新世界。

孕4月，已能分辨出性别的胎宝宝胎教细节

胎宝宝性别已能分辨

孕4月，胎宝宝的头渐渐伸直，脸部已有了明显的人的轮廓和外形，长出一层薄薄的胎毛，头发开始长出，皮肤逐渐变厚，呈亮红透明；下颚骨、面颊骨、鼻梁骨等开始形成，耳郭伸出；心脏的搏动更加活跃，内脏几乎已形成。

胎盘也形成了，与母体的连接更加紧密，流产的可能性大大减少。由于胎盘长出，改善了母体供给胎宝宝的营养，胎宝宝的成长速度加快。肌肉、骨骼继续发育，手脚能稍微活动活动了，但因力薄气小，准妈妈还不能明显感到胎动。内耳等听觉器官在孕4月前已基本完善，对子宫外的声音开始有所反应。

孕4月，羊水已达200毫升，胎宝宝可在羊水中自如游动。到15周末，胎宝宝身长为10～15厘米，体重约120克。

准妈妈进入孕期舒适阶段

孕4月，基础体温开始下降，稍能看出下腹部的隆起，子宫明显增大，大如婴儿头部，在下腹部很容易摸到。从这时起，每次产前检查都要测量子宫底，也就是从耻骨中央到下腹部的隆起处止（这就是子宫底）的长度，根据这个长度来判断子宫的大小，到15周末时，子宫的高度应是5～12厘米。

此期的准妈妈尿频情形有所改善；恶心和呕吐的现象减轻或结束，但还是有些不适，比如疲倦、便秘、胃灼热和消化不良、胀气和水肿、乳房触痛等，另外还有偶尔的头痛或晕眩，偶尔的鼻塞和流鼻血，刷牙时牙龈会出血，足踝轻微水肿，有时手和脸也有水肿现象。不过这些不适都较轻微。

因为早孕反应已经过去，准妈妈进入了孕期比较舒适的阶段，食欲增加，精神焕发，就像换了个人似的。同时，因为适应了胎宝宝的存在，幸福感倍增。

从孕4月开始，进补的大好时机来了，准妈妈要抓紧时机。

孕事细节

因为胎盘形成，胎宝宝和准妈妈之间的联系空前紧密，过了容易流产的时期，但准妈妈也不能大意，要万事小心，避免晚期流产。

营养胎教：补铁

从怀孕第4个月开始，准妈妈的血容量增加，容易出现缺铁现象，一旦发展为缺铁性贫血，胎宝宝会因为缺氧而出现发育迟缓或早产问题，所以准妈妈需要持续补铁。此时补铁提倡食补。

含铁丰富的食物不少，比如蛋黄、海带、紫菜、木耳、动物血等，可多食用。另外，多吃豆制品，豆制品含铁量较多，肠道的吸收率也较高；主食多吃面食，面食较大米含铁多，更易吸收。

吃含铁丰富的食物补铁的同时，还要多吃点蔬菜和水果，因为蔬菜水果中富含维生素C、柠檬酸及苹果酸等有机酸，可与铁形成结合物，从而增加铁在肠道内的溶解度，有利于铁的吸收。

在孕28周以后，体内血容量会增加更多，对铁的需求更大，食补如果无法满足要求就要用制剂补充了。相关事宜，准妈妈可咨询医生。

胎教细节

靠菠菜补铁的说法是不可靠的，虽然菠菜含铁，但含量并不是很丰富，而其丰富的草酸则可以明显抑制铁的吸收和利用。

环境胎教：远离噪声

噪声会令人焦虑不安、精神紧张，时间久了可引起自律神经和内分泌系统失调。这些危害作用在准妈妈身上，可能会导致准妈妈情绪不佳，身体功能受影响，胎宝宝就会间接受害，出现流产、死胎等严重后果。

噪声还可对胎宝宝直接产生危害，研究表明噪声污染达到85分贝以上可导致胎宝宝畸形，主要有脊椎畸形、腹部畸形和脑畸形。

不过，大的噪声偶尔出现一会儿没关系，能对胎宝宝造成严重影响的是长时间的噪声污染。如果住家附近有高速公路、机场、火车站、建筑工地、装修工地等，准妈妈就要注意了，需要给门窗装上隔音设施或者暂时搬离。另外，如果工作环境较嘈杂，有大型工程机械运转、扩音器等，最好调离。

到了孕中期，胎宝宝的听觉器官发育，还要避免长期受低频声音干扰，否则听觉灵敏度和智力可能出现低下。

胎教细节

85分贝以上的噪声伤害最大，一般一台重型卡车发出的声音是90分贝，准妈妈可以此为参照判断自己周边的噪声是否有害。

语言胎教：读唐诗《一去二三里》

我国古代有很多诗词对大自然的美景有十分传神而富有美感的描述，准妈妈可以找一些读读，体会一下其中的闲情逸致，往往可以找到久违的感觉。这里推荐一首北宋邵康节的诗。

一去二三里

宋　邵康节

一去二三里，
烟村四五家。
亭台六七座，
八九十枝花。

《一去二三里》将1～10这10个数字巧妙地融入其中，非但没有引起牵强附会之意，反而成为点睛之笔，简单几个修饰语，一幕幕生动的画面就跃入读者的脑海，走在路上，看到了一座村庄，村民们开始做饭了，所以有炊烟升起，附近有个亭台，旁边还有零零碎碎的花朵，看来这是一个悠闲的春天啊。

胎教细节

想必这首诗也引发了准妈妈的无限遐想吧，读完这首诗可以闭上眼想象自己和胎宝宝正在郊外观景，一起坐在古道长亭中欣赏着那美丽的花丛，心情会无比的畅达和开阔。

情绪胎教：呼吸放松法

准妈妈如果容易紧张，建议多试试下面的自律训练法，心情不佳时可以用来调整情绪。

＊训练前的准备

❶ 选择一个安静的场所，沙发上、床上都可以，可以坐着也可以躺着。如果有光线，先将光线调暗。换上宽松的衣服，将身上挂件都摘下。

❷ 腰背舒展，全身放松，微闭双目，手可以放在身体两侧，也可以放在腹部，只要没有不适感即可，全身处于无力状态，保持半分钟左右。

❸ 把气吸入腹部，再通过腹部呼出，反复2～3次。心中默念“内心平静、双臂沉重”，把意识集中于四肢，努力体会沉重的感觉。

❹ “内心平静、双臂沉重”和“双脚温暖、内心平静”各念两遍，体会手脚温暖的感觉。

❺ 双臂前移，移动手指，将胳膊肘弯曲后再打开，然后伸个懒腰，冥想结束。

胎教细节

每天睡前、醒来时各进行一次训练会有很好的效果。

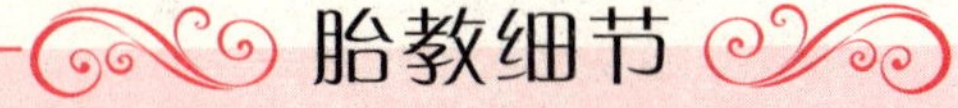

准爸爸胎教：给胎宝宝放音乐

准爸爸为准妈妈服务，就是为胎宝宝服务，包括音乐胎教。做音乐胎教的时候，准爸爸要做好准妈妈的帮手。

❶ 播放音乐征得准妈妈同意。准爸爸在播放音乐的时候要征得准妈妈的同意，准妈妈不想听的时候就别放了。

❷ 选择合适的音乐。胎教音乐首先要是准妈妈喜欢的，其次要符合节奏柔和、舒缓或欢快的特点。节奏起伏比较大的交响乐，尤其是摇滚乐、迪斯科舞曲等刺激性较强的音乐，都不适合准妈妈。

❸ 根据胎动特点选择曲子。如果胎动频繁，应放一些柔和轻松的曲子；如果胎动较弱，则需放一些雄壮有力而节奏感又比较强的音乐。

❹ 控制音乐胎教的时间。长时间不间断聆听胎教音乐，胎宝宝没有休息的时间，听力、情绪发展都会受影响。正确的方法是间隔播放，每次听20分钟左右即可。

❺ 采取最自然的听法。做音乐胎教最好不要太刻意，比如强行使用传声器、刻意调到最大音量等，应该让胎宝宝通过和我们一样的方式听到音乐。

胎教细节

如果准妈妈心情不错，准爸爸可在听完一支曲子后，将自己对音乐的理解讲给胎宝宝听，效果会更好。

孕5月，能和大人互动的胎宝宝胎教细节

胎宝宝有巴掌大了，胎动出现了

孕5月的胎宝宝身长已增长到18～27厘米，已是一个正常足月儿的1/2了，体重250～300克。胎宝宝身体比例逐渐均衡，头只占全身的1/3，头部及身体上呈现一层薄薄的胎毛，已长出头发、眉毛及睫毛，眼睛还是闭着的；手指、脚趾长出指甲；耳朵的入口张开；牙床开始形成；由于脂肪开始沉积，皮肤变成半透明，但皮下血管仍清晰可见；骨骼和肌肉也越来越结实起来。

胎宝宝会吞咽羊水，吞咽的羊水经肾过滤后，变成清洁的尿液重新排入羊水中，过滤的渣滓积存在肠道内形成胎粪，待出生后再排出体外。胎宝宝已会用口舔尝、吸吮拇指。此时用听诊器可听到胎心音，就像小马奔腾。

准妈妈学习计数胎动

此时准妈妈的子宫明显增大，同成人的头大小，下腹部隆起，有时会感到腹部下坠、心慌、气短或出现便秘。这时准妈妈进食明显增加。

到了孕5个月末，当准妈妈精神集中的时候，特别是夜晚躺在床上时，会感到下腹部的蠕动。这是宝宝在子宫的羊水中蠕动、挺身体、活动手和脚，碰撞到子宫壁引起的生命象征——胎动。它是准妈妈孕期中给心灵带来愉悦的一个“里程碑”。

现在胎宝宝胎动还不规律，没必要计数，但准妈妈要开始学习计数，方便将来更准确地感知胎动并将之记录下来。

学习计数胎动，首先是弄明白一次胎动的含义，一个动作不能算作一次胎动，一次胎动代表的是持续不断的一组动作，如果动作中间有停顿，且停顿超过2～3分钟，就算作又一次。

到了孕晚期，胎动就要规律地计数并且记录了，每天可以在早中晚选择3个时间段，每个时间段数一个小时，把数出的数记录在表格中，3个数相加除以3乘以12，就是12小时的胎动数。

孕事细节

准妈妈要注意护理乳房，最好每天用温开水擦洗乳房，增加乳房及乳头皮肤弹性，避免将来哺乳疼痛。如果是内陷型乳头，要经常往外牵拉乳头。

营养胎教：补钙

准妈妈的钙需要量要远远大于普通人，如果缺钙，会影响胎宝宝的牙齿、骨骼等发育，还会导致新生宝宝易惊厥，所以要积极地补充。孕期补钙要注意以下几个细节。

❶ 我国营养学会推荐的钙供给量为成年人每天800毫克。准妈妈则每天需补充1000毫克钙，晚期可达1200毫克。

❷ 多吃含钙量丰富的食品。奶制品、海产品、大豆及豆制品、深绿色的叶菜等都含钙丰富，其中以牛奶为最高。准妈妈每天喝500毫升牛奶，也就是2包百利包即可。其中一袋应该在晚上

睡前喝，这样可以维持半夜血钙正常，防止腿抽筋。乳糖不耐受的准妈妈，可以改喝酸奶，酸奶含钙量与牛奶相当。

3 适当增加运动。运动可加速、加量使钙沉积在骨骼上，可增加钙的吸收利用率。准妈妈可以在阳光明媚的大路上散步，每天坚持30～40分钟，或者在宽敞的操场上做保健操。

4 增加户外活动。户外活动可帮助准妈妈更多接受紫外线的照射，使体内产生促进钙吸收的维生素D。

5 补充维生素D和钙剂。这一点是因人而异的。讲究饮食的准妈妈通过日常的均衡膳食和增加奶制品的摄入，可以基本满足人体对于钙的需求，钙制剂不是必需，但是如果出现了缺钙症状就一定要用钙制剂补充了。

6 准妈妈在喝骨头汤的时候不妨放点醋，骨头中的钙离子容易游离出来，有助于钙的吸收。不过，骨头汤的含钙量不能算高，而油脂含量却很高，不能过分依赖骨头汤补钙。

7 准妈妈在补钙的同时要注意磷的补充，如果磷摄入不足，会影响钙的吸收，可以多吃一些海产品，如海带、虾、蛤蜊、鱼类等。

准妈妈需要注意的是，补钙并不是越多越好，最好遵照医嘱。摄入钙过多，可能干扰其他微量元素对于人体的吸收利用，也可能导致患肾结石病的危险性增加。而且过度补钙会使钙质沉淀在胎盘血管壁中，引起胎盘老化、钙化，分泌的羊水减少，使得胎宝宝头颅过硬，影响分娩。

胎教细节

准妈妈如果出现了腿抽筋、腰酸背痛、浮肿、牙齿松动等现象，都可能是缺钙的症状，要咨询医生，进行补钙。

音乐胎教：听《杜鹃圆舞曲》

春天是一个充满希望和朝气的季节，《杜鹃圆舞曲》用音乐为准妈妈和胎宝宝带来了春天的声音，听这首春意盎然的曲子，能让准妈妈一整天都充满朝气和活力，赶走心理压力，胎宝宝也能受到乐曲的渲染，体验到欢快的情绪。

据说《杜鹃圆舞曲》是约纳森在1918—1930年为无声影片做钢琴配音时即兴而作，曲调优美，音乐形象生动鲜明，带有浓浓的春意，特点是模仿杜鹃鸣叫的音调。

《杜鹃圆舞曲》在曲调和节奏上，具有挪威民间舞曲的风格，乐曲一开始节奏轻快、活泼，描绘了一幅生机盎然的景象，接着曲调表现出杜鹃在林中飞来飞去的浓浓春意，形成了温和、迷人的气氛。《杜鹃圆舞曲》由于曲调优美，音乐形象生动鲜明，深受人们的喜爱。

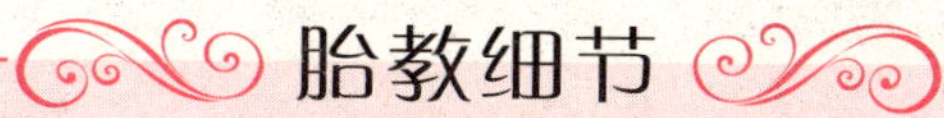

胎教细节

听这首曲子时，准妈妈可以让准爸爸配合跳舞，不但是很好的音乐胎教，也能起到运动胎教的效果。

运动胎教：锻炼骨盆肌

锻炼骨盆肌肉可以帮助控制阴道，将来分娩和产后都可以受益，为顺利分娩和产后修复打下基础。

＊骨盆肌肉压缩

坐或躺着，腰部以上向前屈曲，有如尿急时禁尿的样子，保持姿势数4下，保持正常呼吸，接着恢复原状。重复做此动作6次。每次上过厕所以后做此动作，可以使肌肉收缩一些。

另外，可以试着在排尿的过程中停止排尿。不过，最好不要把停止排尿当作运动骨盆肌肉的方式，这只是偶尔检查肌肉强度的方式而已。

＊上升运动

训练时先排空膀胱，想象骨盆肌肉有如一台升降机，拉紧背部与其前方的肌肉，就好像紧紧地关上升降机的门一样。接着，想象把它升至二楼，肌肉愈收愈紧，直到最大的限度为止，然后再慢慢地放下，宛如升降机降至地下室一般。再次往上推，就像升降机由地下室升至一楼一样。

需要牢记一点，锻炼骨盆肌肉的时候，不要屏住呼吸。

胎教细节

有心肺疾病，或既往发生过流产征兆，不宜进行训练，以防引发意外，运动中出现任何疼痛、气短、出血、眩晕、心悸等现象，应马上停止训练。

抚摸胎教：抚摸胎宝宝

从孕5月起，准妈妈就可以规律地进行抚摸胎教了。抚摸胎教时，准妈妈可先斜躺下来，等着胎动出现。胎动出现了，就跟胎宝宝说说话，边说边用一只手抚摸腹部。刚开始时准妈妈一般很难确定哪是胎宝宝的头，哪是四肢，就不需要分部位抚摸，只要在腹部沿顺时针或者从左到右的顺序慢慢滑动就可以。抚摸的时间长了，准妈妈可以分出胎宝宝的身体各部位了，就可以先抚摸头部，然后沿背部到臀部至肢体，轻柔有序地进行抚摸。

做抚摸胎教时要注意胎宝宝的反应类型和反应速度。如果胎宝宝对抚摸的刺激不喜欢，就会以用力挣脱或者蹬腿来反映。这时，应该停止抚摸。如果胎宝宝受到抚摸后，过了一会儿，轻轻地蠕动，就可以继续抚摸。

抚摸胎教每次做的时间不宜过长，以5～10分钟为宜。每天定时做，最好是晚上临睡前做。

胎教细节

抚摸胎教切忌来回动作，喜欢抚摸的胎宝宝会跟着准妈妈的手转动，容易导致脐带绕颈。

准爸爸胎教：讲故事、念儿歌、读诗歌

准爸爸给胎宝宝做语言胎教效果更好，胎宝宝更容易听清楚，对他的身心发育非常有益。准爸爸可以这样做：每天晚上临睡前，把手放在准妈妈的腹部，先做个开场白，对胎宝宝说："宝宝，我是你爸爸，你今天又长了很多！今天再给你讲个故事。"然后就可以讲今天正式的故事内容。古今中外各种简短小故事都可以，最好在一段时间内固定一两个故事反复讲，让胎宝宝有机会熟悉、记忆。

故事讲过一段时间后就可以换作一首纯真的儿歌、一首内容浅显的古诗，也可以谈自己的工作及对周围事物的认识。

如果准爸爸不善言辞，不能张口就来，可将要讲的话题事先构思一下，先拟定一篇小小的讲话稿，然后有感情地读给胎宝宝听。

在胎宝宝胎动明显以后，每当听到准爸爸的开场白，就会表现出兴奋地蠕动。

胎教提示

准爸爸跟胎宝宝说话的时候，把手放在准妈妈的腹部轻轻抚摸，更能唤起胎宝宝的积极性，对胎宝宝的刺激会更强烈。

孕6月，初具听力的胎宝宝胎教细节

胎宝宝器官发育完全

孕6月的胎宝宝已长到身长28～34厘米，体重600～800克，身体逐渐匀称。不过，皮下脂肪的沉积进展不大，因此还很瘦。从这时期开始，胎宝宝皮肤的表面开始附着胎脂。所谓胎脂，是从皮脂腺分泌出的皮脂和剥落的皮肤上皮的混合物。它的用途是，在分娩前一直给胎宝宝皮肤提供营养，保护皮肤不受羊水浸润，同时在分娩时起润滑的作用，使胎宝宝能顺利地通过产道。

另外，胎宝宝的骨骼已经相当结实，关节开始发育。相较而言，肌肉发育较快，体力增强，越来越频繁的胎动表明了他的活动能力。由于子宫内的胎宝宝经常活动，因此胎位常有变化。

特别重要的是，此时胎宝宝的眼睛开始分开并会张开，耳朵也具备了一定的听力。

准妈妈要警惕糖尿病

准妈妈此时身体变化有两大特点：一是子宫增大，腰部鼓起来；一是乳房变大，可流出稀薄的乳汁。

由于子宫增大和加重而使脊椎骨向后仰，身体重心向前移，出现准妈妈特有的体态。准妈妈身体对这种变化还不习惯，很容易出现倾倒，腰部和背部也因对身体的这种变化不习惯而特别容易疲劳，准妈妈在坐下或站起时常会感到很吃力，甚至出现摔跤。一定要格外注意行走安全。

* 警惕妊娠糖尿病

妊娠糖尿病是指妊娠期首次发现或妊娠后才发生的糖尿病，多出现在孕20～24周之后，治疗不及时可导致巨大儿、早产儿、胎儿畸形、死胎及新生儿死亡率高等，严重威胁到准妈妈和胎宝宝的健康安全。

妊娠糖尿病有比较明显的症状，准妈妈如果出现了类似表现如：

❶ 糖尿病典型的“三多一少”的表现：多食、多饮、多尿，体重不增(或者与孕周期应该增加的体重严重不符)。

❷ 特别容易疲乏，总是感到劳累。

出现以上现象，就要及时就医检查。另外有的妊娠糖尿病以霉菌性阴道炎为先期症状，也需警惕。如果已经患上妊娠糖尿病，就要遵医嘱调整饮食或者用药物控制病情。

孕事细节

准妈妈有时会测出血糖偏高，不必紧张，血糖偏高并不等于糖尿病。血糖偶尔偏高只要注意控制饮食，及时调整饮食结构就不会发展成糖尿病。

饮食胎教：每天两个鸡蛋

鸡蛋是准妈妈理想的保健食品，人体所需的七大营养素除纤维素外，其他在鸡蛋中全部含有，而且它的营养几乎全部可以被人体吸收利用。

鸡蛋的最可贵之处，在于它能够提供较多的优质蛋白质，每50克鸡蛋就可以供给5.4克优质蛋白质，一个中等的鸡蛋与200毫升牛奶的营养价值相当。

蛋黄中的营养尤其丰富，每100克鸡蛋约含胆固醇300毫克（主要在蛋黄里），它是脑神经等重要组织的组成成分，还可以转化成维生素D。蛋黄中还含有维生素A和B族维生素、卵磷脂以及“记忆素”——胆碱。

因此，常吃鸡蛋尤其是蛋黄能维持良好的记忆能力，提高准妈妈的思维、分析及判断力，准妈妈吃蛋黄还可促进胎宝宝脑神经元之间的联系增多，促进大脑发育。

如果只吃蛋黄，每天可有计划地吃上1～2个，如果吃整个鸡蛋，每天吃2个为好，既能满足身体对营养素的需要，又不会增加肝、肾等器官的负担。

胎教细节

煮鸡蛋营养价值最高，但也不必因此总吃煮鸡蛋，以免厌倦，可炖、可炒、可做汤，也可煎着吃。

情绪胎教：摆脱消极情绪

每个人都有情绪低落的时候，消极情绪是难免的，关键是要有意识地去摆脱它，别让它影响自己的生活。摆脱消极情绪的方法有很多，准妈妈多尝试，总能找到适合自己的。

❶ 告诫提醒法。时时告诫自己不生气，不着急，不烦恼，不悲伤，为了宝宝，为了自己，想开点儿。

❷ 摆脱转移法。将注意力集中到一些平时喜欢的活动上，如听音乐、相声，看电视小品，欣赏山水风景画册，郊游，逛商店购物等，将使人烦恼的人和事摆脱。

❸ 宣泄释放法。有不良情绪，要找到合适的渠道宣泄释放，这是相当有效的调剂方法。准妈妈可向知心好友或日记本倾诉自己的处境和困惑。

④ 外向社交法。内向性格的准妈妈一旦有了不良情绪，常常闭门独居，消极情绪更加严重，建议这样的准妈妈走出去，广交朋友，将自己置身于乐观向上的人群中，使情绪得到积极的感染。

胎教细节

准妈妈每天应抽出不少于30分钟的时间与准爸爸到居家附近草木茂盛的宁静小路上散散步，看看街景，逛逛商场，心情会变得非常舒畅。

抚摸胎教：踢肚游戏

利用手掌轻轻拍击胎宝宝以诱引胎宝宝用手推或用脚踢的回击，国外有学者称这种胎教叫“踢肚游戏”。孕6月，胎宝宝四肢运动的能力已经很强，可以对准父母的动作给予回应，最适合做踢肚游戏。

踢肚游戏可选比较清静的早晨或晚上，然后准妈妈平躺在床上，全身尽量放松，先轻轻抚摸腹部，与胎宝宝沟通一下信息，在感觉腹部松弛下来的时候，用一个手指轻轻按一下腹部再抬起，当胎宝宝用小手或小脚给予“回敬”时，则轻轻拍打自己被踢、被推的部位，然后等待胎宝宝再一次踢打准妈妈的腹部。

一般胎宝宝会在1～2分钟后再踢，这时再轻拍几下，接着停下来。准妈妈拍的位置如果变了，胎宝宝会再踢向新的位置，须注意改拍位置离原位置不要太远，游戏时间也不宜过长，一般每次10分钟左右即可。

胎教细节

抚摸胎教，建议准爸爸积极参与，抚摸胎宝宝也是抚摸准妈妈，刺激胎宝宝的同时，更能安慰准妈妈，效果非常好。

准爸爸胎教：安排一次短途旅行

旅行让人心胸开阔，对准妈妈的情绪有很好的调节作用。孕中期的4～6个月是外出旅行的最佳时期，准爸爸来安排一个舒适的短期旅行吧。不过在动身前，以下几点需要了解。

❶ 要选择真正是轻松休息的旅游为主，逗留期为2～3天的旅行比较理想。尽量避开热线，选一些较冷的线路出行。对将去的地方进行了解，避免前往传染病流行地区。不要去医疗水平落后的地区，以免发生意外情况无法及时就医。

❷ 交通工具要尽量舒适，避免长时间的颠簸。不论乘坐哪种交通工具，最好让准妈妈每15分钟站起来走动走动，以促进血液循环。

❸ 外出时饮食要规律，同时要注意饮食卫生。准妈妈要多吃蔬菜、水果，以保证充足的纤维。还要多喝水，防止出现脱水、便秘以及消化不良等现象。

❹ 住宿的环境要舒适卫生，准爸爸一定要选卫生条件好的宾馆住宿，勤洗、勤换衣物，以保证准妈妈身体清洁。

胎教细节

在出发前，建议准爸爸陪准妈妈一起去咨询一下医生，看看自己的旅行计划是否可行，征得医生同意后方可继续实施。

孕7月，睁开眼睛的胎宝宝胎教细节

胎宝宝大脑皮质很发达

怀孕7个月时，胎宝宝体长已有35厘米，重量达1000克，脸面很像人样了。皮肤呈粉红色，皮下脂肪仍沉积不多，头发则长出5毫米左右，眼睑分界已经很清楚，眼睛也睁开了；男孩的阴囊明显，睾丸已经开始由腹部向下往阴囊降；女孩的小阴唇、阴核已清楚地突起。

胎宝宝的脑组织开始出现皱缩样，大脑皮质已很发达，内耳与大脑发生联系的神经通路已接通，对声音的辨认能力提高，胎宝宝开始能辨认准妈妈的声音，同时对外界的声音也有喜欢和厌恶的反应。胎膜内的羊水量显著增加，胎宝宝能够自由地“游泳”，胎位不完全固定。

准妈妈水肿加重

准妈妈肚子明显有沉重感，腹部向前挺得更为厉害，身体的重心移到腹部下方，全面体现出孕妇的形态。此时，准妈妈行动笨拙了，只要身体稍微失去平衡，就会感到腰酸背痛。有时疼痛会放射到下肢。而且，几乎所有的准妈妈都被水肿困扰了，这是因为子宫压迫了下腔静脉，使下腔血液不能顺利回流造成的。

准妈妈可以用这个方法判断自己是否有水肿：用手按压皮下脂肪较少的地方，如小腿前侧、脚踝、脚背等地方，如果会形成明显凹坑，手收回后，需要3～4秒时间凹坑才能恢复，说明有水肿了。不过水肿在产后就会自动消失，不必担心，现在只要想办法缓解水肿就可以。

❶ 保持侧卧睡眠姿势，并在睡前把双腿抬高15～20分钟，加速血液回流，减轻静脉内压。

❷ 不穿过紧的衣服，宽松衣服可保证血液循环畅通、气息顺畅，缓解水肿。

❸ 避免久坐久站，经常改换坐立姿势。坐着时应放个小凳子搁脚，抬高腿部，促进腿部的血液回流，每隔半小时就起来走一走，站立一段时间之后就坐下做适当休息。

❹ 适当运动。散步、游泳等都有利于小腿肌肉的收缩，使静脉血顺利地返回心脏，减轻浮肿。

孕事细节

医用弹性袜可以促进组织液流回血液中进入循环，必要时可穿着。从早上起床便穿上，到晚上睡觉前脱下，效果最好。

营养胎教：控制热量摄入

虽然胎宝宝现在长得比较大了，但是准妈妈需要的能量并不会增加很多，只要比孕早期增加10%的摄取量就足够了，换算成食物也就是1个小面包加1个苹果。而且，能量不等于营养，孕期更需要增加的是营养而不是能量。

因此，在孕期一定要避免摄入过多热量，如果不加节制地摄入热量，只会导致两个结果，一是准妈妈过于肥胖，糖尿病和妊高征的风险增加，另一个是胎儿巨大，难产的可能性增加。

供给身体热量的食物主要是含碳水化合物和脂肪，为了避免肥胖或生出巨大儿，这类食物要控制供给。含有碳水化合物丰富的食物是谷类食物，也就是我们日常吃的主食，每天吃400～500克就足够了，精制糖含量丰富的食物是各种甜食，如蛋糕、冰激凌、糖果等，在孕期甜食就尽量少吃，脂肪每天不多于25克，应主要吃植物油脂，肥肉最好不吃。

带零食的时候尽量少带饼干、蛋糕等，可以带水果、坚果等，可避免能量摄入太多。

胎教细节

准妈妈一定不要以为胎宝宝大就是发育得好，胎宝宝太大，他的心脏以及循环、消化系统等负担都会增加，会给他的健康埋下隐患。

情绪胎教：看电影《悬崖上的金鱼姬》

《悬崖上的金鱼姬》是宫崎骏编剧、导演的一部动画片。故事主人公金鱼姬是人鱼女王的女儿，名叫波妞，这条可爱的小金鱼喜欢吃火腿，喜欢小男孩宗介，喜欢四仰八叉地呼噜大睡，喜欢将宗介曾经养过她的小水桶挎在小胳膊上……

金鱼姬遇上了自己喜欢的人，他们在一起发生了许多简单快乐的事情，也包括难过、勇敢的事情。

这部动画片是小金鱼波妞为了和喜欢的人在一起而发生的故事，温暖、纯情、没有悬念，只有简单，简单的童年、简单的开心与难过、简单的勇敢。看完这部动画片会让准妈妈想起那些简单而快乐的童年岁月，会倍感快乐，同时激发起与亲人亲近的欲望。

胎教细节

准妈妈看一些外国电影的时候，不妨看原声版的，可以给胎宝宝一个感受外语的很好的氛围。

音乐胎教：听听有趣的《小狗圆舞曲》

进入孕6月之后就可以真正开始有计划的音乐胎教了，每天播放1～2次音乐，每次15～20分钟，为了保证胎教效果更好，每支曲子尽量连续播放几天，让胎宝宝有足够的时间来熟悉。

降D大调圆舞曲（“小狗”）是肖邦在世时最后发表的圆舞曲，共三首，其中第三首（降D大调，即本曲）为肖邦圆舞曲中最著名的一首，俗称为《小狗圆舞曲》。建议准妈妈听一听。

传说肖邦的情人乔治·桑喂养着一条小狗，这条小狗有追逐自己尾巴团团转的兴趣。肖邦依照乔治·桑的要求，把“小狗打转”的情景表现在音乐上，作成了这首乐曲。乐曲以快速度进行，在瞬间终了，因此又被称为《瞬间圆舞曲》或《一分钟圆舞曲》。

全曲为简单的三段体。在四小节序奏后，主旋律以反复回转的形态出现，其速度之快令人目不暇接；中段则是甜美而徐缓的旋律，与第一段的急促形成鲜明的对立；第三段为第一段之反复。

胎教细节

同一首曲子要坚持多播放几次，给胎宝宝机会熟悉，播放一段时间之后建议换另一种风格、类型、乐器截然不同的曲子，让胎宝宝容易区分。

准爸爸胎教：调节家庭气氛

调节好家庭气氛，使准妈妈保持良好的心境是准爸爸义不容辞的责任，准爸爸在准妈妈怀孕全过程都要持之以恒地去做。良方有4个：

❶ 总是以一种舒畅的心情推开家门，即使工作不顺心或在外面遇到不愉快的事情，也应该在跨入家门的一刻，将不良的情绪排除掉。

❷ 夫妻发生口角，准爸爸除开导准妈妈以胎教为重外，可采用幽默的方式对待。因为幽默能使人的副交感神经兴奋，使身体内环境稳定。

❸ 告诉准妈妈，重物由自己下班时买回家，晚餐时说一句“晚饭后由我来收拾”这样的话，会倍添温馨。晚上主动把被子铺好，开窗通风换气。这些足以使准妈妈从心理上感到满足。

❹ 重视胎宝宝的存在，经常跟胎宝宝说话，准妈妈能感受到准爸爸对胎宝宝的感情，对家庭的责任感，有助调节家庭气氛。

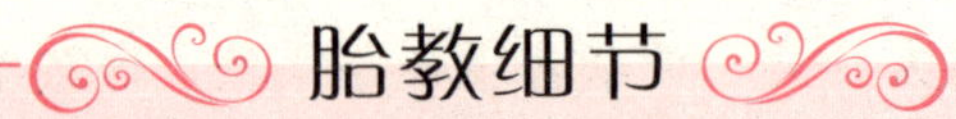

胎教细节

孕期准妈妈情绪多变，准爸爸要多观察准妈妈情绪，多问问“怎么啦”，诱导准妈妈把不良情绪发泄出来，否则积累久了可能引发准妈妈一场极大的情绪风暴。

孕8月，锻炼胎宝宝生存技能的胎教细节

胎宝宝头朝下待着了

孕8月时，胎宝宝的身长为40～44厘米，体重达1500克左右，从这时起，羊水量不再增加了，迅速成长的胎宝宝身体紧靠着子宫，位置固定了。由于头重，一般头部自然朝下。

胎宝宝的主要器官已初步发育完毕，皮下脂肪开始丰满起来，但皮肤仍有皱纹，听觉神经已经发育完成，肌肉也发达起来，胎动更为激烈，有时可用脚踢蹬子宫壁。

初步发育完毕的胎宝宝接下来的主要任务就是锻炼生存技能，在积极吞咽羊水、排尿、排便、打嗝等。

满28周后发生早产的胎宝宝，存活概率很高，因为肺等内脏器官和脑、神经系统都发展到了一定程度。

准妈妈要预防妊娠高血压

准妈妈到孕8月时，子宫向前挺得更加明显，肚子越发突出，子宫底升到上腹，顶压着膈肌和胃。准妈妈因胃受到压迫，饭量减少，也会出现胸口上不来气的感觉。

另外，准妈妈身体更加沉重，行动困难，如较长时间行走，多会感到下腹部和脚跟疲劳和笨重，并感到腰痛或足跟痛。走路、上下楼梯都要慎重。

在这个时期最可怕的是妊娠高血压综合征。妊娠高血压综合征严重时会导致母胎俱亡，一定要警惕。

预防妊娠高血压应注意在每天的生活中避免过劳；饮食要三高一低：高蛋白、高钙、高钾及低钠，有助于预防妊高征；避免摄取过多的盐分，每天要控制在5克以内，含盐量高的食物如浓肉汁、调味汁、腌制品、熏干制品、罐头制品、油炸食品、肉类熟食等都要少吃或不吃；控制好体重增长速度与幅度，将整个孕期的体重增长控制在10～12千克，尤其是孕晚期，每周增重0.5千克为宜；保持足够的睡眠，在中午要争取休息一会儿或睡一觉；维生素C和维生素E摄入要足量，有预防高血压的作用。

胎教细节

孕8～9月，准妈妈要坚持2周做1次产检，只要接受产前检查，就能早期发现妊娠高血压综合征的征兆，避免出现严重后果。

营养胎教：膳食纤维

膳食纤维基本不被人体消化吸收，但对维持人体消化系统健康、维护心血管健康、预防癌症、预防糖尿病等方面都有积极作用。对准妈妈来说，合理摄入膳食纤维一个最重要的好处是维持肠道活力，预防和治疗便秘、痔疮，为给胎宝宝创造一个优良的发育环境做贡献。

膳食纤维在牛蒡、胡萝卜、四季豆、红豆、豌豆、薯类、裙带菜等食物中的含量都比较高，其他新鲜蔬菜、水果、菌藻类食物中的膳食纤维含量也比较丰富，但更多地存在于粗粮中，如糙米、胚芽精米、玉米、小米、大麦、米糠、麦粉，因此准妈妈在日常饮食中除了多吃蔬菜、水果外，也不要忘了适当增加些粗粮。不过粗粮不能吃太多，否则会引起腹部不适，还会影响钙、铁等微量元素的吸收，每天不超过50克比较好。

胎教细节

酸奶中含有大量活性乳酸菌，能够有效地调节体内菌群，促进胃肠蠕动，从而缓解便秘。便秘的准妈妈每天可以喝一两杯酸奶。

情绪胎教：放松精神

越临近分娩，压力越大，这里为准妈妈介绍一种消除紧张压力的方法，只要花5分钟，就能得到彻底的放松。

首先运用视觉，以轻松的姿势坐在地毯或沙发上，不要让任何人来打扰，先环视一下屋子，选出3样东西来。比如桌子上的闹钟、墙上特别喜欢的一幅画以及正在读的书，眼睛能看到的东西都可以。选出后，集中精力，一个一个加以凝视，凝视其上的一部分，例如闹钟正在移动的秒针，书中人的眼睛等，集中视线5秒钟以上。

其次是听觉，在周围能听到的声音中选择3种来，例如时钟的嘀嗒声，隔壁传来的小孩叫声，外头刮风下雨的呼啸声，集中精神感受。

接下去轮到触觉，同样选择对3种东西的感觉来集中精神感受。比方说，正坐着的椅子之触感，刚才刷牙时牙膏残留的味道以及呼吸时胸部规律的动作等，都可作为选择的对象。

持续做这些练习，直到你的心灵完全获得平静为止。

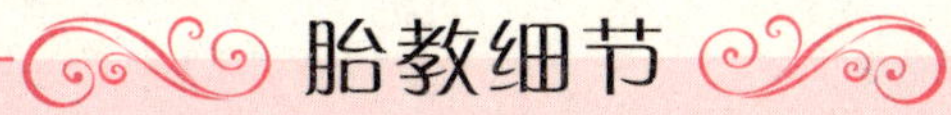

用听觉和触觉进行感受，放松精神时，如果闭上双眼，效果会更好。

音乐胎教：听钢琴曲《月光》

想想自己多久没有赏月了，不妨在有月色的晚上邀准爸爸坐在阳台上赏赏月，是难得的放松，这时再听着《月光》这首钢琴曲就更好了。

《月光》是法国作曲家德彪西的钢琴小曲，描绘了月光的美丽与神秘。从曲子中，仿佛能看到月光闪烁的皎洁，体会幽暗的月光透过轻轻浮动的云，影影绰绰地洒在平静的水面上的情景，就如同置身于晴朗而幽静的深夜氛围之中，典雅而飘逸。

诗人余光中曾经这样形容这首作品：

走出树影，走入太阴
走入一阵湍湍的琴音
谁的指隙泻出寒濑？
谁用十根触须在虐待
精致而早熟的，钢琴的灵魂？
弄琴人在想些什么？

在柔美的月夜里，或者在你想要听音乐的任何时候，都可以闭上眼睛，打开这曲《月光》，让美丽的音符在心里流淌，想象心中的那片月色。

胎教细节

历代描绘月光的音乐作品很多，贝多芬的月光奏鸣曲、肖邦的多首夜曲、阿炳的《二泉映月》，准妈妈都可以听一听，感受会更丰富。

准爸爸胎教：帮准妈妈按摩

伴随怀孕而来的生理上的各种不适症状，腰酸背痛、水肿、疲劳等，经常困扰着准妈妈，准爸爸可在晚间为准妈妈轻轻按摩，帮准妈妈放松身体也放松精神。

腿部按摩：促进血液循环。把双手放在大腿的内外侧，一边按压一边从臀部向脚踝处进行按摩，将手掌紧贴在小腿上，从跟腱起沿着小腿后侧按摩，直到膝盖以上10厘米处，反复多次，可消除浮肿，预防小腿抽筋。

胸部按摩：从腋下以乳晕位中心聚拢胸部，然后向中央聚拢胸部，反复6次以上。可促进乳腺分泌，预防产后乳疮。

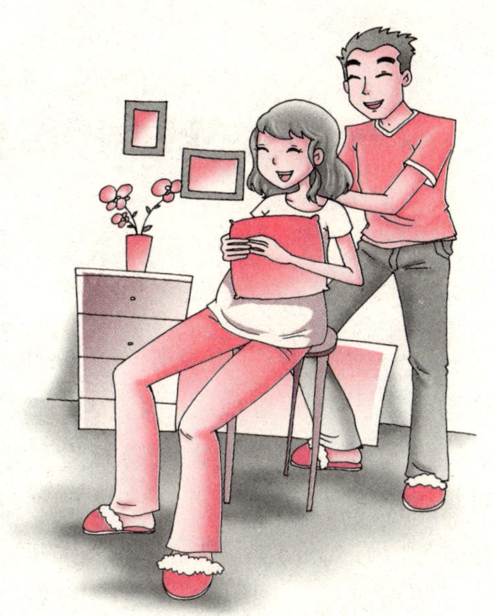

腰背按摩：用手掌掌根或拳面放在准妈妈后背脊柱两侧肌肉，做轻快的、柔和的回旋运动，注意手要按住肌肉施加一定压力，不要在皮肤上摩擦。在一固定点按揉数十秒后将手向下移一手掌宽，再重复此操作，直至按揉到臀部以上。如此可以缓解准妈妈的腰背疼痛。

头部按摩：用双手轻轻按摩头和脑后，3～5次。用手掌轻按太阳穴，3～5次，可缓解头痛，松弛神经。

胎教细节

人体对疼痛的承受力各有不同，而男性的手劲较大，所以准爸爸帮准妈妈按摩时，手法应温柔平和，力量要轻重适宜，以准妈妈感觉舒服最重要，用力过猛、刺激太强易产生反效果。

孕9月，基本接近新生儿的胎教细节

胎宝宝将完全成熟

孕9月时，胎宝宝身长45～48厘米，体重达到2200～2500克，开始变得漂亮了。象征着成熟的特征正一点点地出现，皮下脂肪增多，皮肤有了光泽和颜色，并且比以前光滑了，原来长满全身的胎毛逐渐消退，面部皱纹消失，指（趾）甲已达指（趾）尖。内脏已完全形成，肺和胃肠的功能已开始发达，具备了一定的呼吸和消化功能。

若是男孩，睾丸已下降到阴囊中；若是女孩，大阴唇隆起，左右两侧贴在一起，生殖器官基本形成。这时胎宝宝头部大都已朝下，是娩出的准备姿势。胎宝宝此时动作非常有力，手和脚能将准妈妈的腹壁皮肤顶起来。

在满36周后，胎宝宝就将变成一个成熟儿，在他成熟前的最后阶段，一定要预防早产。

准妈妈要预防早产

怀孕到9个月，是怀孕过程中最烦恼的时候。子宫底上升到心口窝，压迫着心脏和胃，引起心跳、气喘或感觉胃胀，食欲缺乏。同时越来越沉重的子宫压在膀胱上，小便的次数更加频繁，阴道分泌物也增多。准妈妈的腹部还在向前挺，身体变得更加沉重，行动笨拙，一不留意便可引起腰部外伤，很容易使腰椎间盘突出。

分娩的最后时刻就快到了，准妈妈在等着分娩的同时要避免早产，在这个阶段，胎宝宝在准妈妈的腹中多待一天，就多一份健康保障。如果出现了以下现象，可能是早产征兆。

❶ 频繁宫缩。每小时宫缩次数在10次左右就属于比较频繁的，应及时去医院，在医生指导下服用一些抑制宫缩的药物，预防早产的发生。

② 早产宫缩。当准妈妈发生早产时，子宫收缩压力增加，准妈妈不但下腹部酸痛，还会痛到腹股沟甚至有持续性下背酸痛；严重的还会伴随阴道分泌物增加及阴道出血。而当有不正常的分泌物或出血情况时，就要尽速就诊，预防早产。

孕事细节

到了怀孕最后期，宫缩有时伴有阵痛，很难与进入待产的真正阵痛区分，必须到医院检查与进一步观察，确认并非早产。

情绪胎教：插花

插花不费力气，还能陶冶性情，宁静情绪，特别适合孕晚期的准妈妈。准妈妈不妨试试，可以买些鲜花来插，也可以把蔬菜、水果作为材料，发挥想象力，一定能做出一盆特别的插花来，下面的这个插花可以作为参考。

材料：柿子椒一个（还可以用苹果、西红柿等），花泥一块，牙签数支，樱桃数个，满天星数枝，小雏菊数朵（也可选择当下开放的其他鲜花）。

步骤：

① 将柿子椒横刀切成两半，泡一小块花泥。

② 将泡好的花泥切成略小于辣椒横切面的大小，用牙签固定在两半柿子椒的中间。

③ 将修剪好的满天星转圈围插到柿子椒四周的花泥中，再将樱桃插入花泥，最后插入小雏菊。注意插花时要用花朵将花泥遮挡起来。

胎教细节

插花时尽力扩展思维，家里的废纸筒、饮料瓶，好看的纸张等，都能派上用场，为插花增添光彩。

语言胎教：记忆力训练

孕后期是适合集中进行语言胎教的时期，建议准妈妈借助语言训练一下胎宝宝的记忆能力。很多人做过实验，宝宝出生之后，将在胎儿时期学过的词汇和物品展示给他，他听到看到后就会安静下来注视该物品。

锻炼记忆能力的时候，注意两个关键点。

❶ 记忆内容要简单，并且方便用于检验。那些在日后还会经常性展示在宝宝面前的内容最合适，比如彩色卡片、小球、小鸭子等，这些简单的内容在宝宝出生后，可以再次展示，看他的反应是否与说到其他事物时有所不同。

❷ 锻炼要规律重复。胎教时，一件事物每天教，用同样的词汇，并让那些要让宝宝记住的词汇凸显出来。比如教胎宝宝记住“球”，就每天在固定的时间说：“球，这是球，是你以后要玩的球。”训练几天后，歇几天，之后再训练，可增强记忆力。

胎教细节

语言胎教发音一定要清晰，准妈妈要学会缓慢地说话，让胎宝宝能听得更清楚。

环境胎教：布置婴儿房

提前给宝宝准备一间婴儿房，可让装修、装饰等带来的污染充分散去。准备婴儿房的时候，给准妈妈提些建议，要注意以下三点。

❶ 安全第一：窗户一定装护栏，家具多采用圆弧收边，尽量避免棱角，地板要有良好的防滑性，另外所

有的材料都尽量用无毒无味的天然环保产品，含铅、甲醛、苯等污染化学物质的材料不能用。

❷ 符合婴幼儿天性：色彩上以温和的暖色为主，不要太复杂，造型也不要太花哨，以免伤害宝宝视力。各种用品的素材以柔软、自然为佳，地毯、原木、壁布、塑料制品等都适合，能避免宝宝在活动时碰撞受伤，家具的款式要小巧、简洁、质朴、新颖。

❸ 照明充足：明亮的房间能让宝宝感觉温暖、有安全感，另外，宝宝的视力发育也需要明亮的环境，所以婴儿房一定要有充分的照明，全面照明度要比成年人房间高。

胎教细节

准妈妈可以多在脑海里描绘婴儿房，让婴儿房在脑海里或局部或整体地呈现出来，与胎宝宝共享，这样宝宝以后对他的房间就不会陌生。

运动胎教：拉梅兹呼吸法

拉梅兹呼吸法是减缓生产时的疼痛、加速产程进展的好方法，有助于轻松顺利地生产，准妈妈应提前几个月进行练习，这样可以更加熟练地运用。

* 拉梅兹呼吸法的原理

拉梅兹分娩呼吸法是通过对神经肌肉控制、产前体操及呼吸技巧训练的学习过程，有效地让产妇在分娩时将注意力集中在对自己的呼吸控制上，从而转移疼痛，适度放松肌肉，能够充满信心地在分娩过程发生产痛时保持镇定，以达到加快产程并让婴儿顺利出生的目的。

* 练习拉梅兹呼吸法的准备

盘腿坐在地毯或床上，室内播放一些优美的音乐，在音乐声中，首先让自己的身体完全放松，眼睛注视着同一点。除了自行练习之外，也可以让准爸爸在旁陪伴，一同练习，这样可为你打气，增强信心。

* 拉梅兹呼吸法的步骤

名称	何时操作	怎样操作
深呼吸	每种呼吸的开始和结束	由鼻子深吸一口气，口呼
胸部呼吸	分娩开始时； 子宫颈开0～3厘米； 子宫收缩5～20分钟一次； 每次收缩30～60秒	随着子宫收缩就开始鼻子吸气、口吐气，反复进行，直到阵痛停止才恢复正常呼吸
嘻嘻轻浅呼吸	子宫颈开3～7厘米； 子宫收缩2～4分钟一次； 每次收缩40～50秒	用嘴吸入一小口空气，保持轻浅呼吸，让吸入及吐出的气量相等，完全用嘴呼吸，保持呼吸高位在喉咙，就像发出“嘻嘻”的声音
喘息呼吸	子宫颈开7～10厘米； 子宫收缩60～90秒一次； 每次收缩30～90秒	先将空气排出后，深吸一口气，接着快速做4～6次的短呼气，感觉就像在吹气球，比嘻嘻轻浅式呼吸还要更浅
哈气呼吸	镇痛开始	先深吸一口气，接着短而有力地哈气，如浅吐1、2、3、4，接着大大地吐出剩下的所有的气，就像在吹一样很费劲的东西
用力推	子宫颈全开	下巴前缩，略抬头，用力使肺部的空气压向下腹部，完全放松骨盆肌肉。需要换气时，保持原有姿势，马上把气呼出，同时马上吸满一口气，继续憋气和用力，直到宝宝娩出
哈气运动	头出来了	不可用力，用口哈气

胎教细节

练习拉梅兹呼吸法的时候，准妈妈可配合想象胎宝宝在子宫里向产道运动的情形，这样的想象配合拉梅兹呼吸法，缓解阵痛的效果会更好。

准爸爸胎教：做好育儿准备

新生命降临，准爸爸要做好充分的准备，从一个准爸爸变成一个真正的好爸爸！

首先，准爸爸要做好家庭的开支计划，可以去拜访一些已经做了爸爸的朋友，向他们讨教一些经验，也可以让他们告诉自己一些做了爸爸之后的心得，看一看他们的生活状态。

其次，准爸爸要明白育儿不是准妈妈一个人的事情，所以应多学习一些育婴知识，比如怎样给宝宝穿衣服、洗澡、喂奶、把尿等，这样在宝宝出生后，准爸爸就可以和准妈妈一起去照顾这个小生命，让准爸爸也深刻地体会到一个父亲肩膀上的责任，而且这也能够帮助激发起准爸爸心底的父爱。

再次，宝宝出生后，在给准爸爸带来父爱欢乐的时候，很容易让准爸爸忽略了丈夫的角色。其实三个人生活的开始，并不意味着两个人浪漫的终结，有了宝宝后准爸爸更需要呵护关爱准妈妈。

胎教细节

有些准爸爸急急地就开始为宝宝的将来做规划了，其实尚为时过早，宝宝的未来有无限可能，计划很难赶上变化，不如就注重当下，决心让他安然度过胎儿期，快乐度过婴儿期就行了。

孕10月，即将出生的胎宝宝胎教细节

胎宝宝已经成熟

胎宝宝进入第10个月，体重增加迅速，每天大约长30克。到10月末，胎宝宝会长到48～50厘米，体重增加到3000～3500克。

胎宝宝皮肤呈粉红色，皮下脂肪发育良好，已无皱褶，外观丰满，圆圆胖胖的。头发密生，有3～4厘米长，手和脚的肌肉也很发达。

胎宝宝的心脏、肝脏、肺脏、肾脏等已经发育成熟。除肩、背外，其余地方的毳毛已脱落。

此时胎宝宝头部已进入准妈妈的骨盆中，身体的位置稍稍下移，准备出世。其实，过了孕36周胎宝宝就是足月儿了，已经完全成熟，所以若此时分娩，他已经具备在体外生存的能力，而且哭声响亮，四肢活动有力，有小便和胎便都能顺利排泄出。

准妈妈做好分娩准备

第10个月的前半月，多数准妈妈的子宫继续往前挺，为了保持身体的重心，上半身不得不向后仰，常会感到腰痛、脊背痛，有时甚至肋间也痛，沉重的身体加重了腿部的负担，腿出现抽筋和疼痛。

到10个月的后半月，由于胎头下降，进入骨盆，准妈妈的心脏和胃逐渐被“解放”，呼吸顺畅多了，食欲也倍增。但是，由于下降的子宫开始压迫膀胱和直肠，准妈妈又出现了尿频和便秘现象。

在第10个月，准妈妈要做好分娩准备，物质上的和精神上的准备都要做。物质上，要准备好待产包，把所有将来分娩要用到的物品包括宝宝衣服、奶瓶、奶粉、纸尿裤、分娩所需证件、上次产检单、现金、自己要用到的睡衣、卫生纸等，都要放进去。精神上，准妈妈要学会放松，放下对分娩的恐惧和焦虑，用对宝宝的期待和希望来代替。其实，怀孕、分娩是女人的天性，每个准妈妈都能承担起这份责任，况且现在医学这么发达，一定要相信自己能顺利分娩。

孕事细节

孕10月准妈妈食欲好了，但不能随意多吃，那些特别容易长肉的含油脂、含碳水化合物丰富的食物一定要控制。此时不加节制地吃特别容易造成巨大儿。

饮食胎教：食物助眠

孕10月很多准妈妈都睡不好了，准妈妈睡不好，胎宝宝也休息不好，有些食物有较好的助眠作用，可试试。

醋水：凉凉一杯开水，倒一汤匙醋到杯子里，搅匀，临睡前半小时喝下。

莴笋水：把莴笋磨成浆汁，每次睡前倒一汤匙莴笋汁在一杯冷开水中喝下。

吃苹果：苹果在中医理论中有“益心气”“和脾”“注脾悦心”的功效，在睡前1小时吃一个苹果，可以助眠。

喝牛奶：牛奶的助眠作用已经得到公认，其中含有色氨酸和天然吗啡类的物质，睡前1小时喝下就可安然入眠。

果皮香包：新鲜水果的皮不要扔，鲜梨皮、橘皮、香蕉皮等水果皮装在一个不封口的小袋子中，散发出自然的香味，可以帮助准妈妈安眠。

洋葱香包：洋葱的香味也有助眠作用，切一个洋葱放入瓶子中，盖好盖子，放在床头柜上，难以入睡或半夜醒来打开瓶子深吸几口，很快就可睡着，一觉到天亮。

胎教细节

睡眠不好的准妈妈感觉困了，就马上上床，不要再换衣服、刷牙、洗脸或做胎教，以免清醒过来，再想入睡就困难了。

环境胎教：整理家居

很多准妈妈临近分娩，有打扫家居的冲动，这是一种“筑巢”情结，就像鸟儿在孵蛋前要给自己筑一个完美的巢一样。有这种情结时容易犯两个错误，需要注意。

❶ 想把所有事都处理完。准妈妈如果有把所有与分娩无关的事都处理完的想法，比如把工作告一段落，把橱柜整理干净甚至把墙壁洗刷一次，然后就能无事一身轻地专心静心地等待宝宝到来，是不现实的。工作、生活都是不断持续的，今天处理完了一些事，明天还有更多事，这种想法反而让自己更忙碌，所以还是慢慢来吧，把急迫的心情放松下来。

❷ 喜欢事事亲力亲为。筑巢情绪让准妈妈总是想自己动手，这会让自己很有满足感和成就感，但是要注意，现在已经进入了围产期，随时可能分娩，必须积攒些体力为分娩做准备，太疲倦的精神状态不但可能引起早产，对分娩也是很不利的，所以还是要让自己多休息。

胎教细节

筑巢情结比较浓烈的准妈妈，建议做只动口不动手的司令，指挥准爸爸去做即可。

情绪胎教：克服恐惧

越接近分娩，准妈妈对分娩的恐惧越强烈，而恐惧越深越不利于顺利分娩，因此要想办法把这种恐惧化解。

首先，弄明白恐惧的原因。一般有过生产经历的准妈妈恐惧感就比初次生产的准妈妈恐惧感小，因此可以说对分娩的恐惧最根本的原因是对孕产的无知。有些准妈妈看过一些影视剧对分娩场景的渲染而心生恐惧，一些准妈妈因为听说了某件分娩事故而心生恐惧。

化解由此带来的恐惧，最好的办法是多学习孕产知识，当“知识完全的时候，所有恐惧将统统消失”。可以看一些孕产书、电视节目等，当充分了解了分娩是怎么一回事，恐惧感就会小很多了。

其次，将注意力集中在与分娩有关的其他事上。将注意力集中在跟分娩相关的其他事上，比如思考让谁来照顾月子、给宝宝穿哪套衣服、怎么去医院等，可以转移注意力，另外，把所有细节都想到了可以给自己很大的信心，也能帮自己将恐惧感转移出去。

胎教细节

导乐分娩可以给准妈妈很大的帮助，帮助准妈妈调整情绪，减轻痛苦，可以考虑请个导乐，另外准爸爸到时候可以一起进产房陪产，这也可以给准妈妈很大的勇气。

音乐胎教：《田园交响曲》

临近分娩的准妈妈非常需要放松，能够帮助放松的音乐要多听，贝多芬的《田园交响曲》就是好选择。这首曲子贝多芬自己介绍是“乡村生活的回忆，写情多于写景”。

《田园》的灵感来自于大自然，整部作品表达了对大自然的依恋之情，细腻动人，朴实无华，宁静而安逸。这首乐曲让人感受到人与自然既和谐又统一的佳境，自然的千姿百态与音乐的宏伟互为映衬，就像一幅用眼睛看不见的图画，美妙而令人身心舒展。

曲子中满耳的大自然的声音和满眼的大自然的颜色会让准妈妈从心灵深处呼吸到那纯净清新的空气，回想起自己曾经观赏过的田园风光，曾经流连过的花园或者林荫道，会感到彻底地放松。

胎教细节

分娩的时候胎宝宝其实也很紧张，准妈妈一定知道胎宝宝最喜欢哪首曲子，不妨把这首曲子也带入产房，分娩的时候放，有助于安抚胎宝宝的紧张情绪。

意念胎教：想象宝宝出生

积极的想象可以排除恐惧，所以临近分娩时，准妈妈要多练积极的想象，把比较痛苦的过程转化为愉快的想象。提前多练习，到进入产房以后就可以顺利运用。

❶ 想象胎宝宝的样子。想象胎宝宝在宫缩的时候被子宫轻轻拥抱着、推挤着向下运动，到了宫缩最要紧的时候，胎宝宝的头露出来了，像一朵花一样从泥土里钻出来。

❷ 想象痛苦离开身体。想象到时候分娩的疼痛会被包裹起来像氢气球一样飘走，像黏土团一样被扔出去或者像一片羽毛一样被吹走。

❸ 想象把宝宝抱在怀里的情景。想象宝宝已经出生了，护士把他抱过来放在自己的胳膊弯里，宝宝依偎在胸前，当自己发出声音叫他的时候，他抬起头睁着又圆又黑的眼睛看过来的场景。

胎教细节

分娩的痛苦不会因为恐惧就消失，反而会更加严重，所以不妨直面它，豁出去，就想着看看分娩痛苦到底有多痛，这样恐惧反而小一些。

准爸爸胎教：鼓励准妈妈

临近生产，准妈妈的恐惧是难免的，准爸爸要多鼓励准妈妈，给准妈妈一些信心，分娩时会更顺利。

❶ 多了解分娩知识，帮助准妈妈建立自信。多了解一些分娩知识，然后跟准妈妈讲解，并在她需要的时候给予提醒，告诉她分娩其实是可以控制的，不会出现问题，她的身体肯定能胜任孕育任务，消除她对分娩的未知感和紧张情绪。

❷ 发挥爱的力量。爱是准爸爸给准妈妈最大的支持，准爸爸的抚摸、拥抱、亲吻会让准妈妈感受到自己的重要性，从而增加信心，克服困难。

❸ 增强准妈妈的责任感。准爸爸可以告诉准妈妈阵痛是胎宝宝在投奔光明世界冲破重重阻力，是向准妈妈发出的求援信号，准妈妈出于爱心、责任感，会变得坚强。

❹ 心理暗示。准爸爸经常带准妈妈去看望漂亮健康的小宝贝们，并引导准妈妈想象自己家宝贝的可爱样子，通过各种方式给准妈妈积极的心理暗示，让准妈妈对自己的分娩充满期待，积极的心理因素可让事态向积极方向发展。

胎教细节

准爸爸可以配合准妈妈练习一些分娩技巧，比如生产时的呼吸技巧、用力技巧、吃东西的技巧等，模拟分娩场景，让准妈妈对分娩建立自信。

Part 2

0～3岁宝宝同步早教

新生宝宝早教细节

新生宝宝的身体发育

宝宝出生未满月前称为新生儿。足月出生的新生儿正常体重在2500克以上，4000克以下。如果不足2500克为低体重儿；如果超过4000克为超重儿；如果不足37周出生，就是早产儿。早产儿和低体重儿身体机能较差，都需要格外照护。正常情况下，新生的宝宝身长为47～53厘米，头围33～34厘米，坐高（颅顶至臀）约33厘米。除此之外，新生宝宝还有很多独有的发育特点。

呼吸、心率：新生宝宝的呼吸频率和心率都较成人快，呼吸为每分钟40～60次，心率为每分钟140次左右。

体温：因为体温中枢功能尚不完善，新生宝宝的体温不稳定，外界环境温度对他的影响很大。正常体温为36～37℃。

另外，新生宝宝皮下脂肪少，体表面积相对产热大，容易散热，要注意保暖。冬季室内温度宜保持在18～22℃，不能太低。

胎便：出生12小时后，新生宝宝开始排胎便。胎便呈深绿色、黑绿色或黑色黏稠糊状。一般在出生三四天后，胎便就能排尽。喂奶后，大便逐渐转成黄色。牛奶喂养的宝宝大便呈淡黄色或土灰色，并且呈固体，还常常会便秘。母乳喂养的宝宝大便多为金黄色糊状，次数多少不一，每天1～4次或者5～6次以上。

小便：出生第一天尿量为10～30毫升，出生后36小时内排尿均属正常。随着哺乳摄入水分，宝宝的尿量逐渐增加，每天可排尿10次以上，如果次数不多，每次的尿量就会较多。

睡眠：新生宝宝每天要睡18～20个小时，约占一天的70%时间。不过睡眠周期很短，大约只有45分钟，并且大多数时间处在浅睡状态。

随着成长，宝宝的睡眠周期会越来越长，到婴儿期时，会达到

90～120分钟。浅睡逐渐减少，到婴儿期时仅占总睡眠量的1/5～1/4。

满月时，宝宝的身体发育是否正常，可参考下面数值。

	身长上下限（厘米）	身长中位数（厘米）	体重上下限（千克）	体重中位数（千克）	头围上下限（厘米）	胸围平均值（厘米）
男	48.7～61.2	54.8	3.1～6.3	4.5	35.4～40.2	37.9
女	47.9～59.9	53.7	3.0～6.1	4.2	34.7～39.5	36.9

育儿细节

宝宝的尿量是判断他是否吃饱了的一个指标，如果排尿次数少，量少，母乳宝宝很可能就是没吃饱，要勤喂，奶粉宝宝可能是没喝足，要多喂水。

新生宝宝的反射行为

新生宝宝刚出生就有一些让人意想不到的能力，不过大多是原始反射行为。

❶ 觅食反射：宝宝出生半小时后，妈妈用手指头抚弄一下他的面颊，宝宝就会转头张嘴，开始吸吮动作，准备吃奶。

❷ 抓握反射：有物体碰到手掌时，宝宝会握紧拳头。这种反应到1周岁后才消失，可以用来检查和判断宝宝的神经系统发育是否成熟。

❸ 惊跳反射：宝宝躺着时，突如其来的刺激，例如较大的声音，会使他双臂伸直，手指张开，背部伸展或弯曲，头朝后仰，双腿挺直。这种反射一般要到3～5个月时才会消失，如果不消失，则有可能神经系统发育不成熟。

❹ 强直性颈部反射：宝宝躺着时，头会转向一侧，伸出一边手臂和腿，屈曲另一边手臂和腿，摆出击剑者式的姿势。这种反射机能，在胎龄28周时就出现了。

❺ 巴宾斯反射：碰到宝宝的小脚心，脚趾会张开呈扇形，脚会朝里弯曲。6个月以后这种反射会消失。

❻ 踏步反射：托住宝宝腋下，让脚板接触平面，宝宝就会做迈步的

姿势，好像要向前走。这种反射会在8周左右消失。

❼ 蜷缩反射：当宝宝缩起脚背碰到平面边缘时，会做出与小猫动作相似的蜷缩动作，这种反射在8周左右消失。

❽ 视觉、颈部反射：眼前闪过亮光时，宝宝会扭转颈部，尽力避开。

这些先天性反射机能，既是宝宝成长以后形成条件反射的重要基础，又可作为新生宝宝神经系统发育的检查标准。

育儿细节

新生宝宝的多种原始反射行为会让父母感到神奇，但不要因此和宝宝玩个不休，宝宝最需要的是休息。

新生宝宝智能发育

新生宝宝智能发育已经有相当高的水平了。

❶ 动作：新生宝宝一出生，就具备了运动和判断能力。父母亲温柔地和宝宝说话时，宝宝会随着声音有节律地运动。一开始，会转动头，上举手，伸直腿。继续谈话时，宝宝可能表演一些舞蹈样的动作，还可能会扬眉、伸足、举臂，有时候面部会有凝视或微笑的表情。

❷ 视觉：新生宝宝一出生就具有视觉能力，34周以上的早产儿与足月儿的视力相同。父母和宝宝对视，是情感表达的最重要方式。宝宝睁开眼睛时，可让宝宝看自己的脸，因为新生宝宝视焦距调节能力差，所有父母的脸和宝宝的眼最佳距离应当是20厘米左右。还可以在这个距离处放一个红色的圆形玩具引起宝宝的注意，然后上下左右移动，宝宝会慢慢移动头和眼睛追随玩具。健康的宝宝睡醒后，一般都有注视的能力，眼睛及头会随着目标移动。

❸ 听觉：宝宝的听觉很敏锐，在他醒着时，拿一个小塑料盒装些豆子，在耳边约10厘米处轻摇，宝宝的头会转向小盒的方向，有的还能用眼睛找到盒子。如果在宝宝的耳边轻轻地说话，宝宝也会转向说话一侧，在哪边说话就转到哪边。新生宝宝很喜欢听母亲说话的声音，这是他习惯的声音，会感到亲切。宝宝不喜欢太大的声音和噪声，太吵或者

有噪声，宝宝会转头向相反的方向，甚至用哭声来表示抗议。

④ 触觉：新生宝宝对不同温度、湿度、物体以及疼痛具备触觉感受能力，嘴唇和手是触觉最灵敏的部位，喜欢质地柔软的物体。触觉是新生宝宝安慰自己、认识世界和外界交流的主要方式。抱起宝宝时，他会喜欢紧贴着、依偎着打人。宝宝哭时，父母抱起来并轻轻地拍一拍，就能满足新生宝宝触觉安慰的需要。

⑤ 嗅觉：新生宝宝能认识和区别不同的气味。闻到一种新鲜气味，宝宝有心率加快、活动量改变的反应，并且能转过头朝着气味发出的方向，这是宝宝对这种气味有兴趣的表现。

⑥ 味觉：出生后，宝宝就能精细地辨别食品的滋味。给出生仅一天的新生宝宝喝不同浓度的糖水就会发现，宝宝对比较甜的水吸吮力强，吸吮快，喝得多；比较淡的糖水喝得少；对咸的、酸的或苦的液体会表现不愉快。喝酸橘子水时，会皱起眉头。

早教细节

人类学习知识的积累过程，都是从感觉器官得到的，尤其是视觉，有85%是通过视觉而来，这些接受刺激的过程能促进大脑发育，父母要多给宝宝各种各样的刺激。

最好母乳喂养新生宝宝

母乳中含有多种营养素，这是任何代乳品，哪怕是配方奶粉都无法实现的。而且，母乳初乳中含有丰富的免疫球蛋白、乳铁蛋白、生长因子等有益营养成分，都是新生宝宝迫切需要的。

另外，母乳特别适合新生宝宝脆弱的消化能力，不会给他带来额外的负担，所以妈妈要尽量给新生宝宝喂母乳，尤其是生产以后5～6天内的初乳一定要喂给新生宝宝。

* 让宝宝正确含乳

正确的含乳应该是将乳头连同下部乳晕的大部分和部分上部乳晕一起含入口中，这样宝宝吮吸时，就会挤压到存放着乳汁的乳窦，迫使乳汁顺利射出。含乳姿势正确，宝宝才能吃到更多的乳汁，乳腺也才能得到更充分的刺激。

含乳正确了，还要注意宝宝的嘴跟妈妈的乳房的位置关系，一般宝宝头部略向后仰，下巴略向上仰起，妈妈低头正好可以看见宝宝的眼睛、鼻子。在这种姿势下，宝宝吞咽会更容易。另外，妈妈要注意看宝宝的鼻子是否被乳房堵住，如果妈妈乳房不是很大，而宝宝鼻子被堵住了，说明哺乳姿势不正确，如果是因为妈妈乳房太大而导致堵住，就需要用手把乳房向后按下。

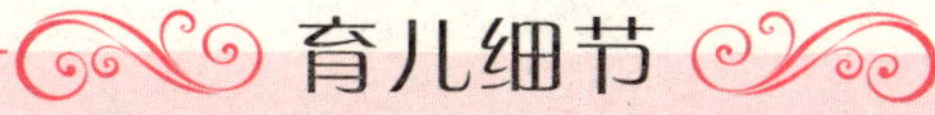

产后宜早开奶，宝宝出生后20～30分钟就可以让他吃奶，有利于通乳、泌乳，也能给宝宝更多的安全感。

经常抱抱宝宝

宝宝离开子宫，来到世界，生活环境发生了巨大的变化，这给他带来了极大的不安全感。妈妈如果能多抱抱他，对他能起到很好的安抚作用。

新生宝宝头颈柔弱，抱起的时候要注意安全。如果宝宝仰卧着，抱起时，应该一只手插入其头颈下方，让头和颈保持在同一个水平面上，然后另一只手从反方向插入宝宝臀部，双手一起用力将孩子抱起。抱起后，托着头颈部的手向里弯，将头颈部送到肘弯处，让他的背部躺在前臂上，托着臀部的手向外伸，与另一只手相接共同托住背部，这时候宝宝的臀部正好在这只手的前臂。

如果宝宝侧卧或者俯卧，要先把他转成仰卧位，然后再抱起。抱起后，做到以下两点就更好了。

❶ 让宝宝的头部紧贴左胸，这样宝宝就能够听到妈妈的心跳声，这个声音是他在子宫里就熟悉的，这时听到无疑会感到熟悉而安全。

❷ 抱着宝宝时，要多跟他说话，并用温柔的目光注视着他，让他感受妈妈的爱，也能增加安全感。

不过，宝宝需要睡觉的时间较多，所以一次抱的时间不能太长，抱几分钟就应该放下，让他睡觉。

早教细节

现在有些妈妈信奉宝宝哭就不抱，不哭才抱的做法，这样做的时候一定要记得在宝宝不哭的时候多抱抱他，不要变成哭也不抱，不哭也不抱的情形，对宝宝身心发育不利。

保证新生宝宝睡眠

充足的睡眠时间有助于新生宝宝迅速成长，宝宝就是在吃吃睡睡中长大的，因此睡眠时间一定要保证。正常新生宝宝每日睡眠时间可以达到18～20个小时。

保证新生宝宝的睡眠时间，就要尽量给他创造一个适宜的环境，光线较暗、空气清新的卧室，软硬适度的床，轻松柔软的衣服，干燥舒适的皮肤都是不可少的环节。在宝宝醒来之后，父母可以跟他玩一会儿，但不要太久，大约10分钟，宝宝就会困了，这时就要再把他放回床上让他睡觉。

* 睡姿安全问题

各种睡姿都有潜在危险，仰卧有可能因为吐奶而发生窒息，侧卧容易因为宝宝不自觉转成俯卧，口鼻被堵而发生窒息，俯卧更不用说，最容易发生窒息。所以一定要注意睡姿安全问题。

如果父母在身边，恰巧宝宝刚刚吃完奶，那么就可以让他侧卧或者俯卧，以此避免吐奶引发的危险。父母看着不发生宝宝口鼻被堵塞的问题就行。如果父母要走开，那么最好把宝宝翻成仰卧位。

育儿细节

新生宝宝不能盖太厚，他怕冷，同样怕热，过热很容易中暑，还会生热疮，被子一般跟成人的差不多就行。

及时回应宝宝的啼哭

没有新生宝宝不哭的，他的哭是和成人交流的方式，是为了提醒大人不要忽视自己的存在，所以对宝宝的啼哭一定要重视，及时给予回应。

正常的宝宝哭声响亮、婉转，听起来很悦耳。不同的哭声表达不同的需要。可能是诉说感觉到饥饿、口渴或是尿布湿了不舒服，等等。另外，在入睡以前或刚醒时，可能会出现不同原因的哭闹，但一般哭过后，宝宝都能安静入睡或进入觉醒状况。

宝宝哭的时候，如果不打算抱他，可以把手放在他的腹部，或按握住他的小臂膊，大多数宝宝都会因为感受到触觉安慰而停止哭闹。如果要抱他，可以抱起来竖靠在肩上，宝宝不仅会停止哭闹，而且会睁开眼睛。

只要满足了宝宝的需求，他感觉身体舒服、心理满足就不会啼哭。

育儿细节

宝宝如果啼哭不止，怎么哄都无济于事，而且哭声高尖、短促、沙哑或微弱，可能是生病了，应尽快看医生。

语言智能开发：亲子聊天

新生宝宝听不懂大人说的话，但他能感受到话里包含的感情，感受到自己是否受重视。大人常跟宝宝说话非常有利于他身心的健康发育，还能使他更早地理解语言、运用语言。

父母与宝宝的沟通可以涉及生活的方方面面，与宝宝有关的更应该跟他说。可以在干活的时候边做边说，帮宝宝换尿布、喂奶、洗澡等时候，就能对他交代下自己在做什么，比如准备洗澡的时候可以说："宝贝，妈妈要给你洗澡了。"洗澡时说："洗澡很舒服是不是？"洗完了再说"真干净啊，洗完澡的宝贝更漂亮了"等。也可以找时间专门跟宝宝聊天，用轻柔的声音说说对他的期望和爱，或者问些日常问题，比如问问宝宝："爸爸干吗去了？"停顿一会儿，再回答："爸爸上班去了。”“爸爸六点就回来了，回来就会跟宝宝玩”等，总之，把新生宝宝当成家庭中一分子，让他参与到家庭生活中来，什么都说，保证充分的沟通。

早教细节

跟新生宝宝说话的时候，语调要温柔，还要亲切、富于变化，面部表情要丰富，让宝宝时时刻刻感到新鲜，有利于集中他的注意力。

运动智能开发：抬头、转头练习

抬头训练，可增强新生宝宝的适应能力，对颈部、背部的肌肉也都有锻炼效果，还能增强肺活量。

俯卧抬头：让宝宝俯卧，把双臂放在胸前，撑着上半身，妈妈在前面呼唤或用玩具逗引宝宝，鼓励他抬头。出生10～15天后就可以做这个训练，每天可以做1～2次。随着训练时间增加，宝宝的头从勉强离开床面一下到可以慢慢地抬离床面15°，时间延长至5～6秒。

仰卧抬头：宝宝仰躺，让他握住妈妈的两手拇指，然后妈妈其余四指护住宝宝手腕，微微向上用力，宝宝会努力把头抬起来，好像要自己拉着坐起来的感觉。这个训练可以等到出生后10～15天以后做。

早教细节

妈妈要随时将宝宝身边的杂物清理干净，尤其柔软的东西更不能有，以免堵住宝宝口鼻。

运动智能开发：抚触

新生儿抚触是一种新的科学育儿手段，有提高睡眠品质、促进肠胃蠕动、帮助情绪稳定等好处。妈妈可以经常给宝宝做一做。

做抚触，要先在手上倒些润肤液匀开，保证手部润滑，避免弄伤宝

宝皮肤。然后就可以按照下面的做法进行，尽量让宝宝身上每一寸皮肤都得到安抚。

面颊：两手拇指指腹贴着宝宝前额中央，沿着眉骨向两侧滑动，停于太阳穴；两手拇指从下颌中央向外、向上滑动，让宝宝的脸呈微笑状；两手掌心贴着前额发际向上、向后滑动至后发际线，然后回转停于耳垂后。动作要轻柔，每个动作起始和结束时轻轻加压。

胸部：两手掌贴着宝宝的胸部，分别从外下侧向对侧的外上侧滑动，像两手画“×”一样。

腹部：从右向左抚触腹部，先将右手放在新生儿腹部右下侧，然后竖直滑向右上侧，再水平滑向左上侧，最后竖直滑向左下侧，像画了一个“U”形。这种抚触与肠道蠕动方向一致，有助消化。

四肢：左手抓着宝宝的一条上臂或大腿，右手呈环状从肩部边挤压边向手腕或脚腕滑动，遇到大肌肉群和关节就略作揉搓。

手脚：用两拇指交替从宝宝的掌心和脚跟向手指和脚趾方向滑动，然后轻捏指腹和趾腹。

背部：让宝宝俯卧，两手掌心向下在脊柱处合拢然后由中央向两侧滑动。边做边向下移动，直到臀部。

给新生宝宝做抚触，要注意以下事项。

❶ 做抚触时，宝宝需要裸体，室温最好在24～26℃，避免着凉，室内最好有阳光。还要提前准备好要换的衣服、尿布，做完后马上穿上。

❷ 宝宝疲劳、饥渴或烦躁时，不要做抚触，最好在洗澡后进行。头几次抚触，时间应在5分钟之内，以后可以逐渐延长到15～20分钟，每天做1～2次。

❸ 抚触动作开始时轻，之后稍微加重。可通过观察宝宝皮肤颜色鉴定动作是否重，如果一个动作做完，宝宝皮肤就变红了，说明过重，如

果3个动作做完，皮肤颜色还没有变化，说明过轻。

❹ 做抚触的过程中，如果宝宝出现烦躁、呕吐等情形要马上停止。

早教细节

做抚触时可以放些轻柔平缓的音乐，妈妈在抚触中也要多跟宝宝交流，能减轻宝宝的紧张情绪。

运动智能开发：抓握练习

刚出生的宝宝有抓握反射能力，父母可以对他进行抓握训练，锻炼他的手部力量。新生宝宝仰躺时，可以用手指或环状、细条状的玩具等物品触碰他的手，当手掌张开时，就将物品放入宝宝手中，这时候宝宝会迅速握紧。宝宝握紧后，就把这些物品向外拽，拽出来后再次放入宝宝手中，反复玩几次。

抓握反射大约在出生1周后消失，再玩这个游戏就需要先把宝宝的手掰开，才能把玩具放进去。

早教细节

宝宝握住物体之后，大人抽出时可以向不同方向用力，让宝宝手臂各块肌肉都得到锻炼。

运动智能开发：游泳

据观察发现，早下水、经常游泳的新生宝宝，身高和体重增长更理想，身体更健壮，睡眠质量更高，头脑也更聪明。而且宝宝出生前就是生活在水中，游泳让他重新回到水中，会产生充足的安全感。

* 新生宝宝第一次游泳

新生宝宝第一次游泳最好到专业场馆去，能更好地保证操作的正确性，一旦发生意外，救护也更恰当。

如果在家里游泳，可以购买婴儿泳池，将室温调节为28℃，水温调节为38℃，给宝宝套上婴儿泳圈就可以了。不过之前一定要学习相关的救护知识，以免出现意外。

新生宝宝游泳，要在吃奶后半小时或1小时左右。刚吃完奶不能游泳，容易吐奶。

另外新生儿游泳要求宝宝体质好，如果宝宝Apgar评分在8分以下，有并发症，胎龄小于32周，出生体重小于2000克或者皮肤有破损、感染等就不能游泳。另外，宝宝游泳还要情绪好，如果宝宝烦躁，身体不舒服就不要游了。

* 做好宝宝游泳陪护

宝宝游泳时，不要一下子把宝宝放入水中，以免受惊吓。下水前可撩些水在他身上，然后将他的小脚丫浸入水中，看看宝宝是否有愣神的感觉，慢慢浸入更多，直到让他自己漂浮在水面上。

宝宝完全浸入泳池后，立刻就会自发舞动腿脚游起来。父母要跟在身边，跟宝宝说话，给他鼓励，同时可以呼唤宝宝，看宝宝是否会循着声音转向，向自己游过来。

早教细节

新生宝宝游泳时间不能太长，一般5～10分钟就可以了，以后可以慢慢延长到15～20分钟。游完出水后，马上用大浴巾包住宝宝保暖，以免感冒。

音乐智能开发：胎教音乐继续听

妈妈如果规律地做了胎教，给宝宝听过胎教音乐，那么新生的宝宝对这些音乐是有记忆的，在新生儿期给宝宝放些听过的胎教音乐尤其是怀孕后期经常听的胎教音乐，会让宝宝找到熟悉的感觉。宝宝总是更喜欢熟悉的感觉，听曾经听过的胎教音乐有利于情绪稳定，也可增强他的记忆能力。

放这些胎教音乐的时候，妈妈可以观察宝宝的反应，看他是否会集中精神倾听，然后换上他从来没听过的音乐，看他表情是否会变化。表情明显有变化，表明他已经具备分辨能力。然后再从没听过的音乐换到胎教时经常听的，看宝宝是否会突然兴奋起来。

早教细节

给宝宝听音乐时间跟胎教时一样，也不宜过长，每次20分钟足够。如果让宝宝长时间地沉浸在音乐之中，就注意不到其他声音了。

音乐智能开发：听声辨位

新生宝宝会有意识地寻找声源，父母可以多加训练，让宝宝的听力更敏锐，这样他能更快地对声音做出反应，更快地找出声源。可以用以下两种方法训练。

❶ 在纸盒里放入适量黄豆，在距离宝宝耳朵10厘米的地方轻轻摇晃盒子，看宝宝会不会发生兴趣，并寻找声源。当宝宝把头转向盒子，继续摇晃盒子让宝宝确认就是盒子在发出声音。摇晃几下后，把盒子放到宝宝另一只耳朵边摇晃，让宝宝再次转头寻找到盒子。

❷ 在宝宝的卧室窗前挂个风铃，有风吹过时，风铃响起，看宝宝是否会很注意地听，并左右转头寻找。如果宝宝寻找了，就把他抱起来，摇响风铃，让他看一看，明白声音是风铃发出的。以后每次风铃响，即使看不到，他也可能会把头转向风铃所在的方向。

❸ 父母在宝宝的前后左右呼唤他的名字，看他会不会寻找父母。如果宝宝看向自己了，就跟宝宝说：“哦，宝宝听到了，妈妈是在叫宝宝呢。是叫你了。”然后转到另一个方向继续叫宝宝。这样做的时间长了，他不但听到呼唤就兴奋，还可以逐渐明白自己的名字。

早教细节

宝宝的耳膜脆弱，训练他的听觉能力时，声音不能太大，尽量不要有近距离的类似鞭炮爆炸的尖锐的、突发性的声音。

空间视觉智能开发：练习凝视

新生宝宝能够盯着一个物体目不转睛看较长时间，对他喜欢的东西专注力会更高些，父母可以借机训练宝宝的凝视能力以及专注力。

首先，新生宝宝喜欢黑白对比鲜明的图片以及人脸，看到了就会目不转睛地盯着。父母可以准备黑白对比强烈的图案给宝宝，比如黑白棋盘图或者黑白靶心图或者黑白肖像照都可以。

其次，新生宝宝喜欢红色。父母可以把红色的物体，早教卡片或者日常用到的红色物品，拿到宝宝视力所及范围之内给他展示，看宝宝会不会凝视。另外，可以把红色卡片混杂于其他颜色的卡片中，一张一张展示给宝宝看，看他是否到了红色卡片展示的时候，一下子精神集中起来，并且长时间盯着看了。

注意，新生宝宝的视线范围很窄，只能看到眼前大约20厘米以内、45°角以内的事物，满月时看得会远一点，达到30～40厘米，宽一点，达到90°角。所以给宝宝看的东西要在这个范围以内。每个物品可注视20～30秒。

早教细节

黑白对比图，父母可以自制，把白色硬纸板裁成20厘米×20厘米的方块，用黑色笔在上面画上图案就行。除了图案，还可以用黑笔写上“爸爸”“妈妈”“新生儿”等字样，宝宝也会看得津津有味。

空间视觉智能开发：练习追视

追视是训练新生宝宝视力的必选方法。宝宝喜欢红色，红色特别能吸引他的注意力，练习追视时用红色最好。做光照胎教时用到的手电筒现在还可以用，可以找块红布蒙在上面，打开手电筒，发出红色的光给宝宝看，宝宝往往会被立刻吸引住。待宝宝被吸引住了，妈妈就反复告诉宝宝：“红色。”待宝宝注视一会儿，开始从左往右、从右往左、从上往下、从下往上慢慢地移动手电筒，边移动边说，宝宝就会转动眼珠追着看了。每次训练到最后，可以将移动范围扩大一些，诱导宝宝跟着转动头部，直到宝宝看不到，放弃了，再回到视线范围内，反复几次，然后结束训练。

新生宝宝眼球移动能力不佳，训练时移动速度不能过快。

早教细节

视觉训练和听觉训练可以结合起来，将一个能发出响声的玩具在宝宝面前边响边移动，对宝宝的吸引力也很大。

人际关系智能开发：微笑

出生后15天，大多数新生宝宝都会笑了，有的较早，在1周左右就会笑，在睡梦中笑的概率比醒着还多，这只是一种无意识的笑，有意识地因为别人逗而发笑要晚一点。研究认为新生宝宝越早出现逗笑就越聪明，越早出现逗笑说明条件反射形成越早。

让宝宝笑，关键要有逗的过程。父母要担当起逗笑的任务，从出生第一天起，就要恰当逗宝宝笑，可以用手摸摸宝宝的脸、胸、腋窝和脚心，一边摸，一边看着宝宝的脸微笑，并同他说话。2～3周后，某一个时刻父母就会发现在逗弄时，宝宝的嘴角向上，面部松弛，笑了。宝宝笑了，父母也都会由衷地笑出来，记得这时候要跟宝宝说话："宝宝笑了。"让宝宝知道这个动作就是笑。

逗笑时动作最好轻巧，不要太激烈，不要太用力，以免宝宝不舒服或者太兴奋，对健康不利。

早教细节

逗笑一定程度上能说明宝宝的脑发育情况，如果宝宝到56天还没有出现逗笑行为，可能脑发育有问题，要尽早检查确定。

2个月，能和大人互动的宝宝早教细节

2个月宝宝的身体发育

宝宝满月，新生儿期就结束了。2个月的宝宝通常面部扁平，阔鼻，双颊丰满，肩和臀部显得较狭小，脖子短，胸部、肚子呈现圆鼓形状，小胳臂、小腿也总是喜欢呈屈曲状态，两只小手握着拳。

这个月的宝宝是整个婴儿期发育最快的，满2个月时的发育各项指标可参考以下数据。

	身长上下限（厘米）	身长中位数（厘米）	体重上下限（千克）	体重中位数（千克）	头围上下限（厘米）	胸围平均值（厘米）
男	52.2～65.7	58.7	3.9～8.0	5.7	37.0～42.2	40.0
女	51.1～64.1	57.4	3.7～7.5	5.2	36.2～41.0	38.9

育儿细节

宝宝头围的增长是大脑发育情况的一个指标，整体呈上升趋势，不过是曲线上升的，这个月少长一点多长一点没有关系。

2个月宝宝智能发育

动作：宝宝的大动作在这个月有了一定的进步，首先表现为颈椎比较有力量了。趴着时，能够努力把头抬起来，离开床面5～7厘米，抬头后眼睛向四处张望。不过抬头持续的时间不长，一般只有1～2秒。当宝宝被扶坐在床上的时候，头不会马上前倾，搭在胸部，而是可以竖直2～5秒之后才垂下，而且垂下去之后，还会数次努力地反复抬起来。另外，四肢可以有较大幅度的动作，比如俯卧的时候脚可以踢腾几下；仰卧时，双臂上举伸个懒腰等。

此时宝宝的动作没有明确的分化，如果兴奋，全身都会做出反应，手舞足蹈、面部抽动等。

宝宝的手在这个月不再总是握着的状态了，有时候会突然张开，然后再握住。如果用玩具触碰宝宝的手，宝宝的手也会张开。趁机把带柄的玩具放在他手里，可以握住玩具柄2～3秒钟。如果是较轻的环状玩具放在手心，宝宝会握住环，还能把玩具举起来几秒钟。

语言能力：宝宝此时还不能有意识地发出声音，一般都是自然发声，像嘟嘟声、咕咕声等，偶尔可以无意识地发出ɑ、o、e等元音，有时候与爸妈应和，有时候一个人嗯嗯啊啊地说得不亦乐乎。爸妈跟此时的宝宝说话时，应该多一些变化，比如提高音调、减缓速度、加重音节、表情变化、嘴型夸张等，宝宝对这些变化比较注意，不但会突然间专注地看着，有时候还会被逗笑。

感知觉能力：2个月的宝宝视觉能力进一步增强，视觉很敏锐，能够轻松追看自己感兴趣的人或事物。不过，视力范围没有多大进展，只能看清楚距离30厘米左右的物体，如果在这个范围以外逗宝宝，宝宝就不会有反应，注意力也很难集中。

宝宝的听觉能力发育完善，而且比较敏锐，对声音有自己的喜好，喜欢平缓、清亮、悦耳的，对噪音有明显的厌恶。需要注意，现在的宝宝没有过滤有害声音的能力，如果噪音较大，会带来不利影响。妈妈为宝宝放音乐的时候，要精心选择，不要放那些太复杂，变化、起伏较大的音乐。

宝宝的嗅觉在胎儿期就已经发育完善，此时对妈妈身上的味道非常敏感，可能妈妈身上的奶香让他联想到吃奶，每当妈妈走近，宝宝就会做吮吸的动作。

宝宝的味觉也是很灵敏的，有人做实验，给宝宝喝水，水越甜，吮吸速度越快，如果换成咸水，吮吸速度明显减慢，再换成苦水，马上停止吮吸，甚至皱起眉头或扭头躲避，或者干脆啼哭抗议。

宝宝的触觉很敏锐，哪怕是根头发掉在皮肤上，也会不舒服地哇哇大哭。他喜欢温柔的抚摸，妈妈如果能每天都抽出一点时间为宝宝做抚触，对宝宝的身体和性格的健康发育有很好的促进作用。

＊情绪情感与人际关系

2个月的宝宝对自己感受到的，可以明确地表达兴奋、高兴、厌烦等情绪，比如，受到逗引变得兴奋，全身乱动、呼吸加重、眼睛明亮；准备洗澡时，安静等待；洗完澡后，满足舒适等。

宝宝对自己周围的环境已经有了一定的认识，环境有变化时，能够敏感地察觉到，当亲密相处的父母走近时，就会变得兴奋，陌生人走近时，感觉紧张。此时的宝宝最喜欢妈妈，总会盯着妈妈的脸看来看去。另外，容易被移动的物体、立体的物体所吸引。

还有，此时的宝宝能够和大人互动了，父母经常用来逗宝宝的玩具出现在宝宝的视野里时，宝宝立刻会被吸引过去，盯着玩具或拿玩具的手。当大人逗笑宝宝，做出各种表情时，宝宝模仿的动作更加明显。

早教细节

宝宝的双腿是屈曲的，不必担心，这并非罗圈腿，只是他保持了在子宫里的习惯而已，不必去纠正。

保护好宝宝视力

眼睛是大脑联系外界的一座桥梁，眼睛的观察对大脑的发育影响力是不言而喻的。宝宝的空间视觉智能需要有健康、完善的视力，所以一定要保护好。

* 用眼不当影响宝宝视力

宝宝的视觉功能尚不完善，如果用眼不当，很有可能伤害视力，出现视力障碍。以下做法要避免。

❶ 长时间用眼。训练宝宝视觉能力的时候，建议时间不要太长。一般看卡片、图画每次最好不要超过5分钟，开始做的时候以2分钟之内为好。

❷ 避免看色彩繁杂的画面。在3个月以前，宝宝区分不出颜色，色彩太过繁杂，容易让眼睛感觉不适，从而降低辨识能力，要少看这样的画面。即使到了4个月以后，仍然不宜看太过繁杂的图画和色彩，电视和电脑就应该少接触。

❸ 面对强光。宝宝的视网膜娇嫩，无法过滤有害光线刺激，强光直射眼睛时就会造成伤害，太阳、大功率电灯、闪光灯、强光手电筒、浴

霸等都不要让宝宝直接盯视。另外，电视、电脑的光线虽然不强，但是有频闪，也会伤害眼睛。

＊环境对视力的影响

环境对视力的影响也不可忽视，以下情况会影响宝宝的视力，要注意避免。

❶ 晚上不关灯可能患近视。宝宝出生后头两年是眼睛焦距调节功能发育的关键阶段，医学研究显示，眼睛待在光明和黑暗时间长短的比例大小，可能会影响视力发育。如果长期待在明亮的环境里，宝宝可能会患上近视眼。

❷ 噪声过大影响视觉灵敏度。视力和听力是互相影响的，如果宝宝长时间处在喧闹、嘈杂的环境中，噪声会干扰眼睛对光亮度的敏感性，致使视力清晰度的稳定性下降，对物体运动的对称性反应不灵敏甚至捕捉不到。

❸ 环境单调影响色彩敏感性。宝宝的生活环境不能太单调，长期生活在只有一种或一类颜色的环境中，宝宝对色彩的感觉会迟钝。父母应注意衣服、房间装饰、生活用品不要总是同一类色彩或接近的颜色。

育儿细节

大自然中的色彩丰富但自然，对宝宝的视力有良好的刺激和促进作用，父母要多诱导宝宝看外面或者带他外出。

及时发现眼睛异常

眼睛异常及时发现、尽早治疗，可以最大程度避免宝宝视力受损，父母要注意观察宝宝的眼睛，眼睛视力良好、色泽正常、反应灵敏、双眼对称，就是健康的，如果有异常要及时就医。

色泽：正常情况下，瞳孔颜色为黑褐色。观察宝宝的眼睛，如果黑色瞳孔内有许多白色斑点，可能是白内障；如果瞳孔呈现黄白色，像猫一样，晚上在暗处瞳孔内有白色反光物，则可能是视网膜细胞瘤的早期症状；如果白眼球及眼皮发红，宝宝有可能患上了麻疹、流感、风疹、红眼病、猩红热等疾病。宝宝刚出生时，眼睛上蒙着一层灰白色的物质，这是胎脂，是正常的，过几天就会吸收，与此处所说的眼病是不同的。

视力：宝宝刚出生时是近视眼，只能看到近距离的东西，在4～6个月的时候，视力只有0.01～0.1，到3岁才逐渐达到1.0。但6岁以前的宝宝中，90%都是远视眼，这些都是生理性的，随着发育成熟，到了6～7岁就会正常。在宝宝小的时候，检查视力，只要不是严重的弱视等视力异常，都不用太在意，更不需要急着配眼镜。

反应：把玩具放在宝宝面前，如果他不注视，没反应，可能是视力太差，或者患有视神经萎缩等眼病。

眼珠形态：若宝宝眼球变大，有可能患有先天性青光眼；如果眼球向左右或上下来回频繁摆动，有可能是眼球震颤症；如果眼球突出，尤其是其中一只眼睛眼球突出，则有可能患上了球后肿瘤，都要及时看医生检查治疗。

眼睛形态：如果宝宝上眼睑不能正常抬起，并睁大眼睛看东西，可能是先天性上眼睑下垂或者眼肌无力，这种眼病让宝宝平视物体时，必须将头仰起，要进一步诊断治疗。

育儿细节

平时要及时给宝宝清理眼屎，如果眼屎较多，可能是鼻泪沟堵塞，可按摩鼻子两侧疏通。如果眼屎特别多，甚至多到眼睛都睁不开，源源不断地出现，要警惕感染发炎等情况，结膜炎、泪囊炎、角膜溃疡都有可能导致这种情况的出现，要及时检查治疗。

保护宝宝听力

宝宝出生24～48小时内，有一项听力筛查的检查，有部分新生宝宝可能通不过。不过，妈妈不必太焦虑，因为此时有一些干扰因素影响了结果，新生宝宝的耳道有羊水未干，或者耳朵分泌物较多，都可能影响听力。待这些因素消失了之后，听力筛查就没有问题了。

听力筛查通不过的新生儿，在第一次体检的时候，还会再做一次听力筛查，如果仍然通不过则需要在3个月时再进行筛查。

对于听力筛查通不过的新生儿，父母要注意多观察他对声音的反应，看在他耳边弄出声音有没有反应或者有大的声音出现时他是否会被惊醒等。如果有反应，就说明问题不大。

听力是宝宝音乐智能与语言智能的基础，即使宝宝听力筛查没有问题，也要注意保护，除了不能给宝宝掏耳朵，还要注意以下几点。

❶ 在有较大噪音或爆炸声的地方用棉花或者耳塞塞住宝宝的耳朵，以防爆震性耳聋。

❷ 避免硬物撞击宝宝耳部，更不要用手击打，否则容易引起鼓膜破裂，从而损伤宝宝的听力。击打耳部而发生的听力损伤并不鲜见。

❸ 不要带小宝宝坐飞机，宝宝的咽鼓管功能不全，乘飞机容易引起航空性中耳炎，在宝宝感冒的情况下，更为不宜。

❹ 有些药物对听神经有毒害作用，如链霉素、庆大霉素、卡那霉素等，不要给宝宝服用。

❺ 别让异物、脏水等进入耳朵。

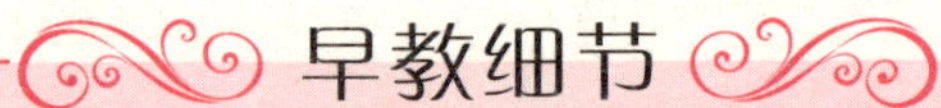

早教细节

宝宝特别容易患中耳炎，一定要预防，注意观察分泌物，如果出现水性或脓性分泌物，要马上去医院。

给宝宝手脚自由

1～2个月的宝宝就会常常把手塞入嘴里津津有味地咂吧了，先是把整个拳头送到嘴里，稍微大一些，单吃大拇指。这代表着宝宝的进步，代表手的动作能力进步了，能找到嘴了。

吃手有很多好处，宝宝的嘴巴触觉最灵敏，啃咬的过程就是他学习、认识事物的过程。同时，吃手可以满足宝宝的吮吸欲望，让他从中得到安慰。所以父母不要阻止，更不要将他的手捆起来或给他戴手套。最重要的，这种吮吸手指的动作可刺激大脑，促进大脑发育。

父母要做的事，是把他的手洗净，另外，及时把手上和下巴上的口水揩干，并且在下巴上涂些鞣酸软膏，避免口水浸润，长湿疹。宝宝在吃辅食之后，吃手的行为就会自动停止。

如果宝宝频繁用手抓脸，妈妈可以把他的指甲剪掉。

还有不要捆住宝宝的腿脚，宝宝的双腿看上去罗圈是暂时现象，只要不缺钙，几乎所有的孩子长大后双腿形态都会很正常。如果他老是踢被子，可以将被子只盖在肚子上，让他踢不掉就可以了，用不着把脚捆住。

育儿细节

捆绑双腿，有可能导致宝宝髋关节脱位，长时间的髋关节脱位得不到纠正，很有可能留下残疾。

用安抚奶嘴满足吮吸欲望

宝宝感觉不安、烦躁的时候，吮吸可以起到很好的安抚作用，妈妈可给他准备安抚奶嘴，及时满足吮吸欲望。

不过用安抚奶嘴并不是一哭就给，用安抚奶嘴的频率不能太高。如果一哭就给，就让宝宝失去表达的机会，妈妈和宝宝的沟通质量也会下降。只有在妈妈很忙，或者宝宝无法安抚的时候才考虑用。

安抚奶嘴使用时间不能太长，大多数宝宝在6～7个月以后，就自动不用了，但也有的宝宝不能自动戒掉，父母要多关心，让他逐渐离开安抚奶嘴，学会自我安慰。

给宝宝使用安抚奶嘴，需要注意安全。首先，要保持干净卫生，每次用之前都要用流动水冲洗，消毒纸巾擦干，并且定时消毒。其次，要勤检查奶嘴，如果发现破损、裂纹就要更换。

育儿细节

不要用绳子把安抚奶嘴拴在床上，以免缠绕住宝宝，引发危险。

正确给宝宝喝奶粉

必须给宝宝喂奶粉时，要注意以下细节，做到正确喂奶。

❶ 奶量要合适。出生体重3～3.5千克的宝宝在1～3个月时，每天摄入600～800毫升牛奶为宜，可以平均分成6～7次。不要在宝宝不吃了之后，再督促吃一点。每次多吃一点，很容易发胖。

1～3个月的宝宝每5天增重150～200克，说明喂养没问题。

❷ 浓度要恰当。所有奶粉的外包装上都明确说明了如何冲调奶粉，建议父母严格按照说明去做，不要自作主张，随便加浓或者调稀。加浓会增加宝宝消化负担，调稀会营养不够。

❸ 选择适合奶粉。宝宝在吃了奶粉之后，没有腹泻、便秘，口气清新，眼屎少，无皮疹，而且睡眠、食欲都正常，体重在平稳增加，就说明奶粉很适合。

❹ 不要频繁更换奶粉。宝宝在使用奶粉后，如果有不适出现，不用马上更换，要给一个适应期，再看几天，如果过一个星期仍不能适应再更换。

❺ 正确储存奶粉。奶粉不能放在冰箱或者光照太强、温度太高的地方。冰箱里的水分太大，奶粉容易吸收大量水分而结块，光照容易使奶粉中的维生素流失，高温容易使奶粉中的油脂发生变化。

育儿细节

喂奶粉建议用喂母乳的姿势，让宝宝躺在臂弯里，妈妈用拇指和食指夹住奶瓶，中指顶起宝宝的下巴，让奶瓶和宝宝的嘴形成直角，且位置固定，这是最好的。

培养宝宝睡眠的好习惯

良好的睡眠习惯主要是按时睡觉，自然入眠。到了该睡觉的时候，把宝宝放到床上自己睡。宝宝没有养成按时睡眠的习惯时，可以放点轻柔的催眠曲，建立起睡眠的条件反射。等到养成按时入睡的习惯后，就可以不再放音乐了。

培养睡眠好习惯，特别忌讳总是抱着。妈妈对宝宝“爱不释手”，吃饱以后还要把宝宝抱在怀里，摇着、晃着、拍着，或者是习惯于让宝宝叼着乳头或空奶嘴，这都是不良习惯，会影响到宝宝的睡眠质量，使宝宝不能够熟睡。培养宝宝睡眠好习惯的正确做法是睡觉前不哄、不拍、不抱、不摇，更不吃东西、叼奶头。

育儿细节

满月后的宝宝一天睡眠平均不少于18个小时，6个月的宝宝一天要睡12～14个小时，1周岁时每天也要睡13个小时左右，可以以此做根据安排宝宝睡觉。

语言智能开发：发音

1～2个月的宝宝已经偶尔会发出咿咿呀呀的声音了，而且对大人发出的声音也更感兴趣，大人说话时会特别注意地盯着脸看，并且嘴角蠕动像要模仿一样。

妈妈可以经常面对面地看着宝宝，让宝宝可以清楚地看见自己的口型，然后试着对他发单个韵母a、o、e的音以及一些简单的叠声词，如爸爸、妈妈、奶奶等。

发音的时候注意声音亲切，表情温柔，另外注意口型一定要对，动作慢一些，让宝宝看得足够清楚。试验几次后，看看宝宝嘴巴是否会蠕动。

刚开始宝宝不会跟着发音是很正常的，只要他能注意看妈妈的嘴型就是合格的，以后某个时候可能就会自己发出类似的音了。

早教细节

跟宝宝练发音的时候，妈妈可尝试边拉长发音边捂住宝宝的耳朵再放开，宝宝对声音忽大忽小的变化会很惊奇，他能理解到耳朵的功用。

运动智能开发：竖抱抬头

宝宝满月以后，就可以将他竖直抱起来了，这样可以让宝宝的头颈、颈背部肌肉得到锻炼，让宝宝早早学会竖直抬头、转头，而且这样做宝宝的视野明显开阔，视觉能得到更多的新鲜刺激，大脑发育也能得到促进。

不过，竖抱宝宝一定要注意保护，方法不对，很容易伤害到他的肌肉、骨骼。这样的竖抱法比较好，妈妈可以试试：让宝宝先坐起来，妈妈在宝宝身后，一手搂住宝宝胸部，一手插入宝宝臀下，让宝宝的后背靠在自己胸前，然后双手用力向上抬起，宝宝就稳稳当当坐在妈妈的手上了。为了抱着不累，妈妈可以把那只在胸前的手转个方向，穿过宝宝两腿间与臀下的手相接，就比较省力了。这种抱法下，妈妈的一只手像座椅，后背像靠背，另一只手则像安全带，宝宝这样坐着很舒服。也可以先把宝宝横抱起来，然后转到竖抱。

这样竖抱着宝宝的时候，宝宝的背和头部都靠着妈妈的胸部，抬头并不需要多大的力气，一般都较稳。如果宝宝的头不能稳稳地靠着妈妈，妈妈可以稍向后仰，让宝宝能斜靠着。

早教细节

当宝宝被妈妈竖抱着时，爸爸可以在宝宝左右呼唤宝宝，让宝宝听到呼唤转头。

运动智能开发：爬行

爬行对宝宝来说很重要，能有效促进感觉统合协调能力发展。早早训练，以后学习爬行会更早，也不会出现还不会爬就走的现象，出现感统失调问题的可能性较小。

宝宝练习俯卧抬头的时候，妈妈可以尝试让宝宝向前爬。满月的宝宝已经有足够的能力向前爬了。

让宝宝俯卧在平整光滑的床面上，妈妈用手抵住宝宝的脚底，虽然此时他的头和四肢尚不能离开床面，但宝宝会用全身力量，脚蹬、胳膊用劲、头向前钻，最终蹿行一截。这种类似爬行的动作是与生俱来的本能，还说不上是真正的爬，而是向前“拱”，与8个月时的爬行不同。

宝宝蹿前一段，妈妈就再次用手抵住宝宝脚底，让他继续向前，此时的宝宝每天可以训练他向前爬行5～10米。

宝宝爬行的时候，妈妈要不断给予鼓励，也可以手拿会发出响声的玩具在前方逗引。

早教细节

如果宝宝哭着不愿意爬了，就要把他抱起来，等他情绪好的时候再训练。这时候让宝宝快乐是最重要的。

运动智能开发：婴幼儿被动操

婴幼儿被动操可有效运动到宝宝的身体各部分，起到锻炼作用，妈妈可每天给宝宝做一遍。下面的这套操共8节，每节4～8次，适合2～6个月的宝宝。

* 第1节　胸部运动

预备姿势：宝宝仰卧。操作者用双手握住宝宝双腕，把大拇指放在宝宝掌心里，使宝宝握拳，两臂放在宝宝体侧。

动作：

❶ 两臂体前交叉。

❷ 两臂左右分开，宝宝掌心向上。

❸ 两臂胸前交叉。

❹ 还原。

注意事项：宝宝两臂分开的时候，操作者应稍用力；宝宝两臂胸前交叉的时候，操作者的双手不要太用力。

* 第2节　上肢肩部和胸部运动

预备姿势：宝宝仰卧，操作者用双手握住宝宝双腕，把大拇指放在宝宝掌心里，使宝宝握拳，两臂放在宝宝体侧。

动作：

❶ 两臂左右分开掌心向上。

❷ 两臂向身体前方平举，拳心相对。

❸ 两臂托举，掌心向上。

❹ 还原。

注意事项：宝宝两臂前举、上举的时候，两臂的距离应与肩同宽。动作要柔和，用力不要太大。

＊第3节　上肢伸屈运动

预备姿势：宝宝仰卧，操作者用双手握住宝宝双腕，把大拇指放在宝宝掌心里，使宝宝握拳，两臂放在宝宝体侧。

动作：

❶ 弯曲宝宝左臂肘关节。

❷ 左臂肘关节还原。

❸ 弯曲宝宝右臂肘关节。

❹ 右臂肘关节还原。

❺ 再交换做。

注意事项：肘关节弯曲的时候，手要接触宝宝肩。宝宝屈臂的时候，操作者要稍用力，伸直的时候不要太用力。

＊第4节　肩部运动

预备姿势：宝宝仰卧，操作者用双手握住宝宝双腕，把大拇指放在宝宝掌心里，使宝宝握拳，两臂放在宝宝体侧。

动作：

❶ 把宝宝左臂拉向宝宝胸前。

❷ 左臂由宝宝胸前向外侧环绕。

❸ 把宝宝右臂拉向宝宝胸前。

❹ 右臂由宝宝胸前向外侧环绕。左右臂轮换做。

注意事项：宝宝手臂回旋的时候，应以肩关节为轴心。转动的时候，操作者的手不要用力太大。

＊第5节 下肢运动

预备姿势：宝宝仰卧，两腿伸直，操作者用两手握宝宝脚腕（踝部），但不要握得太紧。

动作：

❶ 把宝宝两腿同时屈至腹部。

❷ 还原。

注意事项：宝宝的腿屈至腹部时，操作者要稍用力；伸直时不要太用力。

＊第6节 两腿轮流屈伸

预备姿势：宝宝仰卧，两腿伸直，操作者用两手握住宝宝脚腕（踝部），但不要握得太紧。

动作：

❶ 让宝宝左腿屈缩至腹部，还原。

❷ 让宝宝右腿屈缩至腹部，还原。两腿轮换做。

注意事项：宝宝腿屈缩至腹部时，操作者要稍用力；伸直时不要太用力。

＊第7节 两腿伸直上举

预备姿势：宝宝仰卧，两腿伸直，操作者用两手握宝宝脚腕（踝部），但不要握得太紧。

动作：

❶ 把宝宝的两腿上举与腹部呈直角。

❷ 还原。

注意事项：宝宝两腿伸直上举与腹部呈直角时，臀部不要离开原位。

＊第8节 股关节活动

预备姿势：宝宝仰卧，两腿伸直，操作者用两手握宝宝脚腕（踝部），但不要握得太紧。

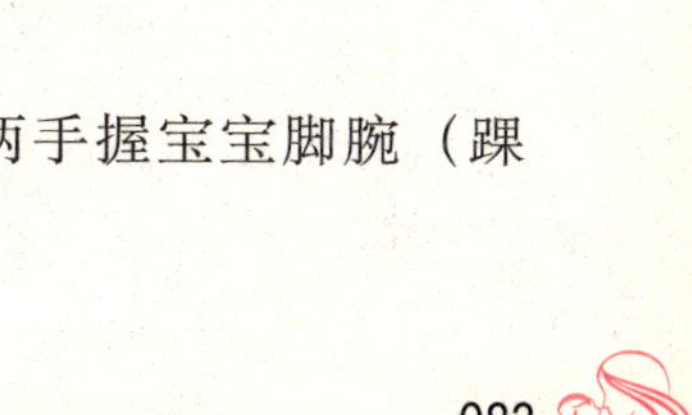

动作：

❶ 把宝宝左侧的大腿与小腿屈缩成直角。

❷ 把宝宝左腿屈缩至腰部。

❸ 把宝宝左腿向身体左转动。

❹ 还原。两腿轮换做。

注意事项：宝宝回旋的时候，应以宝宝的股关节为轴心转动。操作者的动作要柔和，不要用力太大。

早教细节

做操时要注意观察宝宝，如果宝宝表现出不愿意或者有呕吐等不舒服的表现，就要停止。

音乐智能开发：音乐摇床

节奏是音乐的重要组成部分，所以培养节奏感是提升宝宝音乐智能的重要环节，父母可以跟宝宝做一些有节奏感的游戏，下面这个游戏就很好。

选择一段柔和的音乐播放，然后将宝宝放在床单或毛巾被的中间，爸爸和妈妈各执两个角，将宝宝抬起来，随着音乐节奏，爸爸和妈妈一起向左右摇晃床单或毛巾被。音乐停，动作停；音乐起，动作也起，让宝宝感受音乐节奏和音乐的起落。音乐强，摇晃强度大一些，音乐弱，摇晃强度弱一些，让宝宝感受强弱。

开始时，可以让宝宝仰躺在床单或者毛巾被中间，以后可以俯卧着或者侧躺着。这个游戏，在做音乐智能开发的同时还可以增强平衡感、方向感，提升运动智能和空间视觉智能。

这个游戏可以从宝宝1～2个月时开始玩，一直玩到2岁都没有问题。玩习惯了的宝宝，只要看到床单或者毛巾被，就会自动爬上去让父母摇晃他。

专家叮咛

摇晃的幅度不要太大，以免宝宝头晕或从床单、毛巾被上掉下来。

空间视觉智能开发：认识颜色

随着宝宝视觉能力的提高，他开始对红色以外的颜色感兴趣，父母可以有意识地教宝宝认识颜色了。

父母可以在生活中随时随地地教，看到什么颜色就跟宝宝说是什么颜色，给宝宝玩具、穿衣、喝水都可以教，告诉他玩具的颜色、衣服的颜色以及水杯的颜色等，宝宝虽然看上去没什么反应，但是会慢慢记住。也可以专门教认颜色，可以这样做：准备一些彩色卡片给宝宝看，一张一张展示出来，宝宝对哪张反应最明显，就说明对哪张最感兴趣，妈妈可以告诉宝宝这张卡片的颜色，慢慢地、反复地说。再重复做一次，到宝宝感兴趣的那种卡片时，再慢慢重复卡片的颜色。想让宝宝认识什么颜色，就多收集什么颜色的物件，让宝宝熟悉并记忆。过一段时间，可以把几种颜色的卡片都摆在宝宝面前，说出一种颜色，看宝宝会不会盯着这种颜色。如果盯着了，就说明记住了，要给予奖励。

早教细节

教宝宝认识颜色时，要避免太繁杂的颜色搭配，最好是单色，以免宝宝视觉疲劳。

空间视觉智能开发：看东看西

宝宝的视力范围逐渐扩大，正是喜欢东看西看的时候，妈妈要有意识地给宝宝大量的视觉刺激，提升空间视觉智能。

在宝宝睡床上方悬挂一个体积较大、色彩鲜艳的玩具，如彩色气球、旋转床铃等。妈妈用手轻轻触动玩具，引导宝宝看向玩具，然后缓慢而清晰地说："宝宝看，大气球！"或者问问宝宝："气球在哪儿啊？"然后抓着宝宝的手触碰玩具，说："气球在这儿呢。"

此外，可以抱着宝宝在房间里走走、看看，注意观察宝宝的眼睛，他的视线落在什么东西上，妈妈就马上说出这个东西的名称，并抱着宝宝走近观察观察。在他眼睛离开这个物体之前，妈妈不要主动离开。

挑选一个好天气，把宝宝抱到室外，让他观察眼前出现的人和事物，如大树、汽车等，并缓慢清晰地反复说给他听。这时的宝宝会手舞足蹈，非常开心。

早教细节

给宝宝床头悬挂玩具一定要经常调换位置，宝宝眼球还未固定，长时间盯着一个地方看，容易形成斜视。

人际关系智能：咯咯笑

经常笑的宝宝更招人爱，将来在群体中也更受欢迎，笑是良好性格的开端，父母要积极培养宝宝这种表达快乐情绪的能力，经常逗宝宝笑。1～2个月的宝宝有时候能发出咯咯的笑声了。

在宝宝面前走过时，可轻轻抚摩或亲吻宝宝的鼻子或脸蛋，或轻轻挠他的肚皮，并笑着对他说“宝宝笑一个”。也可用语言或带响的玩具引逗宝宝，引起他挥手蹬脚，甚至“呀呀”发声，或发出“咯咯”笑声。宝宝笑了，妈妈就对宝宝说：“宝宝笑了，宝宝很开心，是不是？宝宝真可爱。”肯定他的行为。

往往大人认为的一个没什么特别的动作可能会引发宝宝大笑，父母可注意观察，看哪种动作具有这样的功能，然后重复做给宝宝看，引逗他发声笑。不过有时候今天能把宝宝逗得哈哈大笑的动作，明天宝宝就会对它无动于衷了，父母要重新开发一种能引起宝宝发笑的动作。

早教细节

不要让宝宝过分大笑或长时间地笑。大笑时，胸腹腔内压增高，会妨碍胸腹内器官活动，并且会引起大脑长时间的兴奋，阻碍正常发育。长时间笑则会造成暂时性缺氧，也对大脑发育不利。

3个月，认识妈妈的宝宝早教细节

3个月宝宝身体发育

3个月的宝宝，皮肤光洁莹润、吹弹可破，双眼明亮灵动、炯炯有神。不过，宝宝开始流口水了，整天口水涟涟。

宝宝现在的头围仍然比胸围大，裸体看上去仍然是一个大头娃娃。

3个月的宝宝发育仍然维持高速，身高在本月大约平均增加3.5厘米，一般都可达到60厘米。

体重在这个月增加比较迅速，每天约增加40克，每周增加250克左右，到本月末，共增加900～1250克，平均增重1000克。满3个月的宝宝发育具体数值可参考以下：

	身长上下限（厘米）	身长中位数（厘米）	体重上下限（千克）	体重中位数（千克）	头围上下限（厘米）	胸围平均值（厘米）
男	55.3～69.0	62.0	4.7～9.4	6.7	38.2～43.4	41.3
女	54.2～67.5	60.6	4.4～8.7	6.1	37.4～42.2	40.3

育儿细节

宝宝身体测量值即使低于平均值，也无须忧虑，这还要考虑到宝宝的遗传因素，只要在正常范围内即可，不一定非要达到平均值。

3个月宝宝智能发育

大动作：3个月的宝宝，头颈部力量进一步强化，在俯卧时，头可以抬离床面很高，与床面呈45°以上的角，并且能主动向左右转头。抬头劳累时，可以自己控制着将头低下，而不再像以前一样无力垂下。而且，宝宝趴着时，帮他把双臂放在胸前，他会试着抬起胸部。躺着时，有翻身的愿望，但因为他此时只能支配上身和上肢的力量，所以常常出现上半身俯卧位，下半身仰卧位的情形。这时候，父母可以帮宝宝一把，在宝宝的臀部或一侧大腿稍微给些力，让宝宝把全身翻过去。在本月末，宝宝可以自行竖头，不过不稳定，会向左右摇动，维持时间也不长。

精细动作：3个月的宝宝可以把手放在嘴里吮吸，并会时不时地抓脸。爸妈不要阻止，让他充分享受吮吸和抓脸的乐趣，这会为宝宝积累很多经验。另外，此时的宝宝已不再紧紧地握着拳头了，可以很轻易地把玩具放在他的手中，而他也开始主动伸手够玩具，拿到玩具会往嘴里送，不过大多数时候送不到嘴里，只是打到脸。

感知觉能力：宝宝3个月的时候，视觉能力有了一个质的变化——可以主动调节焦距了，所以他现在不但对左右移动的物体感兴趣，对由远及近或由近而远的物体也会较长时间地追视。不过，眼睛转动还不是很自如，追视有时会中断。另外，平躺着时会注意到自己小床上悬挂的玩具，会比较长时间地注视，甚至很有用手脚去够取的欲望。而当爸妈把玩具放在他手中时，宝宝也会举起来看一看。宝宝从这个月开始感知色彩，最喜欢红色，其次是黄、绿、橙、蓝。

触摸是宝宝认识事物的重要手段，抓脸、衣服，吮吸拳头都可以让触觉更发达，父母不要干涉宝宝的这种自主行为。

情绪情感与人际关系：3个月的宝宝有了悲伤、惧怕等情绪。当父母不理睬他的要求时，他会伤心、委屈，如果抱着他的手突然松开，让他的身体向下坠落，会表现出害怕。

宝宝此时很喜欢与人交流，对父母的逗引、训练都很配合，而且很高兴，还能够主动跟人交流、互动，尤其看见熟悉的人时，非常兴奋，全身一起动以表达他的高兴。如果有人跟他说话，他也会手足齐动，好像在用身体与人对话。另外，宝宝可以模仿与他对话的人的动作和表情，比如伸舌头、挤眼睛等。

另外，3个月的宝宝更加依恋妈妈，对妈妈的出现总是表现得更兴奋。不过此时的注意力不单纯集中在妈妈一个人身上了，周围出现的陌生事物也会引起他的关注，尤其在看见小动物时，明显出现呼吸加重、全身用劲的状态，这表明他非常兴奋。

语言能力：3个月的宝宝有时能自发地发出两个音节的音，被逗引时，可以出声地笑，笑声较短暂。尽管笑声短暂，也足以让妈妈乐开花。另外，宝宝在父母跟他说话时，偶尔会应和，并且出现上下点头的动作，就像能听懂似的。

宝宝现在能准确分辨出不同的说话态度，如果恶劣，就会表现委屈；和悦，就表现得满足、安静或微笑。

早教细节

爸妈不要在宝宝面前吵架，这么做可能会让宝宝变得比较烦躁、脾气大、很难哄，给喂养增添麻烦。

体重增长少、减轻、过快要重视

前3个月，宝宝体重增长缓慢非常少见。如果体重增加过慢、过少，多数是营养不良造成的，在加强喂养的同时，要检查营养吸收情况。如果喂养没问题，但宝宝体重不但不增长，还减轻，并可见消瘦，要尽早去医院，检查是否有消化道或其他方面的疾病。

当然，宝宝太胖也不好，要预防，如果宝宝平均每天增重超过45克，每周增重超过300克，要谨慎了。相对于母乳喂养的宝宝，奶粉宝宝更容易超重。而且母乳喂养的宝宝即使肥胖，在1岁以后很容易回落到正常体重，奶粉宝宝就不那么容易了。所以，奶粉宝宝一定不能过量喂养，不要在宝宝不吃以后还再喂点，以免形成婴儿期肥胖。

育儿细节

小婴儿不适合节食减肥，容易造成营养不良，只要不过量喂养就行，然后多运动，加大消耗。

解读宝宝身体语言

宝宝在学会说话以前，有着丰富多彩的体态语言，科学家们曾饶有兴趣地研究过数千名宝宝，发现宝宝的面部表情和体势的变化，并非出于偶然，而是有心理活动的意义。美国加利福尼亚州研究婴儿心理学的斯克佛教授所著的《婴儿面部表情与心理活动》一书中，分析了宝宝的面部表情语言，大致归纳为以下几种。

牵嘴而笑，表示兴奋愉快：宝宝笑的形态是突然发出的，短暂而快速，口角牵动、笑容骤现，同时伴随着满目发光，两手晃动，接着笑容立即停止。这时父母应笑脸相迎，用手轻轻抚摸宝宝的面颊，或在其面、额部亲吻一下，以示鼓励，此时此刻，宝宝会再次微笑。

瘪嘴，表示提出要求：小宝宝瘪起小嘴，好像受到委屈，也是啼哭的先兆，而实际上是对成人有所要求。比如肚子饿了要吃奶，寂寞了要人逗乐，厌烦了要大人抱起来换个环境或改变一种姿势，这时父母要细心观察宝宝的要求，适时地满足他的需要。

噘嘴、咧嘴，表示小便的信号：据形容通常男孩以噘嘴来表示小便，女孩儿多以咧嘴或上唇紧含下唇来表示小便。父母若能及时观察到宝宝的嘴形变化，了解要小便时的表情，就能摸清宝宝小便的规律，从而加以引导，有利于逐步培养宝宝的自控能力和良好的习惯。

红脸横眉，表示大便的信号：宝宝往往先是眉毛突暴，然后脸部发紧，而且目光发呆，有明显的“内急”反应。这是大便的信号，这时父母应立即让宝宝坐便盆，以解决“便急”之需。

眼神无光，提醒父母要警惕：健康宝宝的眼睛总是明亮有神、转动自如的。若发现宝宝眼神黯然无光，呆滞少神，很可能是宝宝身体不适，有疾病的先兆。这时，父母要特别细心地注意宝宝的身体情况，发现疑问及时去医院检查，及早采取保健措施。

玩弄舌头、嘴唇吐气泡，表示自己会玩：大多数宝宝在吃饱、换干净尿布，而且还没有睡意时，自得其乐地玩弄自己的嘴唇、舌头、吐气泡、吮手指等，这时，他喜欢独自长时间地玩，成人不要去干扰他。

早教细节

自己的宝宝自己应该最了解，父母只要多观察，用心体谅宝宝，就一定能做得比任何育儿专家还好，一定能及时满足宝宝的要求。

预防高热惊厥伤害大脑

惊厥持续10分钟以上可造成脑功能不可逆的损伤，而宝宝大脑皮层发育不完善，一旦受到较强刺激又特别容易惊厥，因此学会预防，发生时能有效急救非常重要。

宝宝高热是引起惊厥的最常见因素，所以要经常注意宝宝体温，发烧不能超过38.5℃。

惊厥发生时，表现很明显，瞬间就可以做出判断：全身抽动发挺、眼睛上翻、牙关紧咬、头向后仰，严重时会失去知觉。这时候，父母要这样做：

❶ 把宝宝放到较平坦、宽敞的地方，将他的头部偏向一侧，然后解开衣领，保持呼吸道通畅。

❷ 取一根筷子，外面包一层清洁的布，插在两侧或一侧上下大牙之间，以防止舌咬伤或舌后坠引起窒息。但如果宝宝已咬紧牙关，则不宜强行撬开。同时，用拇指掐压宝宝的人中穴。

❸ 打开宝宝口腔后，及时清除口腔内分泌物，防止分泌物堵塞气管引起窒息。

在惊厥急救的同时还要继续用物理方法降温。

育儿细节

低钙血症、癫痫、脑炎等也可引起惊厥，所以宝宝惊厥缓解了，也要迅速到医院就诊，做进一步检查，及时排除其他疾病。

耐心对待要求高的宝宝

有的宝宝很好带，有的宝宝很难带，这都是他们个性所致，没有好坏。很难带的宝宝，通常是要求比较高的宝宝。

高要求的宝宝表现为睡觉不踏实，很快就醒，无病无痛，但常常啼哭。这是因为宝宝希望别人多陪伴，不愿意自己待着。这样的宝宝，除了比较磨人，妈妈比较累之外，并没有什么严重问题，只是更敏感一些。妈妈要多些耐心，多受累，宝宝哭闹的时候，不管什么原因，都不要不理不睬。如果正在忙，尽快停下，先给宝宝些安慰。如果实在撒不开手，也可以跟宝宝说话，让他知道有人在关注他。这时候的宝宝可以听出妈妈的声音，并能从中得到安慰。这样坚持下去，只要每次都能及时满足他的要求，当宝宝长大一些，就不会这么难带了。

高要求的宝宝在夜里总是要醒好几次，而且每次醒来都不能自己入睡，妈妈不要试图让宝宝自己哭累了入睡，否则可能宝宝越哭越厉害，到最后变得很难安抚。尽管很累，还是要起来跟他说说话，抱一抱，等他安静下来再放在床上，就会再次入睡。

育儿细节

安抚哭闹的宝宝，说话、抚摸、拥抱都能起到一定的作用，但不要用力摇晃，过度地摇晃可导致轻微的脑震荡。

早教，父亲不可缺席

男性与女性行为方式、思维方式不同，所以父母对待孩子的方式也有所不同。比如，母亲抱起宝宝时，动作往往非常温柔，可很多父亲却和孩子玩得更“疯”，能从生理和心理上给宝宝带来更高程度的兴奋。

有研究表明，宝宝早在2个月大时，如果是父亲来了，他会全身紧张，心跳和呼吸加快，准备好和父亲“疯一场”。这种外在刺激对宝宝的大脑发育很有好处。

很多父亲在孩子面临挑战和难题时，更倾向于鼓励孩子坚持，而母亲有时则想：“孩子还小，先算了吧！”妈妈们常常会低估自己宝宝的能力；而爸爸却会选择“逼”孩子一下，更多地鼓励孩子。

因此，父亲最大的责任就是用和妈妈不一样的方式支持宝宝独立并且尽量成为宝宝难以超越的人。

早教细节

如果父亲的确没有充分的时间与宝宝相处，建议多让宝宝接触其他男性如姥爷、爷爷、叔叔、伯伯等，增加男性影响。

给宝宝一点外语环境

宝宝学外语有一些潜在的优势。首先，宝宝10个月前对语音特别敏感，能区分出任何一种语音的不同之处，10个月以后这种能力就下降。不过，尽管有所下降，他学习语言的能力仍然比成人要强，1~6岁仍然是学习语言的敏感期。而且宝宝学外语有益处，学外语可让宝宝的舌头和声带变得“灵巧”些，发音自然能更地道些，即使小时候没有机会完全学会另外一门语言，将来学习时也能更轻松一些。

宝宝学外语，主要是给他一个外语环境。一些国际联姻的家庭出生的孩子很容易就掌握两种语言就是因为他们有那样的环境。创造外语环境，我们能做的是让他多听，可以给宝宝准备一些外语的儿歌CD，时不时地放出来听一听，让宝宝置身于外语的环境中，不知不觉中就会学会并记住。另外也可以准备故事、动画片等，宝宝在听故事、看动画片的过程中，对外语会有更直观的认识。

早教细节

汉语和外语是不能同步教学的，最好隔离开来，听外语就专门听外语，不要把外语、汉语对应教宝宝，这样他才能学会用汉语思维，而把外语仅作为一种交流方式。如果外语、汉语混着教容易发生思维混乱，长大后两种语言混着说，妨碍交流。

从小预防感统失调

感觉统合失调指的是外部的感觉包括视觉、听觉、触觉等接收到的各类刺激信号，无法在宝宝的大脑神经系统进行有效的组合，从而使机体不能和谐运作。感觉统合失调小时候没关系，但长大后生活、学习非常受影响。

❶ 前庭平衡失调：注意力难以集中、兴奋好动、调皮任性、难以相处以及做事死板，转圈容易眩晕或者根本不晕。

❷ 视觉感不良：看书容易漏读、串行等，写字也容易写错、写漏，

而且学了就忘，计算能力差。

❸ 听觉感不良：对别人的话听而不闻，经常忘记老师说的话、留的作业。

❹ 触觉的过分敏感或迟钝：情绪过分敏感、紧张，脾气暴躁，很难适应新环境，过分依恋某些事物，如咬手、咬指甲、爱哭、爱玩弄生殖器等。

❺ 痛觉过分敏感或者迟钝：对危险认识不足，总是喜欢冒险或者自伤自残，并且不会总结经验教训，总是一而再、再而三地犯错，或者较少有探索行为，缺乏好奇心，不合群，很孤僻。

❻ 本体感不良：方向感差，容易迷路，还十分怕黑，一闭上眼睛就容易摔倒，站姿、坐姿都不能保持正确。

* 预防感统失调的锻炼

预防感统失调其实非常简单，只要让宝宝充分地玩，变着花样玩，多方面接受锻炼就没问题了。

❶ 锻炼平衡能力：宝宝出生不久，适当轻轻摇抱宝宝，大一些就多做左右翻滚、匍匐、爬行的游戏，或者把孩子放在父母双腿上，玩升降游戏。宝宝稍长大些，可以训练他走平衡木、荡秋千、做旋转游戏等。

❷ 锻炼协调能力：尽量让他多动、多玩，翻身、打滚、爬行等，宝宝在摸、爬、滚、打中，协调能力会一点点地提高。另外，要注意对宝宝精细动作的训练，早一点让他捏、抓小物件，玩套娃、堆积木等。

❸ 锻炼触觉敏感性：让宝宝接触各类物品，不要过多限制，另外还可以给他一些比较强烈的刺激，如用比较粗糙的毛巾擦身体或用电吹风吹、用毛刷子刷身体等。

早教细节

剖宫产宝宝比顺产宝宝更容易出现感统失调的毛病，因为他们没有经过产道的挤压，缺乏生命中第一次的触觉和本体感的体验和学习，要更加认真地做锻炼。

让宝宝习惯把便

把尿：睡前睡后，饭前饭后，出去前和回来时，都是把尿的适当时机。给宝宝把尿时，可发出口哨声，使宝宝对排尿形成条件反射，以后一发出这种口哨声宝宝就会有尿意。训练一段时间后，白天就可以渐渐不用尿布，如果睡前尿一次，夜里把一次，夜里也不会尿床。

大便：排便时间最好定在清晨或晚上临睡前。另外，餐前大便可以让宝宝吃得好。但是，不要餐后马上就大便。餐后即大便会使宝宝腹内压力增大，进而影响胃健康。

不过，最终定在什么时间把大便，可观察宝宝排便规律，在平时他大便的时候把便更容易成功。

早教细节

刚开始训练时，宝宝都会有哭闹的表现，妈妈可边跟宝宝说话边坚持，等把便成功了，亲吻宝宝并夸奖他，让他喜欢上把便。

语言智能开发：拟声词

拟声词差不多是每个宝宝最早学会的语言，教宝宝语言就从拟声词开始。3个月的宝宝对拟声词的简单音节和特别声音就开始感兴趣了，父母可以多教一些拟声词给宝宝听，比如呜呜、呼呼、唧唧、叮叮、嘀嘀等。还有一些小动物的叫声如小狗的“汪汪”声、小猫的“喵喵”声，小羊的“咩咩”声等，也可以学叫，宝宝也会非常感兴趣。

另外，宝宝自己现在也可以发出一些声音，而且他对自己的声音也

比较感兴趣，在他发出声音的时候，父母可以模仿他的声音作为回应，宝宝就会更起劲地发出更多声音。当这些他感兴趣的声音听多了，他就会有欲望要学习。模仿发声是学习语言的基础。

早教细节

宝宝喜欢被突然袭击，在学拟声词的时候，父母可每次都突然出现，特别能引起宝宝的兴趣。

运动智能开发：伸手伸脚够

3个月的宝宝已经有意识主动伸手、伸脚去够取自己感兴趣的东西。如果还没有这样的表示，要不就是他对那个东西不感兴趣，要不就是他没有意识到动手、动脚可以抓到或碰到那个东西。父母可以做个小实验看看宝宝属于哪种情况：把一个颜色鲜艳的玩具放在他的眼前或者挂在小床、婴儿车上，看他是否会注意，如果不注意就换一个，直到引起他的兴趣，当宝宝注意到了玩具之后，看他是否有动手或动脚够取的意思。这样就能够判断出来宝宝有没有建立起伸手可以抓到物品的意识，如果已经有意识了，就可以训练这项能力了。

宝宝有了抓取物品的意识后，动作往往缺乏精确性，或许只是伸伸手、抬抬脚表示一下抓取的意思而已，当宝宝表示出了抓取的意思，父母要协助他完成，让他抓到或碰到想要的东西，可以鼓励他更积极地动手。另外抱着宝宝的时候，可以经常做一些够取的游戏，比如握着宝宝的手去抓或者用脚踢悬吊着的气球，或者摸摸父母的脸，指指镜子里宝宝的脸、鼻子等，让他逐渐明白动作和动作对象之间的联系。

早教细节

在帮宝宝抓或够某个物品的时候，可以边做动作边说："抓住"、"抓住小气球"、"用小脚够下小气球"等，同步进行语言早教。

运动智能开发：抓握能力

满月后的宝宝会把手放在眼前细看，到2～3个月时会把两手握在一起放在眼前玩。但此时的小手不能主动张开，可以有意识地放一些带有细柄的玩具在小手中，如花铃棒、拨浪鼓、塑料捏响玩具等，让他握紧。

刚开始，可先用玩具去轻轻地触碰宝宝小手的第一、二指关节，让宝宝感觉不同的物体。然后把玩具柄放进小手中，使宝宝握紧，再慢慢抽出。也可以等宝宝抓住玩具后，握住小手帮助摇出响声，同时说“摇——摇——摇！”以引起宝宝的视听关注。除了让宝宝触摸和抓握带柄的玩具外，妈妈可以把自己的拇指或食指放进宝宝手心，宝宝碰到手指就会无意识地抓住，一会儿便放开。还可以把铅笔杆、水果糖或其他光滑的小玩具放进小手心让宝宝抓。

训练一段时间后，宝宝就会主动地抓握玩具。

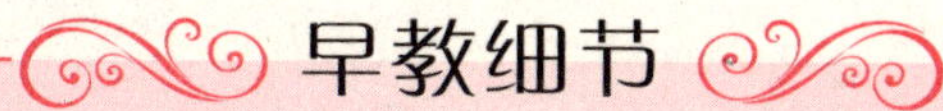

吃奶时把宝宝的手放在母亲乳房上或脸上触摸。抱着宝宝时，前面放一些玩具让宝宝去触碰，可帮助宝宝进行早期的感知活动。

运动智能开发：翻身训练

3个月的宝宝开始学翻身了，翻身对头部、胸部、四肢等的力量都有锻炼。翻身训练好，可以为他将来学坐、学站打好基础。而且学会翻身之后，宝宝可以自己移动，视野范围也会增加，对大脑发育也有积极作用。

当宝宝出现以下的情形，就是想翻身了，父母可以出手帮他。

❶ 躺着的时候，总向着一个方向侧卧，可以轻轻牵着宝宝的胳膊或肩膀以及腰部往他侧着的方向拉几下让他体会用力的方向，然后用玩具逗引他，促使他自己用力翻身。

❷ 仰卧的时候，将自己的小脚向上扬，并且抬起脚摇晃，这也是宝宝想翻身的信号，可以将宝宝一条腿搭在另一条腿上，形成交叉姿势，

在他的臀部稍稍推一下，就能够轻松翻过去了。

宝宝学翻身的时候父母可以帮帮他，不过不要太急切，学翻身也是一个循序渐进的过程。

在这之前，让宝宝喜欢上俯卧，想要俯卧是宝宝从仰卧翻身的动力，妈妈可以多在他俯卧的时候跟他玩。

* 借助工具帮助宝宝翻身

训练宝宝翻身，除了父母的一双手外，还可以借助一些小道具。

❶ 床单或床垫：准备一个床单或床垫，让宝宝躺在上面，把双臂伸直，妈妈口中说着“翻身喽”，轻轻抬高宝宝身体一侧，让宝宝从仰卧变为侧卧，再变成俯卧。休息一下，同样的方法把他再从俯卧变成仰卧，让他逐渐习惯这种翻身动作。

❷ 枕头或毛巾卷：找一个枕头或者把毛巾打成卷，垫在宝宝的身体一侧，让他侧卧。当能够比较稳定地侧卧以后，不久就能够翻成俯卧。

❸ 玩具：宝宝仰卧的时候，准备他感兴趣的玩具，在他的身体一侧逗引，给他学会侧卧的动力。

宝宝刚学会翻身的时候，一侧的手和胳膊常常会被压在身体下，自己没有能力拉出来，父母要及时帮忙，以免给他留下不愉快的印象，变得不爱翻身了。

早教细节

宝宝如果总是不学翻身要找原因，如果不是身体原因，可能就是床垫太软或者衣服太紧了，要改善一下。

音乐智能开发：制造声音

准备一个可以发出响声的玩具给宝宝抓在手里，让他摇晃，或者妈妈把着宝宝的手弄响一些玩具。听到响声，宝宝的注意力会更集中，有时候可以意识到是自己弄出声音，因而很兴奋。

手摇铃、花铃棒、可以捏响的塑胶玩具都可以，或者给宝宝喂水的小杯子、小勺子等也行。在弄出声音的时候，妈妈也要从旁解释，吸引宝宝。比如，用小勺子和小杯子弄出声音的时候，敲一下后跟他说："叮，宝宝听什么在响？"再敲一下，宝宝注意到小勺子和小杯子之后，再敲几下，然后把着宝宝的手拿小勺子去敲小杯子，让他可以将这个声音和动作联系起来。

早教细节

在宝宝熟悉了一种声音以后，可在他的侧面或者背后再发出声音，然后停止，看他会不会寻找并注视刚刚发出声音的物品。

空间视觉智能：认识家人

随着头部运动自控能力的加强，宝宝的视觉注意力得到更大的发展，能够有目的地看某些物象，对新鲜物象能够保持更长时间的注视，注视后进行辨别差异的能力不断增强，对物象有了短时间的记忆能力。

此时的宝宝喜欢看妈妈，也喜欢看玩具和食物，尤其喜欢奶瓶。宝宝除了认识妈妈，开始认识周围亲人的脸，可以就此对宝宝的视觉潜能进行开发。可以告诉宝宝哪个是爸爸，哪个是妈妈，哪个是爷爷，哪个是奶奶……经过一段时间的教认，宝宝的脑海里就会留下每个家人的印象，时间长了自然就认识自己家的人了。

早教细节

观察宝宝当妈妈走开后，会不会用眼睛去寻找。如果寻找了，说明他已经记住了妈妈的脸。

内省智能开发：照镜子

照镜子是训练小宝宝自我意识最好的一种方法。妈妈把宝宝抱到镜子前，一边对着镜中的宝宝微笑，一边用手指着说："这是宝宝，这是妈妈。"

刚开始的时候，宝宝可能不会去注意镜子，而是专注地看镜子周围。不过，妈妈不要放弃，可以继续做，握着宝宝的手去摸摸镜子，引起他对镜子本身的兴趣。过几天，宝宝就会注意到镜子里的自己了。这时候，妈妈可以指点宝宝的鼻子、嘴巴等或者把着他的手指点，然后告诉他："这是宝宝的鼻子，这是宝宝的嘴巴……"让他认识自己的身体。认识自己的身体是发展内省智能的第一步。

早教细节

宝宝在注意到自己以后的几天会注意到抱着他的妈妈，当他视线投向妈妈的影像时，妈妈可让他回头看看自己再看看镜子，让他逐渐意识到镜子里的像和自己是同一个人。

4个月，喜欢有人陪的宝宝早教细节

4个月宝宝身体发育

4个月的宝宝在身长增长上没有前3个月那么快了，不过也有2厘米的进展，体重增长基本与上月持平，平均可以增长900～1250克。因为体重增长快于身高增长，所以宝宝显得胖了些。具体数值可以参考下表。

	身长上下限（厘米）	身长中位数（厘米）	体重上下限（千克）	体重中位数（千克）	头围上下限（厘米）	胸围平均值（厘米）
男	71.7～57.9	64.6	5.3～10.4	7.5	39.6～44.4	42.3
女	56.7～70.0	63.1	4.9～9.7	6.8	38.5～43.3	41.1

4个月的宝宝，有的会萌出牙齿，是属于比较早的，大多数在6～8个月才长出最初两颗牙。

育儿细节

宝宝的身高70%由遗传决定，30%跟后天营养及运动等相关，所以对宝宝的身高可既有期望，又不能苛求，只要给予充足营养并让他适当运动就可以。

4个月宝宝智能发育

动作能力：4个月的宝宝，头能够很好地抬起，趴着时可以稳定地与床面呈90°角；坐着时，头可以竖直并基本保持稳定。不过宝宝的腰部不能挺直，所以坐着时，头会向前倾，双手撑着床，像蛤蟆一样。

多数宝宝会在本月学会翻身。宝宝学翻身是先从仰卧位翻成侧卧位，然后发展到俯卧位，刚学会从仰卧位翻到俯卧位时，是不能主动再从俯卧位翻到仰卧位的，而是被动地、不由自主地滚向仰卧位。会翻身的宝宝自己没有安全意识，而且很大程度上不能自己控制身体，所以父母要注意不要把宝宝一个人放在没有栏杆的大床上，以免宝宝掉床。

4个月的宝宝平躺着时，可以把两只手放在胸前合拢，并握起来，还可以再放开，平放在身体两侧。另外，宝宝能抓住一些物体，如果用玩具触碰宝宝的手，宝宝就会张开手握住，不需要妈妈再塞到他手里了。

此时的宝宝会把所有能拿到的物体拿起来放到嘴里品尝，不过这种抓和拿的动作并不精确，有时候可以拿到，有时候则会落空。此时父母要注意，宝宝的身边不要放毛巾、围嘴等物件，以免宝宝拿起来蒙到脸上影响呼吸，甚至引起窒息。而比较薄的棉被也有可能被宝宝拉起来盖到脸上，也是需要避免的。

感知觉能力：4个月的宝宝在视觉能力上已经接近成人，不但能够分辨不同的颜色，而且视力也很不错，对远处的物体，尤其是色彩鲜艳的和移动的物体，会自动调节焦距，努力把它们看清楚。视线还可以随意转移，从一物体移动到另一物体。另外，有了视觉记忆，当某个物体从眼前消失后，会用眼睛四处搜寻。

宝宝在这个月学会分辨男声和女声，如果把正在放的男声歌曲换成女声歌曲，宝宝会明显地集中注意力，反之亦然。

宝宝的手开始主动去触摸了，触摸玩具、衣服、脸等，用手感受物体的形状、性质、手感、冷暖等，这是宝宝认识世界的基本途径。手刚派上用场，嘴认识事物的功能还要继续发挥，宝宝还是经常性地把手、玩具等放到嘴里啃咬。

4个月的宝宝对事物有了初步的知觉，主要是察觉到了物体是有形状的。

情绪情感与人际关系：现在的宝宝很容易被吸引，视野内移动的物体，或者发声的玩具，都能立刻让宝宝集中注意力去追看或搜寻。当宝宝发现玩具时，他会努力接近并试图拿起玩具，即使手中已有一个玩具，出现别的玩具时，宝宝的注意力还是会被吸引过去。另外，此时的宝宝对镜子中的自己开始感兴趣，会对着影像说话、微笑等。

本月的宝宝在吃奶时，表现出了与以前不同的配合行为，会把手放在妈妈的乳房上，或托着奶瓶。见到熟悉的人时，他还会自发地微笑，像打招呼一样。

另外，宝宝在这个阶段出现了恐惧和不愉快情绪，父母可以多观察，看看他害怕什么、讨厌什么，尽量避免。

语言能力：4个月的宝宝开始咿呀学语，能发出一连串语义不明的音，情绪越好发音越多，就像作着别人不解的诗，高兴的时候就大声笑，不高兴就哼哼唧唧或哭闹。有的宝宝还会故意发声来吸引别人的注意，如父母在逗引他时，偶尔出现了停顿，宝宝就会发出声音或者大声笑以吸引父母继续跟他说话。

育儿细节

此时的宝宝对图像鲜明、变化较快的广告画面非常关注，注意不要让他长时间地看，以免伤害视力。

囟门或头围不能太大或太小

宝宝的囟门和头围是否正常，与宝宝的大脑发育是否正常有密切关系，太大太小都不利。如果宝宝患有小头畸形、大脑发育不全、脑萎缩等病症头围会过小；如果患有脑积水、脑瘤、巨脑症等头围会过大。各时期的头围可参考身体发育中的表格。

头围测量方法：用软皮尺沿着眉间过后脑勺最突出处，围绕头部一周，所得出的数值即是。6个月前最好每个月都测量，6个月后增长缓慢，可以2个月量一次。

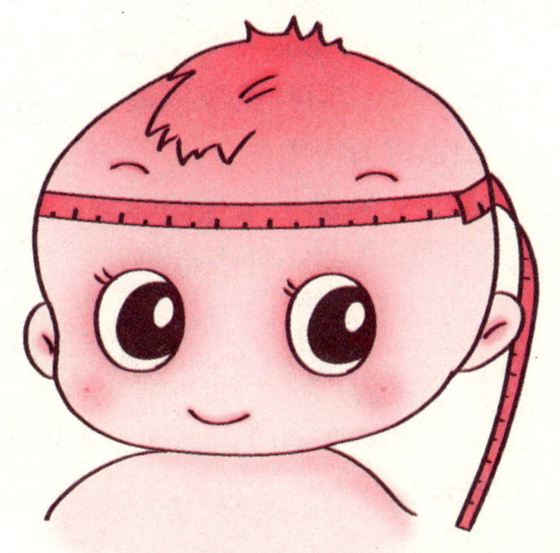

再说囟门，我们通常说的囟门是宝宝前额上方一块没有头骨的部位，这是为了给宝宝大脑发育提供充足空间而准备的。在新生儿时期，囟门的大小应在1～3厘米，过大过小都属异常。小于1厘米，有可能是小头畸形或者呆小症，大于3厘米则有可能患了佝偻病。

囟门测量方法：从囟门的一个边到对边的垂直距离，四个边得出两个数值就是囟门的大小。这两个数值不一定相同，但都需要在正常数值的上下限之间。

头围的值是不断增大的，囟门的值是不断缩小的，囟门在4个月时，应该在1～2.5厘米，以后还会继续缩小。不过，即使不做精确测量，用手摸一摸，也能够摸出是大了还是小了。

囟门一般在宝宝1.5岁时闭合。

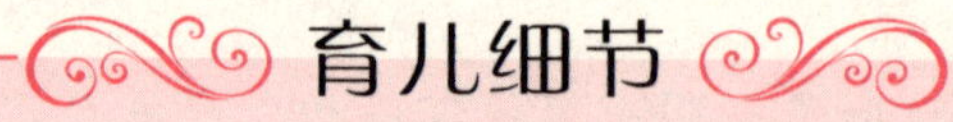

育儿细节

有的宝宝囟门可能会比正常数值略大，需要结合宝宝出生时的囟门大小考虑，如果出生时就偏大，而此时也的确有相当量的减小，即使比标准数值大也是正常的。

宝宝不哭不闹要引起注意

宝宝哭闹很正常，反而是不哭不闹倒要重视起来，这可能是宝宝患病的表现。患有先天性疾病如呆小症、脑发育不全等的宝宝常常不哭不闹。父母要注意观察、判断。这类宝宝在不哭不闹的同时伴有腹胀、便秘、发育迟缓和表情呆板等问题。如果感觉异常，要及时看医生。

宝宝平时都很活跃，突然变得较安静，不哭不闹，吃奶量变少或者干脆拒奶，同时反应淡漠，可能是患了某些全身性的疾病，如败血症等，要及时看医生。

另外，有的宝宝虽然啼哭，但哭声较低弱，持续时间很短，也要注意，这可能也是一种病态。

育儿细节

宝宝不哭不闹，千万不能误认为是宝宝乖而不加注意，以免延误治疗时机。

宝宝头部摔伤要重视

4个月的宝宝会翻身，还会双脚蹬床面向前移动，特别容易掉床，而且宝宝都是头重脚轻的，一旦掉床，最容易受伤的就是头部。如果宝宝不慎掉床了，首先要查看头部有无受伤，尤其是后脑勺。同时，观察宝宝表现，如果宝宝哭一会儿就停了，而且脸色很好，神情正常，没有出现呕吐等不良现象，那基本可以确定是没事的。如果摔倒后，宝宝高声哭叫、四肢肌肉紧张、牙关紧闭、眼斜视、四肢活动不对称、触及肢体或关节时出现哭闹或痛苦表情时，说明脑损伤较严重，应及时到医院治疗。

宝宝当时表现没事，在掉床后的48小时内，还要密切观察他的反应，预防脑损伤。在48小时内都没有问题，就真正没什么可担心的了。如果在这48小时内，行为上出现了变化，有头痛、眩晕状况，还出现了呕吐症状，没有食欲，时而过度兴奋，时而无精打采，而且很嗜睡，有可能脑部受到了较严重的损伤，需要立刻去医院。

另外，宝宝摔倒后，必然会大哭，如果摔倒后不哭不闹，这可能是摔得很严重了，要马上去医院。

育儿细节

如果宝宝头上磕起了肿块或鼓包，不要随便用力搓揉，搓揉会增加出血量，使伤情更严重。

别总让宝宝躺在婴儿车里

有了婴儿车帮忙，带宝宝的确更方便、省力，但是要提醒父母，用婴儿车的时候也别总让宝宝躺在车里。

宝宝需要更多的视觉刺激，越多越好。在家里睡在床上，只能看到天花板，好不容易外出了，却还总让他躺在婴儿车里，只能看到头顶一片蓝天，刺激明显减少。一般来说，带宝宝外出的路上可以让他躺在车里，一旦到了目的地，妈妈歇一会儿，就应该把宝宝抱出来了，让他看看四周。

如果是老人带孩子，因为精力不济，更容易长时间让宝宝待在车里，妈妈要提前嘱咐，如果实在抱不动，可以抱一会儿，放在车里一会儿。

育儿细节

如果带宝宝外出用婴儿车，尽量避开那些车多的路线，宝宝在婴儿车里的高度正好是汽车尾气比较集中的地带。

准备适合宝宝的玩具

玩具要适合宝宝的年龄，如果玩耍难度低于或者超出宝宝的能力，宝宝就会提不起兴致。建议购买时看说明，说明上都有适合玩耍的年龄和玩法，参照说明选购一般没错。

＊根据宝宝年龄选玩具

对于1岁以内的宝宝来说，玩具应该具备促进他感知觉发育的功能，因此选择时需要考虑的主要因素是色彩、质地、材料的不同，还要有有趣而多样的图形。另外，还要有一些带有声音的玩具，这样可以综合、集中地刺激宝宝的听觉、视觉、触觉等感知觉的发展。

宝宝现在是4个月，能够抓着东西不掉了，可以给他准备一些方便抓握的玩具，如拨浪鼓、摇铃等，让他抓在手里摇响，体会控制的感觉。另外，也可以准备球类玩具给他，一手抓不住的时候，引导他用两只手抱着。

此时的宝宝听力已经很好了，对声音非常灵敏，而且对自己弄出的声音很感兴趣，因此玩具最好可以发声，一捏就响的塑料玩具就不错。

还可以准备积木等玩具，宝宝抓在手里玩不出什么名堂，就会从一只手倒到另一只手进一步观察。

此时的宝宝对镜子里的影像尤其自己的影像开始感兴趣了，准备一些带镜子的玩具也不错。玻璃镜子容易破碎，有安全隐患，可以选择婴儿专用的镜子玩具。

蹒跚学步时，各种可以推拉、拖曳的玩具就会极大地吸引他并促进他学走路的积极性。当宝宝满1岁以后，大小不同、颜色不同的各种积木、图形、塑料杯子、玩具熊、玩具电话、玩具割草机都会得到宝宝的青睐。

2岁左右的宝宝，手的能力进一步提高，还可以随意转动手腕，热衷于开门和拧东西。给宝宝准备一些可以打开盖子的玩具、能相互连接的拼图板、更复杂的积木，对开发他的动手动脑能力都有好处。

宝宝年龄小的时候，发育速度快，能力增长也快，每一个玩具适合玩耍的时间较短，更新需要快一些，当稍长大些，身体发育和能力发展都会变慢，同一个玩具适合玩耍的时间就会变长，更新可慢些。

* 宝宝玩具不宜太多

现在大多数宝宝不是玩具少的问题，而是玩具太多了。玩具太多对宝宝也没有好处。玩具多的时候，宝宝总是拿起这个放下那个，哪个都不能专心致志地玩较长时间，养成无法集中注意力的毛病。因为注意力无法集中，也就不去钻研玩具更多的玩法，玩具的启智作用就相当低。另外，有研究表明玩具太多的宝宝，因为太多时间玩玩具，相对于玩具较少，而跟父母与他们一起阅读、唱歌、游戏的时间相对较多的宝宝，智力水平要低。

所以，宝宝不适合拥有太多玩具，一般来说，每个阶段2～3件玩具就足够了。

早教细节

宝宝的玩具要安全第一，尤其是小宝宝的玩具，不能有太多小部件，以免掉落被宝宝吞下。另外材质要环保安全。此外，玩具要经常清洗、消毒，因为宝宝会常常把它们放在嘴里。

形成睡眠规律

让宝宝形成睡眠规律，是良好生活规律建立的开端，这样做妈妈的压力会减小很多，要尽早完成。

让宝宝形成睡眠规律，最主要的是晚上睡觉时间要尽量一致，每天几点睡就几点睡，不要或早或晚，另外也不要太晚睡，最好选在7:30—8:30，第二天早上也要尽量在差不多的时间起床，最好在9点以前，将睡眠规律建立起来。建立睡眠规律，做到以下两点。

❶ 让宝宝建立起入睡的条件反射。每天晚上睡觉前，都固定进行一套程序，比如洗澡、穿上睡衣、让宝宝躺在床上，给他念儿歌或放一段轻缓的音乐等。时间久了，宝宝就会建立起条件反射，当给他洗完澡、换好睡衣等就会想到要睡觉了，从精神上开始准备入睡。

❷ 给宝宝创造睡和醒的环境。准备睡的时候，要给他创造适合睡觉的环境，将灯关掉，不要大声看电视、听音乐、说话，室内要相对安静些，让宝宝知道到了睡觉时间了；想让宝宝起床的时候，就把窗帘打开，室内恢复日常活动，制造适当声音，让宝宝知道到了活动时间了。

早教细节

宝宝能一觉睡到天亮是最好的，只要不哭不闹，没必要半夜喂奶或换尿布。担心尿湿难受，可以给他穿纸尿裤。

4个月宝宝易缺铁

宝宝出生时，身体里是有些铁储备的，这些铁足够出生后约4个月之用。过了4个月就有可能缺铁。

相比较来说，吃奶粉的宝宝较吃母乳的宝宝更容易缺铁，母乳中的铁吸收率高达50%～80%，宝宝每天从母乳中吸收的铁可以达到15～68毫克。而配方奶粉中，只有7%的铁可以被宝宝吸收。

在这个阶段，哺乳妈妈可适当多摄入含铁的食物如肝脏、鱼、猪瘦肉、牛肉、羊肉、禽蛋等，提高乳汁中的铁含量，奶粉宝宝则可选择做了铁强化的配方奶粉。

另外，妈妈要注意观察宝宝是否有贫血的迹象。如果贫血，宝宝一般面色发黄或者苍白，口唇也缺乏血色，精神也不佳、不活泼，常常表现出烦躁不安，而且对周围事物也不太感兴趣，有人抱着时，总是软软地依偎在怀里，没有明显的兴奋或好奇状态。另外，食欲也不佳，吃奶不香。如果有以上这些症状，最好做营养测定。

如果宝宝真的缺铁了，不严重可以食补，如果已经贫血了，需要补充铁制剂，如富马酸亚铁、葡萄糖酸亚铁、硫酸亚铁等。一般补充1～2个月就会痊愈。

育儿细节

补充铁剂，不要空腹服用，一天的量尽量分多次，增加吸收率。补铁时最好同步补锌，铁会排斥锌吸收，单纯补铁容易导致锌缺乏。

宝宝喝不喝水应看情况

一般来说，奶粉宝宝需要喝水，母乳宝宝前6个月不需要喝水，不过也并非绝对，母乳宝宝在天气炎热或宝宝发烧、腹泻时也需要及时补水。

给宝宝的饮料最理想的是白开水。白开水可以促进新陈代谢、润滑肠道、减少便秘，并且可以调节体温，调节人体内水和电解质平衡，对宝宝很有好处。不要给宝宝人工饮料、糖水，如果已经养成了喝糖水的习惯，要慢慢减少加糖量，逐渐过渡到喝白开水。另外，不要在吃奶前后喝大量水，不要在睡前喝水。水温不宜太热或太凉。

这个时候，宝宝每千克体重需水量为120～135毫升，尽量多喂，宝宝一般只有少喝的没有多喝的。

育儿细节

给宝宝喝水，喝烧开后凉至30℃左右的新鲜开水最好。

语言智能开发：亲子阅读

阅读是提高语言能力不可缺少的途径，4个月的宝宝当然还不会真正阅读，但此时只要是跟阅读有关的行为，都可以算作阅读。比如翻书、用手指指着图画、从书中发现自己熟悉的或者喜欢的事物、听父母讲故事、讲解图画甚至拿着书玩等都算阅读。所以，尽管宝宝不会阅读，但阅读这件事却可以做起来，培养他阅读的兴趣，让他形成对书的好感。这是一种终身养成性的教育，所以应该从小开始。

* 亲子阅读材料选择

宝宝的阅读书市面上有很多，一类是识图书，画着蔬菜、水果、生活用品、动物、植物、字等。第二类是歌谣类的，有歌谣也有经典诗歌，并配着漂亮的图画。第三类是科普类图书，配着很大的图片。第四类是绘本，图画有很强的叙事功能。第五类是故事类，虽然也配着图，但需要认字才能看懂。第一类、第二类比较适合现在的宝宝看，有书本形式的，也有挂图形式的，两种都可以买一些。

宝宝的图书有几个要求：色彩不能太繁杂，一般1个物体2～3种颜色就足够了；形象不要太复杂，但是一定要标准，不能太抽象。另外，图要足够大。

* 让宝宝感到读书是愉快的

读书的时候，可以把宝宝抱坐在膝头上，父母拿着书，一页一页翻给宝宝看，边翻边指点，让宝宝形成读书的印象，并感觉到这是一件愉快的事。另外，读书时父母要表现出极大的兴趣，并发自内心地感到愉悦，语调抑扬顿挫。还有重要一点，就是不要束缚宝宝。宝宝长大一点后，会自己去指点书、翻书，一定要由着他，没必要由父母决定，避免给宝宝留下读书受束缚的坏印象。

* 培养良好阅读习惯

父母要善待宝宝的书，把他看过的书都好好收拾、好好保存，这也是培养良好的阅读习惯所必需的一部分。爱书和爱读书有必然联系。妈妈可以给宝宝准备一个专门放书的箱子或柜子，也可以放在父母的大书架上，每次看的时候就拿出来，看完了就放回去，给宝宝潜移默化这种有头有尾的习惯。

早教细节

给宝宝买书，要避免书钉装订的产品，书钉掉下来很可能被宝宝吃下去。

运动智能开发：蹬自行车游戏

父母可以跟宝宝做做蹬自行车的游戏，锻炼宝宝双腿和腰部力量，让他能更早地学会仰躺时自己把双腿举起来。具体做法如下：父母双手分别握住宝宝的两条小腿靠近脚腕的部位，像让宝宝蹬自行车一样活动他的双腿。蹬的时候，可以快一会儿、慢一会儿，看宝宝更喜欢哪种节奏的运动。

运动的时候，可以结合开发音乐智能。蹬得快就唱一首欢快的歌，蹬得慢就唱一首悠扬的歌，可以想象是自己骑在自行车上唱歌，运动节奏和歌曲节奏会更和谐。

另外，还可以发挥想象力，想象跟宝宝一起骑着自行车在游玩，边游玩边给宝宝介绍沿途风景，能顺道开发语言智能。

早教细节

在宝宝脚上方挂一个带响声的玩具，在宝宝脚部上升的时候可以踢到玩具，发出声响，这样宝宝会更加喜欢这个游戏。

运动智能开发：拉坐

在第4个月时，大多数宝宝都不甘心长时间躺着了，有坐起来甚至是站起来的愿望。这时可以跟宝宝玩拉坐的游戏，满足他的愿望。

拉坐锻炼可以这样做：宝宝仰卧着，抓着妈妈的两只手，妈妈手上用力，将宝宝拉坐起来，然后再让他躺下去。在进行了几次这样的锻炼之后，宝宝每次躺下去就会显出不高兴，呼吸也变得粗重，而当妈妈再次把手指伸到他掌心里的时候，他会迫不及待，手脚一起用力像做仰卧起坐一样，这时候妈妈的手稍微用力，宝宝就会努力，头颈部、腰背部、大腿都一起用力，坐起来了，不再像刚开始的时候需要用较大的力才能把他拉起来。这说明宝宝已经理解这个运动，并掌握了动作技巧。等拉坐熟练了之后，就可以在稍事休息之后，再尝试拉到站位，从坐到站的动作，宝宝掌握得也很快。

这个锻炼比较费力，不要做太久，开始时3～5个回合就可以了，以免宝宝太劳累或者拉伤肌肉。

早教细节

拉坐的时候，一定要注意，是让宝宝的手抓着大人的手指，让他自己用力，这样力度容易掌握。大人不要抓着宝宝的手用力，以免用力不当，导致脱臼。

运动智能开发：自己抱瓶喝奶

4个月以后，给宝宝喂奶或喂水的时候，宝宝自己会伸出手护住奶瓶，这时父母可以少用些力，只是轻轻护住奶瓶，尝试让宝宝出更多的力，最后实现自己抱着奶瓶。如果宝宝没有主动抱奶瓶，可以先把奶瓶塞到他的手里，然后连同他的手一起托起，将奶瓶托到合适的位置。

自己抱瓶喝奶，宝宝能感觉到自己的力量，有一份特别的自豪感，这也让他有更多的意愿自己独立去完成很多事情，对培养独立性有一定的好处。

育儿细节

宝宝自己可以抱瓶喝奶的时候妈妈还是要注意不能让宝宝平躺着喝奶，很容易呛奶窒息，可以抱在怀里，或者用被子等固定他的身体或者让他半靠在婴儿车里。

音乐智能开发：α脑波音乐

α脑波音乐指的是节拍在60～70，频率为8～14赫兹的音乐。听这种音乐可使大脑产生共振，激发右脑活力，使大脑保持清醒且放松的状态，使情绪稳定且愉快。据研究，常听α脑波音乐的宝宝情绪好，睡得香，将来懂事也早，各项智能发展都比较出色。美国加利福尼亚大学和韩国科学院的研究都间接证实了这一点。

父母可以给宝宝准备一套这样的音乐。这样的音乐集里面分别包含各种功效的类型，有促进食欲的，有提高睡眠质量的，有激励情绪的，宝宝哪方面表现不佳，可以多听听。

早教细节

要听α脑波音乐，最好购买正版，下载的、盗版的音乐表现力差，起不到应有的效果。

空间视觉智能：前后左右

方位词是空间视觉智能中的基本元素，宝宝虽然分不清，但让他早一些接触是没有坏处的，可让他更早意识到空间的存在，体会到空间感觉。

宝宝分不清方位，所以不用刻意教他认识，只要在日常语言中捎带说一些，比如妈妈抱着宝宝散步的时候可以这样说："我们往前走两步，到阳台去。"偶尔突出一下也可以，比如妈妈跟宝宝打招呼的时候可以这样说："宝宝，往左看，妈妈在你左边。"等宝宝看过来了，就说："哦，这边是左边啊。"当把宝宝放到婴儿车里或者婴儿床上的时候也可以特别突出方位词，比如："宝宝，妈妈把你放到婴儿车里。""宝宝到小床上去吧。"

方位词包括前、后、左、右、上、下、里、外等，还有很多演化出的词比如左上、右下、左后、右后等，都可以常说给宝宝听，以后长大点就可以训练他辨别和运用。

早教细节

我们平时说话说到方位的时候总是习惯这边、那边、这里、那里，跟宝宝说的时候就要转化成准确的方位词来表述了。

空间视觉智能开发：屋里屋外

到4个月底，5个月的时候，宝宝的视力就会发育得非常了不起，快赶上成人了。这个时候该扩大宝宝的视野了，他会非常惊奇地观察这个新世界。

父母要尽量多带宝宝屋里屋外、室内室外走走，或者站在阳台看窗外，在这种空间变化和对比中，宝宝的空间视觉智能会得到飞速提高。屋里屋外、室内室外走动时，会发现，根本不用大人提醒，宝宝就会自觉主动地去看一切他感兴趣的东西，一会儿盯着一朵花不动，一会儿头又会随着汽车来往而转动，追着一辆看不见了，又去追看另一辆，眼睛似乎都不够用了。

此时，父母可以指一些东西给宝宝看，不限于室内的，还可以指点室外的比如白云、风筝、汽车等。另外，要注意观察宝宝的目光，他看什么，就告诉他所看事物的名称，同时指出方位。

早教细节

宝宝的视力虽然发育得很好，但还害怕强光，所以在室外的时候注意别让阳光直射宝宝的眼睛。夏天外出时最好戴上宽檐的帽子。

人际关系智能开发：“藏猫猫”

4个月的宝宝将逐渐开始会寻找消失的东西，此时跟宝宝玩“藏猫猫”的游戏，有助于培养宝宝物体恒存的意识，关键是能培养他的快乐情绪，让他喜欢上跟别人相处、玩耍，有助于人际关系智能的开发。

妈妈可以找一块手帕，跟宝宝面对面的时候，将手帕蒙在自己脸上，然后问宝宝：“妈妈哪去了？”然后慢慢拿掉手帕，露出脸，同时用神秘的语气说一声“喵”，宝宝会很吃惊地盯着妈妈。几次以后，将玩耍的节奏变一变，手帕蒙脸以后，突然间抽掉，“喵”声也发得很突然，看宝宝会不会被逗笑。再玩几次后，把手帕蒙在宝宝的脸上，再拿掉。

在宝宝5～6个月的时候，藏猫猫的游戏可以用玩具进行，用手帕盖住玩具让宝宝找，妈妈从旁引导。

早教细节

用手帕蒙住宝宝的脸的时候，要迅速揭开，因为手帕蒙脸会让宝宝很没有安全感。

5个月，会翻身的宝宝早教细节

5个月宝宝身体发育

从5个月开始，宝宝之间体重和身高的个体化差异将越来越明显，建议父母不要对自己宝宝不如别家宝宝太介意，只要整体保持上升趋势就没什么可担心的。具体发育数值可参考下表。

	身长上下限（厘米）	身长中位数（厘米）	体重上下限（千克）	体重中位数（千克）	头围上下限（厘米）	胸围平均值（厘米）
男	59.9～73.9	66.7	5.7～11.2	8.0	40.4～45.2	42.9
女	58.6～72.1	65.2	5.3～10.4	7.4	39.4～44.2	41.9

育儿细节

有的宝宝囟门开始变小，甚至有的宝宝囟门看上去好像闭合了。不过，此时闭合可能只是膜性闭合，或者头皮张力大、头发浓密盖住了，实际上颅骨缝还没有对接，并不是真正的闭合。不放心可做检查。

5个月宝宝智能发育

动作能力：5个月的宝宝已经能翻身自如，偶尔还会自动地把双臂放在胸前撑起上半身，并高高仰起头。但是俯卧时，仍然不能自己控制着翻成侧卧位或仰卧位，还只是被动地滚到仰卧位。

躺着时，宝宝能抬起头和肩膀，还能把脚送到嘴里啃。四肢伸展时，会借用踢腿的力量移动身体；趴着时，会四肢用力，全身摆动，像飞机一样。

宝宝这时可以短时间地坐一会儿。不过不建议现在训练宝宝坐立，他的腰背还不能挺直，训练容易造成伤害。

宝宝这时会有意识地抓东西玩，抓的动作仍然可能不够精确，抓不到时，会明显地表现出着急、懊恼，一旦抓到，就会很兴奋，先放到胸前观察一下，然后就放到嘴里品尝了。宝宝抓东西动作不精确说明宝宝的手眼协调能力还不是很好，需要多做练习。

感知觉能力：宝宝此时的视力几乎和成人相差无几，无论是远处的还是近处的物体都可以看清楚，对颜色的辨别度也更高。现在锻炼宝宝色彩感觉最好的颜色是红、绿、蓝，给宝宝看这三种颜色时，可以先后展示，也可以并列展示，或添加其他颜色展示给宝宝做个对比。另外，现在的宝宝对复杂图形有认知欲望，不过还是不宜经常将图形太过复杂、颜色太过繁复的物体拿给宝宝长时间地看。

5个月的宝宝很容易被声音吸引，听到声音后，会有意识地把头转向声源处，并且试图找出是什么在发音。另外，这时的宝宝很喜欢听音乐，大多数一听到音乐，就会富有节奏感地全身晃动。不过不能让宝宝长时间地听音乐，每次最好不要超过半小时，以免宝宝太专注于音乐而忽略了与外界的沟通。

宝宝有了自主动手能力，会主动去触摸玩具、日常用品等，触觉在这个月有了较快的发展，再过一两个月，把拿到的东西放到嘴里品尝的次数就少了，而改为几乎全靠手来感觉。

宝宝现在的各种能力是协调发展的，视觉与听觉协调、视觉与触觉协调、听觉与语言能力协调，几乎所有的能力都会统合起来，所以此时训练宝宝最好综合进行，比如看颜色时，要配合语言告诉宝宝他看到的都是什么颜色，什么物体会有这样的颜色，这样做能够事半功倍地促进宝宝对事物的认知。

情绪情感与社交能力：宝宝这个月对玩具有了更高的关注度，看到玩具会尽最大努力去够取，别人拿走玩具，他的目光会跟着玩具走，即使手里已经有玩具，但还是会被其他玩具吸引。当宝宝拿不到想要的玩具时，就会通过喊叫或哭闹引起大人注意，让大人帮忙。

这个月的宝宝越来越不愿意一个人待着，大多数都能经常主动要求抱抱，在挥手或伸出手臂的同时，眼睛会流露出期待的神色，被抱起后，则双手紧紧抓住抱着他的人。父母在抱宝宝的时候，可以让宝宝先握住大人的手指，拉成坐位，然后再拉成站位，最后抱起，锻炼宝宝的肌肉力量。另外，宝宝此时看镜子的影像时，会分辨出自己和抱着他的人，每次照镜子都会显得很兴奋。宝宝在这个月可能会害怕陌生人。

语言能力：5个月的宝宝咿呀时，声音的变化比较丰富，有升有降，就像谈话一样，看到熟悉的人或物体时，不单纯再用表情和动作表示兴奋了，多数会出声，有时候会发出类似“爸爸”“妈妈”这样的音，这未必是宝宝在叫人，不过父母可以不断重复这一个词，并告诉宝宝这个词的意义，借机做个强化。

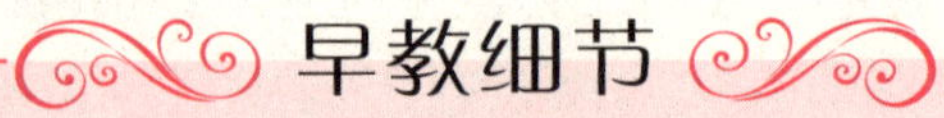

早教细节

注意在宝宝的周围不要留下细小的东西，像小珠子、曲别针、纽扣等，此时的宝宝可能会抓起来放到嘴里，造成危险。

宝宝不会翻身要警惕疾病

大多数宝宝都是三四个月学会翻身，如果到了5个月还不会翻身，虽然已经进行了合理训练，并排除了太胖、衣服太厚等不方便行动的因素，仍然不行，就要考虑是否有疾病困扰的可能。其中最严重的疾病是脑瘫。如果宝宝在新生儿期哺乳困难、不会吮吸、哭声微弱、过分安静、全身松软或僵硬，并且好打挺；两三个月时，俯卧不能抬头、不注意看人、不会凝视、不会主动伸手抓物等，换尿布、衣服都比较困难；到了四五个月时，仍然不能追视、不能逗笑、双手握拳、胳膊后伸、身体僵硬、下肢交叉等，最好去医院检查，干预治疗。

在6～7个月时，如果宝宝还不会坐，手抓物很快松开，更有可能是患有脑瘫。

育儿细节

6个月是发现脑瘫的关键月龄，如果脑瘫能在6个月内发现并治疗，大部分脑瘫宝宝都可以达到正常或基本正常。

宝宝是否需补钙

到了5~6个月，因为骨骼生长快，而且很多宝宝都已经长牙了，对钙的需求量增大，日常摄入可能不足了，尤其是那些生长速度较快的、活动量大的或反复长期腹泻的宝宝以及早产儿、双胞胎和低出生体重的宝宝，更有可能缺钙，需要补充钙剂。另外，胖宝宝建议补钙，因为钙可促进脂肪代谢，有助于控制体重。

当然，也并不是所有宝宝都会缺钙，补钙前最好做检查确认。日常可以结合宝宝表现判断，如果宝宝有枕秃圈，并且夜里频繁醒来啼哭，还特别容易在头部和后背长湿疹，就要考虑可能是缺钙了，尽快到医院检查为好。

* 提高钙吸收率

给宝宝补钙时，要尽量提高钙的吸收率，避免补钙仍然缺钙的现象发生，注意以下细节。

❶ 饭后、睡前补钙。食物进入消化道后，会产生一些可以促进钙吸收，同时还能保护胃肠道少受钙剂的刺激。另外，人体在深夜时血钙含量最低，睡前补钙可以提高钙的吸收率。

❷ 少量多次服用钙剂。一次性大量服用钙剂，暂时吸收不了的分量，就又排出了体外。少量多次服用比一次性服食大量效果好，一天的钙量分三次服用比较好。

❸ 补钙同时补充维生素D。单纯补钙，没有维生素D的参与，钙吸收也不好，还是可能缺钙。补钙的同时记得要同步服用维生素D、鱼肝油或者多晒太阳，增加体内的维生素D含量。

❹ 避免草酸、植酸等影响钙吸收。草酸与钙结合形成草酸钙，会影响钙的吸收。宝宝补钙的时候，吃含草酸的食物菠菜、雪菜、空心菜、苋菜时，要先把蔬菜放入开水中烫一下，减少草酸含量，或者错开两个小时服用。

* 补钙谨防过量

宝宝每天需要的钙为400毫克，不应过量，更不能长期过量。过量不但浪费，关键是会造成不良后果。短期补钙过量的后果是引起厌食、便秘，严重的会患上“鬼脸综合征”，宝宝会有扁扁的朝天鼻、大嘴，而且表情怪异。如果长期过量补钙还可能患上很多疾病，如囟门过早闭合、食欲不振、免疫力下降、厌食、生长缓慢、贫血、精神疲乏、骨骺提早闭合等。

育儿细节

检查宝宝是否缺钙，除了查微量元素外，建议再做个骨密度检测，因为血钙和骨钙之间可互相转移，有时候血钙不缺，但骨钙缺乏，所以骨密度检测更准确。

关注宝宝睡眠不稳

大多数宝宝还不能一觉到天亮，半夜还是会醒来，每夜醒2～3次都是正常的，如果醒的次数太多，就会影响到他的生长发育，父母需要关注，看看到底是什么影响了他安睡。

❶ 如果宝宝哭闹开始时总是尖声惊叫，同时有枕秃，很可能是缺钙了。正确补充两个月钙后就会解决。

❷ 如果宝宝醒来后精神很好地玩，就要尽量增加宝宝白天的活动量，并减少白天的睡觉时间。

❸ 如果宝宝醒来吃点奶就能再睡，就给他吃一点。

❹ 宝宝如果总是在尿湿的时候哭闹，睡觉的时候应该给他穿上纸尿裤。

❺ 睡前不要吃得太饱。消化不良、腹胀也会导致睡不安。

❻ 宝宝容易因为太兴奋而睡不安稳，所以在快要睡觉的时候就应该让他逐渐安静下来，不要再疯玩。

❼ 睡觉时不应该穿太多衣服。衣服太多，裹得太紧，难以安睡。一般宝宝睡觉时，只要穿一套睡衣，再盖上小被子就可以了。

育儿细节

如果一切容易引起不适的原因都解除，宝宝仍然睡不安稳，就要看医生，确定有无疾病。

让宝宝学会独自玩

宝宝虽然需要照顾，但大人不能时时刻刻都守在身边，从5个月开始应该适时让他自己待一会儿、玩一会儿。学会自己玩其实也是很重要的一项能力，对宝宝的独立性、自制力和忍耐力都是考验。

有些宝宝特别黏人，在5个月以后，只要妈妈一走开，马上就会哭闹起来，这样的宝宝尤其要培养他独自玩的能力。如果放弃培养这项能力，顺着宝宝的意思整天抱着、背着、哄着，会使宝宝变成溺爱型，不利于身心健康发育。

如果宝宝只要妈妈不在身边就哭，可以试着先让宝宝在能看到妈妈的地方自己玩，然后逐渐拉远距离，慢慢地宝宝就能够在床上或者家中安全的地方单独自己玩上半小时左右。

早教细节

父母不能什么都由着宝宝，溺爱过度的宝宝，任性、爱撒娇、自制力差，喜欢大吵大闹，哭闹不止，这样对宝宝成人以后的心理和人格都不利。

助宝宝一臂之力

5个月的宝宝具有很强的学习欲望，但因为自己能力有限，很难有什么新发现，这时候，就需要父母助一臂之力了。父母只要稍微帮帮忙，宝宝就能学会更多的新本领，变得更加聪明活泼。

给宝宝一个玩具后，让他自己玩一会儿，玩到他自己厌倦的时候，父母拿起来，给宝宝演示一种新玩法，比如只是简单地敲击玩具，让玩具发出不同以往的声响，宝宝便会重新打起精神，研究这个玩具，可以学习到新的东西。这可刺激宝宝用不同的方式去玩这个玩具。如果是个稍微复杂的玩具，宝宝拿着只会看。看一会儿后，父母就应该帮助引导宝宝，慢慢宝宝就会学会父母教他的动作了。

注意，助宝宝一臂之力，并不是要代劳。比如宝宝想要某样东西了，就会紧盯着，这时候就可以帮宝宝一把了。但最好不要立即拿给他，可以问问宝宝是不是想要，然后抱着他去，让他自己努力去完成。这样宝宝通过自己的努力拿到手，会非常有成就感。助宝宝一臂之力可体现在生活中各个方面，父母可仔细观察，发现宝宝的愿望，然后帮他。

早教细节

教导宝宝要避免两个极端，一个是完全不管，任由宝宝自己去探索、努力；另一个是完全由父母代劳，宝宝做不到，父母立刻替他完成。这两种做法都会让宝宝丧失积极性。

宝宝哭时抱一抱

宝宝不会无缘无故地哭，不是身体不舒服就是心里不舒服。哭代表宝宝需要得到大人的帮助或安慰，是不良情绪的宣泄。

宝宝哭的时候抱一抱，具有非常的意义。宝宝会因为立刻被抱起来而感受到母亲的爱，同时享受心灵的滋润。宝宝会因为立刻被抱起来，而使得对于呼吸有帮助的特定反射神经进行作用，因此呼吸起来会更顺畅。这两项都与语言的发展有密不可分的关系。如果总是不抱，让他哭累了自己停下来，宝宝会不知道用什么方法来向外界传递自己的心情，也无法学习忍耐，容易形成自闭的倾向。

当宝宝哭的时候，妈妈可以这样说：“宝宝不高兴了？妈妈抱抱你！妈妈抱抱宝宝，宝宝就开心了。”抱起来后，宝宝情绪很快就会稳定下来而嬉笑如常了。当宝宝情绪转好了，不哭了，可以再把他放下来。

早教细节

宝宝是因为自己什么都做不了才通过哭来请求帮助或发泄情绪的，父母应该体谅宝宝这一点，在他哭的时候给他些安慰。

训练宝宝能力别太注重结果

父母训练宝宝能力的时候，难免发现有时候训练了很多次，宝宝都不能配合，或者不管怎么示范宝宝都反应迟钝，也有的今天配合了，明天就全忘了。出现这样的情况，建议父母不要着急。

宝宝的能力本来就有限，不配合、反应迟钝等都是宝宝能力还没有发育到足够应付某个游戏的时候的必然反应。其实在早教的时候，很多训练都是提前开始的，是依着最早掌握某种技能的宝宝的标准设计的，所以对正常宝宝来讲有些超前，宝宝掌握不了也是正常的。早教中不要太追求结果，把早教看作亲子间的游戏，看作让宝宝增加体验会更好一些。

父母反复训练，到宝宝掌握了相关技能的时候，自然就可以行动自如，也说不定在某一个时候以前训练过的所有项目就一下子全部掌握了，这样的宝宝也不鲜见。

早教细节

当宝宝学不会的时候，千万不要用一些负面的词汇如“笨蛋”来评价宝宝，以免形成习惯，在宝宝长大后还这样说，会给宝宝不好的负面心理暗示，以为自己真的是笨蛋。

语言智能开发：突出词汇

父母跟宝宝说话，特别注意突出某个词汇，反复地说，宝宝慢慢就会记住，即使不了解词义，听到这个词也会表现出明显的兴奋。以下这个游戏就有这样的特点。

宝宝平躺在小床上，妈妈站在宝宝身边，说：“手和脚是好朋友，一起来玩碰碰。”捏捏宝宝的小手，再捏捏宝宝的小脚。紧接着，妈妈说：“我的左手和右手是好朋友，一起来碰碰。”把宝宝的左手和右手拉起来，相互触碰，然后说：“我的左手和左脚是好朋友，一起来碰碰。”将左手和左脚相互触碰，依次用左手碰右脚，右手碰左脚，右手碰右脚，最后用双手碰双脚。另外也可以让爸爸帮忙，妈妈的双手、双脚和宝宝的双手、双脚依照相似的顺序互相触碰，比如说："妈妈的双手和宝宝的双手是好朋友，一起来碰碰。"就让爸爸拿着宝宝的双手和妈妈的双手相碰。

宝宝会对游戏中的"好朋友"和"碰碰"两个词逐渐熟悉。

早教细节

如果宝宝的腿不能很好地抬起来配合手碰脚，妈妈不要强行拉扯，以免宝宝髋关节脱臼。

运动智能开发：手指动作多样化

5～6个月时，宝宝逐渐开始熟练使用双手，而且视觉也会逐渐变得敏锐，手眼协调能力有了很大进步，因此是训练宝宝手部精细动作的黄金时期，父母可以利用各种道具进行训练，引导宝宝做各种动作：拿、放、敲、扔、移、转、撕、摸等。

❶ 把玩具摆在他的左边、右边、前边引导他动手去抓，训练手眼协调。

❷ 妈妈把玩具放在手上递给他，让他到自己的手里抓取，学习传递。

❸ 多准备几个玩具，第一个给宝宝让他拿着，再递一个给他，引导他用空着的手去抓，然后再递一个，引导他放下手中的一个玩具来拿这一个，让他学会放手的动作。

❹ 把一张薄纸递给宝宝，宝宝抓到的时候，妈妈不放，在与宝宝的僵持中，让纸撕裂，让宝宝体会撕的感觉。

❺ 把喝水的小杯子、勺子给宝宝玩，让他抓住小勺子去敲打小杯子发出声音，感觉敲的动作。

随着体验增多，宝宝掌握动作的速度会越来越快。

早教细节

宝宝的手会越来越灵活，很小的东西都能捏起来，所以那些上面有小部件如小螺丝的玩具不要给宝宝单独玩，以免不小心掉下来，被宝宝捡起来吃下去。

运动智能开发：稍息立正开步走

锻炼宝宝腿部肌肉，不妨加点内涵，比单纯的肌肉锻炼有意思，宝宝会更配合。父母不妨让宝宝练练稍息立正开步走：让宝宝平躺在床上，开始喊："立正！"就一手握着宝宝的一条腿，两条腿并拢，并且脚后跟相互有磕上的感觉。紧接着喊："稍息！"把宝宝的一条腿保持笔直的姿势向上抬起，再喊"立正"回原位，然后再喊"齐步走！一二一！"就左腿、右腿依次抬起、落下即可。

习惯这样做之后，宝宝每当听到"立正"这两个词都会很高兴，知道要陪他玩了。这对他身体能力、语言能力都有促进作用。

早教细节

锻炼宝宝的腿部时要有一定力度，但也不能太猛，以免拉伤肌肉。另外宝宝双腿很倔强不肯配合的时候不要做，同样有拉伤的可能。

数理逻辑能力开发：数手指、脚趾

4～6个月的宝宝已经对物体数量开始敏感了，给他几个同样的东西，比如3个苹果，从中拿走1个或者2个，他马上就能察觉到。他对数量已经有了较笼统的概念。此时，父母可以跟宝宝玩数数，最方便的是数手指和脚趾。

把宝宝抱在怀里，把他的手或脚拿到眼前，让他看见，告诉他这是他的手、脚，他的手指、脚趾，然后说："我们来数一数。"就从1数到5，换只手或脚再从1数到5。也可以配合着儿歌数数，宝宝兴趣更高，比如"一二三四五，上山打老虎。老虎没打着，打到小松鼠。快来数一数，一二三四五。"念儿歌念到数字的时候，就改变节奏或者加重动作，加以突出，让宝宝注意到数字内容。

早教细节

跟宝宝玩数数游戏，不能数太大的数，最好是一二三，最多也就到五，因为此时的宝宝还不理解数字的含义，他会靠记忆力来记住这些数，如果太多就记不住了。

音乐智能开发：宝宝的声音

宝宝现在已经能听出自己的声音，父母可以在宝宝咿咿呀呀说话时把他的声音录下来，在他哭闹的时候放给他听，宝宝马上就会停止哭闹，听得非常认真。

建议父母多录一些声音，宝宝的、爸爸的、妈妈的、奶奶的、爷爷的声音都可以，最好保持平时跟宝宝说话时的语音、语调。然后放给宝宝听，看宝宝是否会在声音发生变化的时候表现出惊奇。当宝宝表现出惊奇的时候，他可能会抬头看给他放录音的人，就趁机告诉宝宝："这是××的声音。"如果正巧是自己的声音，就再重复一下录音里的内容，让宝宝更快明白录音里的声音和外面的声音是同一个。另外，也可以大人控制着放音，先介绍将要出现的声音，比如说："下一个，奶奶。"然后放出奶奶的声音，也有利于宝宝把录音和平时的人的声音联系起来。

早教细节

给宝宝听音乐的时候也可以把不同的歌手放在一起，先是男声，然后换女声或者童声，让宝宝分辨声音间的不同。

空间视觉智能：看照片

宝宝已经认识大部分家人了，把一些照片给他看，如果看到熟悉的人宝宝会露出微笑。他最爱看的是妈妈的照片，每当看到妈妈都会明显变得兴奋，有的宝宝还会咿呀出声。等宝宝看一段时间以后，在以前的照片中加一些宝宝不认识的人的照片进去，或加几张家人另外的照片或者跟其他人的合照看他是否会注意到变化，并看他是否能准确找出熟人。

另外，也可以给宝宝准备一些图片，里面有人脸，也有单独的五官。大多数宝宝对嘴巴的图片最感兴趣。看五官图片的时候，边看边告诉宝宝名称，并且在他的身上和自己身上指点。时间久了，只要说出名称，宝宝就会用眼睛去搜寻相应的图片，大一点就会用手指点自己或大人身上相应的部位。

早教细节

宝宝对太过纷繁的颜色和线条还是没有多大辨识能力，所以给他看的内容以简单为好，图片以两三笔勾勒出的最好。

内省智能开发：叫名回头

父母早在3～4个月时就已发现，只要叫宝宝的名字他就会抬头或者回头看，但其实那时只是宝宝被声音吸引，未必就是听到了名字，知道是叫自己而回头。但到了5个月，大多数宝宝就会知道自己的名字了，父母可以测验一下。

找个人多的地方，声音比较嘈杂，然后让爸爸在稍远的地方叫宝宝的名字，看他会不会回头寻找；跟其他宝宝在一起，父母先叫其他宝宝的名字，看宝宝的反应，然后再叫宝宝的名字，看宝宝会不会回头。如果宝宝回头了，并且微笑，表示他知道是叫自己呢。此时父母可给予鼓励，可先亲亲宝宝，然后跟宝宝说："宝宝知道××是你的名字啊？××就是你的名字，以后父母一叫××你就要答应啊，知道了吗？"

早教细节

当宝宝知道了自己的名字之后，可以给他介绍介绍其他小朋友的名字，让他明白每个人都有名字的道理。

6个月，添加辅食期的宝宝早教细节

6个月宝宝身体发育

宝宝在这个月的身高约增长2厘米，体重增长在450～750克，具体数值可参考下表。

	身长上下限（厘米）	身长中位数（厘米）	体重上下限（千克）	体重中位数（千克）	头围上下限（厘米）	胸围平均值（厘米）
男	61.4～75.8	68.4	6.0～11.7	8.4	41.3～46.5	43.8
女	60.1～74.0	66.8	5.6～10.9	7.8	40.4～45.2	42.7

育儿细节

大多数宝宝从这个月开始长出牙齿，先长两颗下切牙。宝宝出牙期可能有发烧、拉肚子、烦躁等现象，要护理好。

6个月宝宝智能发育

动作能力：6个月的宝宝从仰卧位翻身到俯卧位已经相当熟练，翻过去后能自己把双臂撑在胸前，仅偶尔有一只小胳膊被身体压住的情形，自己拿不出来，需要帮助。宝宝趴着时，如果趴累了，会把脸侧向一边，头低下来放在胳膊上，休息一会儿。在这个姿势下，宝宝的呼吸是很畅通的，父母不要担心。

宝宝这时可以独坐片刻，但需要把胳膊撑在前方，才不至于向前倾斜太厉害，像一只青蛙端坐。此时要注意不适宜频繁让宝宝这样坐着，对宝宝肌肉、韧带、骨骼等的正常发育有一定的损害。

另外，宝宝趴着时，爸妈用手推宝宝的双脚，宝宝的膝盖会弯曲，并向前蠕动一截。

宝宝的精细动作现在已经锻炼出一定成果，大多数时候能够准确抓到眼睛看到的物体，并准确地把抓到的物体放到嘴中，还能让带声响的摇铃等玩具发出声音。

感知觉能力：6个月的宝宝，视觉能力非常好，所欠缺的只是眼界的扩展，从这个月开始，他就会积极地探索、发现，并积累知识。他对视野内的事物会非常敏感，父母可以利用这个时机训练宝宝的认知能力，让他多看一些东西，多接触一些新环境。

宝宝的听觉现在具有了记忆力，在接触了一种陌生的声音几次之后，就会形成印象，一旦再次听到，眼睛就会准确地盯住发声的事物，比如小狗。另外，也记住了熟悉的人的声音，妈妈可以不出现在宝宝面前，只用语言、声音就安慰好哭闹的宝宝。

现在，宝宝的大脑进入了生理成熟期，白天醒着的时间更长，这为他进一步认识世界提供了基础，而宝宝也的确有认识世界的好奇心和进取心。认识世界的过程是宝宝各种能力相互配合、相互促进着完成的，所以训练不应割裂开来进行，最好能够进行统合，比如在宝宝接触新鲜事物的时候，不但要负责为宝宝做解说，在安全无危险的情况下，还要试着让他触摸一下，以便对新鲜事物有一个整体的认识，形成完整的知识。

另外，宝宝此时知道实体事物与镜中影像的不同，知道“自我”与“非我”的区别，了解自己与别人或别的物是不同的，并且能觉察到自己身体的不同部位。

情感情绪与人际关系：宝宝此时很容易被玩具吸引，总是用手脚去够挂在床上的玩具，并且努力向放着玩具的地方前进以便拿到玩具。大人如果把他手中的玩具拿走放在另外的地方，宝宝会去追玩具，玩具掉下地，宝宝也会找，并且对玩具有占有欲，如果强行把玩具拿走，会不高兴地大哭。

宝宝这时候的自主能力大大提高了，希望所有事情都能顺着他的意，不顺就坚决反抗，方法有很多。不想洗脸，会把妈妈拿毛巾的手推开；不想吃饭，就把饭勺或奶瓶推开，要不把塞到嘴里的奶头吐出来或者打挺；不想喝水，含着水瓶也不吸，甚至会吹泡泡玩；躺着高兴时，四肢乱舞，不高兴就哼哼唧唧或大哭，等等。爸妈需要认真领会宝宝的意思。

另外，此时的宝宝开始注意大人与小孩的区别，并喜欢小孩，喜欢让小孩抱，也经常会对其他陌生或熟悉的宝宝微笑、注视等。

语言能力：6个月的宝宝能发出的音节更多了，可以用不同的声音代表不同的情绪，如微笑、大笑、尖叫表达兴奋，哼哼、喊叫表达不满。不过总体上，语言能力并没有出现质的飞跃，还处在积累的阶段，爸妈在这时需要做的就是尽量多跟宝宝说话，并丰富说话的内容。

但是无论是高兴地喊叫还是不高兴地哭闹，时间都不能太久，适时让他平静，以免声带受伤。

发现视力异常

眼睛无疑是最重要的感觉器官，要给宝宝保护好，有异常要及时发现，可用一些方法做检查。

❶ 在日常生活中，看宝宝对事物的反应，比如是否追视妈妈、追视奶瓶、追视玩具等跟他有密切关系的人或物品，如果追视能力低于同年龄的宝宝，则要怀疑视力低，应该去医院检查。

❷ 将不同大小的白色球放在黑布上，摆在离宝宝3米远的地方，然后让白色小球在黑布上来回滚动，看是否会引起宝宝的注意和追视。这个测试要两只眼睛分别进行。

❸ 将宝宝的两只眼睛轮流遮盖，看他的反应，如果宝宝拒绝遮盖其中某一只眼睛，说明另一只眼睛视力有问题。

❹ 用光照射宝宝的眼睛，如果瞳孔不缩小，说明视力可能较低。

❺ 把不同密度的条纹图给宝宝看，视力越好对条纹密度高的图越感兴趣。

如果怀疑视力有问题，应尽快咨询医生或做检查。

育儿细节

在宝宝6个月的时候可以做视力筛查，不妨在体检的时候顺便做。视力筛查可能发现宝宝有远视、近视和散光，如果程度轻微不用担心，多数是生理性的，如果较严重，则需要佩戴眼镜矫正。

给宝宝加辅食

大部分6个月的宝宝从身体到心理都已经做好了接受辅食的准备，可以加辅食了。加辅食有很多讲究，妈妈遵守，宝宝才能更好地接受辅食、适应辅食。

辅食种类由一而多：辅食的种类，一种一种慢慢增加，不能一次性加几种。这样做一是为了减轻宝宝肠胃的负担，另一点是为了方便锁定过敏原。

刚开始添加辅食的宝宝，最好选择谷物类食物，如婴儿米粉，致敏性较低。在宝宝吃了大约1周米粉之后，已经适应的时候，就可以再添加一种，适合的是蔬菜、水果中的一种，一种水果或蔬菜适应了之后，可以开始添加蛋黄。

辅食量由少到多：辅食的量要由少到多。刚开始的时候，每天添加一顿，以后辅食逐渐增加到2顿、3顿。刚开始添加，量不能太多，米粉一般每天10克就足够，蛋黄可以添加1/4个，蔬菜和水果每次添加5克左右。

添加了辅食的宝宝，需要大量水参与消化，所以需要适量喂水，每天为200～300毫升。

咀嚼难度由易到难：刚开始的时候，添加的辅食应该是稀泥糊状的，米粉、蛋黄都要加水调稀，调成流质；之后可以是稠泥糊状，接下来可以在泥糊里留少量颗粒食物，做成半流质；到了9个月可以尝试半固体食物，各种泥状、块状食物都可以尝试一些，肉泥、蔬菜泥、水果泥、烂米粥、烂面条等都可以吃一点，最后过渡到固体食物，把水果、面包、蔬菜剁成小块就可以吃了。具体顺序如下表。

辅食种类	添加顺序
水果	水果煮水→过滤果汁兑水→纯果汁兑水→纯果汁→水果泥（用勺子刮取）→水果片→水果块→整个水果
蔬菜	蔬菜煮水→菜汁过滤→煮菜汤→炖菜泥→炒碎菜→正常吃法
谷物	米汤→米粉→米糊→稀粥→稠粥→软饭→正常饭
动物性食品	烂面条→面片→疙瘩汤→饼干→面包→馒头→饼

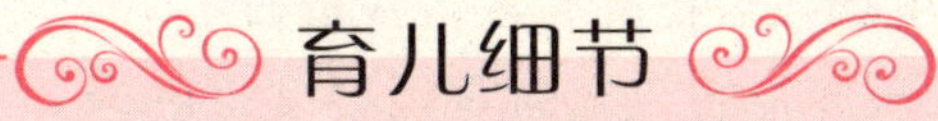

育儿细节

良好的进餐习惯是从小培养起来的，建议妈妈从添加第一顿辅食起，就开始这么做，按照将来准备要让宝宝遵守的进餐规矩来做。

完全隔代抚养不利潜质开发

让祖父母帮忙带宝宝，父母也一定要多参与，完全隔代抚养，由祖父母照顾宝宝有较明显的不足之处。

首先，祖父母教养知识落后，无法充分开发宝宝的先天潜质，而宝宝4岁之前是右脑开发的关键时期，完全由祖父母带的宝宝容易错过这个关键期。

其次，祖父母一般都比较年迈了，精力有限，在照顾宝宝吃好喝好之后，恐怕不能跟他尽情玩乐，而是为避免危险给宝宝设置了更多的限制，不利于宝宝探索、求知精神的培养，也不利于快乐情绪的发展。

再次，因为宝宝的父母不在身边，祖父母唯恐委屈了宝宝，所以无论宝宝有什么要求都竭力满足，而宝宝表现出来的不良行为也不去及时纠正，时间长了会让宝宝养成唯我独尊的思维模式、任性妄为的行事习惯。

所以，在隔代抚养时，父母必须要尽到自己的一份力，最好不要单独将宝宝留在祖父母的身边，如果可以把祖父母接到家中，三代同堂对宝宝最好。

早教细节

两代人一起照顾宝宝的时候，要注意保持一致的立场、一贯的做法，避免多重标准，让宝宝无所适从，规矩很难建立起来。

给保姆照看的宝宝更多爱

如果很幸运地为宝宝找到了一个很适合、很好的保姆，父母就不用再被宝宝牵扯太多精力。但这并不是说，宝宝就可以完全交给保姆了，只在自己想跟宝宝玩的时候，才逗逗宝宝，而不管宝宝是不是想要跟自己玩，更不能在宝宝想找自己的时候，找借口不陪宝宝。

相反的，由保姆带着的宝宝，更需要父母的爱。所以，爸爸妈妈更应该抓住一切机会和宝宝接触，进行亲密互动，建立亲子依恋，一是为预防亲子关系疏离，二是预防宝宝因为没有得到父母足够的爱护，而产生焦虑和不安。

父母每天下班后，第一件要做的事就是抱抱宝宝、亲亲宝宝，跟宝宝交流一下，交流不应少于10分钟。每天上班之前，也不要忘了这套程序，抱抱、亲亲，跟宝宝交代一下，自己要上班，下班就回来，让宝宝在家等着。

早教细节

如果宝宝已经跟自己不亲了，父母就要抽出更多时间与宝宝相处，有机会多让宝宝单独跟自己相处，让信任感、亲子关系重新建立。

不要压抑宝宝的不良情绪

宝宝如果有不良情绪，不要不理不睬，以免使宝宝情绪压抑或者自行找到一种不正确的方式去宣泄。另外，也不要责骂或者喝止宝宝哭闹，或者威胁不要他，要把他扔出去等，这样对宝宝没有好处，有可能造成宝宝的性情暴躁、偏执、个性冷漠等。当宝宝情绪不佳的时候，最好的方法是疏导，让宝宝的不良情绪找到释放的途径释放出来。

要做到心平气和地帮宝宝疏导不良情绪，父母首先要做的就是承认宝宝有情绪不佳的权利，情绪不佳时有宣泄的权利，承认宝宝跟大人是平等的。另外要知道宝宝哭闹不是故意让父母为难，只是父母还没有找到正确安慰他的方法，只要安慰得当，宝宝马上又能破涕为笑。如果宝宝总是很难安慰，父母就要检讨自己的方法了。

当父母体谅宝宝，承认宝宝的权利时，就不会强行压制宝宝，转而能主动去寻找原因，给予安慰。

早教细节

宝宝的坏情绪可能找不到原因，妈妈多采用转移注意力的方法安慰，效果会好很多。

语言智能开发：理解语言

8～12个月，宝宝大脑皮层中负责理解语言意义的部分发展速度会非常快，是语言发展中语义理解的关键期，但是教宝宝理解语言的训练应该更早些开始。

其实从宝宝能够集中注意力听大人说话的时候就可以刻意让他明白语言的具体含义，可以从名词开始，比如说到他的名字的时候用手指着宝宝，说到“灯”这个字的时候，就给他指灯，说到“小狗”，就指着小狗等，另外，宝宝的玩具可以都取一个名字，每次说到这个名字的时候，都拿出该玩具，让宝宝将这个名字和玩具对应起来。能够摸的东西，可以让宝宝摸摸，加深印象。

手势、表情、动作都是帮助理解语言的手段，在给宝宝解释词语的时候，可以尽力发挥这些手段的魅力，帮助宝宝理解词语的含义。

早教细节

妈妈经常给宝宝念儿歌，可以建立语言与动作的协调能力，比如念这首儿歌：“拉大锯，扯大锯，外婆家，唱大戏。妈妈去，爸爸去，小宝宝，也要去。”边念边做动作。

运动智能开发：学坐

宝宝到了6个月大时，脊部、背部、腰部已渐渐发育强壮，从翻身到坐起连贯动作会自然发展。通常宝宝会先靠着东西呈现半躺坐的姿势，接下来身体会微微向前倾，并且会用双手在两侧辅助支撑。

宝宝学坐阶段，可将宝宝放在有扶手的沙发上或小椅上，让宝宝靠坐着玩，或者家长在背后给予一定的支撑，让宝宝练习坐，支撑力量可逐渐减少。

不要让宝宝采取跪姿，使两腿形成“W”状，或者把两腿压在屁股下，容易影响到将来腿部的发展，最好的姿势是采用双腿交叉向前盘坐。

在宝宝学会坐的时候，应该特别注意坐的时间不宜太久，每天10分钟足够，因为宝宝脊椎骨尚未发育完全，如果长时间坐着，容易引起脊椎侧弯，形成生长发育损伤。

一般来说，6个月至6个半月，宝宝会开始学会独立的坐姿，但仅仅是坐着，如果倒了，还无法自己恢复坐姿，一直要到8~9个月大时，才能不要任何扶助自己坐得很好。

早教细节

宝宝会坐时，切不可让宝宝单独坐在床上，如果把宝宝置于床上，床面最好与宝宝身体呈垂直的角度，以防动作过大而摔下床的危险。

运动智能开发：练习跪

过一两个月，宝宝就会爬行了，在这个阶段，可以多多训练他的下肢肌肉力量，为以后学习爬行做好准备。除了蹬自行车和向前拱的练习要继续外，还可练习跪姿。父母坐在床上，盘腿而坐，让宝宝跪立在腿上，或者父母两腿分开屈起，让宝宝跪在两腿中间，或者父母仰卧，宝宝跪在父母身体一侧，扶着父母的身体。这时候父母可以跟宝宝对视、说话，或者一起看画报、玩玩具等。在这个过程中，宝宝的膝部力量会得到锻炼。

宝宝的下肢力量进步了，再多锻炼上下肢的协调动作，之后，学爬就水到渠成了。

早教细节

宝宝跪着时，父母可以拿一个玩具在宝宝的头顶上逗引，让宝宝去够，宝宝在这个过程中会学到平衡身体。

人际关系智能开发：宝宝认生

5个月以后，宝宝会逐渐明白妈妈是那个给他吃、给他喝、给他保护的人，所以在妈妈身边的时候他感觉安全，而害怕其他人，宝宝逐渐开始认生了。认生现象到了1岁以后，就慢慢过去了。

一般来说，平时接触陌生人少的宝宝更容易认生，尤其是妈妈一个人独立抚养也很少外出的宝宝更是如此，在大家庭中长大的孩子认生现象就不太严重。除此之外，就是性格内向和体弱多病的宝宝认生现象更多一些。

认生是一种正常现象，而且是好事，说明宝宝人际关系智能有提高了。不过也不能任由宝宝认生，最终他还是必须走到人群中去，所以父母要努力帮宝宝克服认生现象，学会坦然面对陌生环境、陌生人。让宝宝克服认生，最好的办法就是让他多外出，接触更多陌生人。如果认生现象比较严重，可以邀请别人到家里跟宝宝玩耍，在熟悉的环境里，宝宝对陌生人的排斥会轻一些。另外，妈妈要注意，不要强迫宝宝和陌生人交往，妈妈可以抱着宝宝跟别人聊天，让宝宝有机会近距离地观察别人，从而消除紧张感。如果有不熟悉的人想要抱宝宝，可以让他拿一些宝宝喜欢的玩具逗引宝宝，让宝宝忘记害怕。

* 宝宝不认生要重视

如果宝宝过了10个月都没有认生的现象，也不是正常现象，不认生可能比认生更严重，这说明宝宝并没有分清远近亲疏之间有什么不同，可能连自己的父母都不认识，引起这种现象的原因可能是宝宝的认知能力有欠缺，智力发展异常，也有可能是亲子关系比较薄弱，都是比较严重的问题，所以如果宝宝不认生更要重视。

排除了智力发育的问题，对于不认生的宝宝，父母要多给一些关爱，多跟宝宝游戏，用目光、动作、表情、语言多跟宝宝交流，还要多给宝宝做做按摩，并且在做这些的时候，要从内心里感觉到开心、快乐、甘愿，如果只是为了完成任务而做，宝宝是能够感应到的，跟父母是无法建立起亲近感的。

早教细节

宝宝认生时期，却对某些人例外，一般都喜欢穿着漂亮、脸色红润、经常微笑的人，而化浓妆或戴着墨镜的人则更让他们害怕。

人际关系智能开发：自喂饼干

宝宝开始加辅食了，就可以引导他自己进食，一方面可培养他的独立性，另一方面，可培养他手眼协调能力，从而增强生活自理能力。

引导宝宝自己进食，可从自己喂饼干开始。给宝宝一块软的能攥住的饼干，笑着对他说："宝宝吃饼干啦。"并帮他把饼干移到嘴边放入口中，让宝宝将饼干咀嚼后咽下。如果宝宝配合度不高，妈妈可以也拿一块饼干在宝宝的对面慢慢吃，给宝宝做个学习的榜样，宝宝慢慢会模仿着去做。

早教细节

宝宝长牙了，可以给他准备几根磨牙饼干，磨牙、喂自己一举两得。

自然观察智能开发：玩水

玩水可以让宝宝获得关于流动、漂浮等的感性知觉，对宝宝的智力发展有利。而且水的柔软触觉会让宝宝感觉愉快，可以多跟宝宝玩一玩。夏天，给宝宝洗澡时，可以让他边洗边玩，在水盆里放一些软木塞、塑料玩具、小皮球之类的玩具，慢慢的，他会知道什么可以浮着什么会下沉。如果有条件，可以继续让宝宝游泳。

宝宝如果不知道怎么玩，父母要教给他玩法，把着他的手拍水、划水、拨水、掬水、洒水等，让宝宝感觉不同动作时，手在水中的感觉，慢慢了解水的特性。

早教细节

放在洗澡水中的玩具一定要干净、无锐角、不会伤着宝宝。这类玩具因为与宝宝洗澡时的皮肤接触，一定要保持清洁和消毒。

7个月，会爬的宝宝早教细节

7个月宝宝身体发育

过了半岁，身高体重的生长发育比起前半年慢了很多，7个月的宝宝整月身高增加只有1～1.5厘米，体重增加400～500克。具体数值可参考下面的表格。

	身长上下限（厘米）	身长中位数（厘米）	体重上下限（千克）	体重中位数（千克）
男	62.7～77.4	69.8	6.24～12.20	8.76
女	61.3～75.6	68.2	5.90～11.40	8.11

育儿细节

6个月以前的宝宝都是头围大于胸围，是个大头宝宝，从7个月开始，胸围会逐渐赶上并超过头围，使得宝宝的身体比例更协调，呈现出更高、更瘦、更强壮的外表。

7个月宝宝智能发育

动作能力：7个月的宝宝会坐了。不过此时的宝宝需要付出很大力量才能维持自己的端坐姿势，常可看到他的小脚趾向内勾，这是在竭力保持平衡，如果大人给他掰直，他立刻就会向后仰倒。另外，此时的宝宝还坐不稳，不能坐着向左向右转身，一旦转身，就会倾倒。倾倒后宝宝不能自行回到坐位。

另外，宝宝在这段时间学会了从俯卧位翻身到仰卧位，所以可以自由地在床上翻滚、移动，父母要注意不要让宝宝掉下床。

还有，7个月是宝宝学习爬行的黄金时期，父母要多辅助他，促进他移动双腿的训练可以多做一些。

宝宝的手部动作更精确了，看到东西就能准确地抓到手里，而且哪只手方便就用哪只。碰到大的东西，就两只手一起抓稳。当一只手拿东西累了或感觉烫了，会转交给另一只手。对于自己喜欢的东西会很坚决、果断地去拿取；不想要了，会主动放开。

另外，此时的宝宝能够将手掌张开，手指弯曲空挠桌面，如果桌子上有物品，可以把物品弄翻或者弄到地下，父母要注意避免宝宝碰到玻璃制品。

感知觉能力：宝宝开始逐渐辨别不同声音之间的差异，尤其是父母的声音。另外还特别喜欢小动物的叫声。喜欢倾听别人发出的声音，对自己发出的声音也充满兴趣，喜欢拿着手里的物体敲击出响声，声音越大，宝宝越开心。

宝宝现在明白了一些声音代表的实际意义，不但会听名字回头，当别人在谈话中提及他的名字，他也会抬头注视，已经能从众多词汇里辨别出自己的名字。如果有人呼唤爸爸，宝宝会看向爸爸。

视觉能力更加进步，宝宝能够辨别物体的远近，而且有了空间感，在床边向下看的时候会感觉害怕。宝宝还能够意识到物品的大小不同。

此时的宝宝能够有意识地认识事物，对拿到手里的东西，会仔细观察一番，就像在研究一样。

情绪情感人际关系：宝宝此时见到新鲜事物会很惊奇，关注时间明显延长。另外，几乎所有的宝宝现在都开始认生，见到陌生人，会下意识地想躲开，躲闪、哭喊、乱蹬或者把脸转向熟悉的人，或是把手伸向熟悉的人，以求庇护。因为开始认生，宝宝很怕和父母分开，对父母的依恋逐渐明确并加深。

此时的宝宝有明确的爱憎表示，会推开不喜欢的物品、躲开不喜欢的人，如果强迫他做不喜欢的事情，会反抗。另外，还开始显出幽默感，总是能主动逗弄别人。

在7～8个月的时候，宝宝的情绪管理中枢渐渐成熟，但这不代表宝宝就可以管理自己的情绪了，他离能控制自己情绪还早着呢。

语言能力：进入7个月后，宝宝的语言发展进入了敏感期，他已经能发出比较明确的音节，如“pa－pa”“ma－ma”等，此时他还热衷于模仿成人的发音，所以父母要多跟宝宝说话，并且发出简短、明确的音节让他模仿。另外，宝宝此时喜欢小动物的声音，父母可以多多模仿小动物的声音让宝宝感受，过一段时间宝宝可能就可以准确发出类似声音了。这也是为以后的说话准备素材。

父母与宝宝说话时，最好能把语言和实际生活联系起来，他现在已经明白语言都有其实际意义，给每句话赋予实际的意义有助于让宝宝产生更多的联想。

另外，现在的宝宝非语言的沟通手段用得很好，会用手势、眼神等让父母帮他做事、拿玩具、拿奶瓶等。

早教细节

听到宝宝发出“ma－ma”的声音时，虽然不是真的叫妈妈，但妈妈最好答应。妈妈的应答可以鼓励宝宝继续发音，久了，宝宝会知道发这个音，妈妈就会来，会更早学会叫妈妈。

宝宝囟门早闭

宝宝的囟门正常的闭合时间是1岁半，如果在1岁之前闭合，就属于囟门早闭。有些宝宝的囟门比较小，从外观上看不出来，让父母怀疑早闭了，实际上颅骨缝还没有对接，囟门仍然是存在的，这在医院可通过X光清晰地看出来。另外，即使真的已经闭合了，也不必过于紧张，可结合头围的增长情况来看，头围的增长情况更能说明脑发育的实际状况，只要头围在正常增长，不管囟门是否闭合，对大脑发育影响都不大。一般情况下，宝宝的头围在1岁时不少于46厘米，在2岁时不少于47厘米就是正常的。

所以，只要没有疾病，脑发育大多数也不会受影响，绝大多数囟门早闭的宝宝健康和智力都是正常的。

不过，囟门早闭也不能忽视，有些囟门早闭可能是狭颅症、小头症和石骨症的表现，这样的疾病导致的囟门早闭会影响宝宝的脑发育，导致大脑发育停滞。可参考宝宝的智力水平观察，另外还可定时检测，没问题即可。

育儿细节

囟门的大小和补没补钙没有关系，囟门偏小的宝宝如果有缺钙现象，不要因为担心囟门早闭而拒绝给宝宝补钙。

合理安排乳类和辅食的比例

初加辅食的时候，辅食还不能为宝宝供给足够的营养，所以主食还应该是奶类食品。在此基础上才能添加辅食，不能将辅食和奶类食品的地位倒置。

加辅食之后，奶量不应减少，每天应该维持在600～800毫升，辅食量可以逐渐增加，6个月时每天喂200毫升辅食，到了7个月达到350毫升左右，此后随着宝宝的食量调整即可。

* 宝宝只吃辅食不吃奶怎么办

有些宝宝在尝试了辅食之后，就不再喜欢吃奶了。但是只吃辅食不吃奶，宝宝容易营养不良。如果宝宝有只吃辅食不吃奶的现象，要努力纠正，并尽量让他吃一些奶。

首先，宝宝喜欢辅食不喜欢奶，可能是喜欢吃辅食的方式，不喜欢吸奶瓶，那么可以尝试用喂辅食的方法喂奶，把奶水放在小碗里，用小勺子喂。

其次，宝宝不吃奶可能是辅食吃得太多了，吃不下奶了，要减少辅食的供应。

再次，在辅食里面添加奶，比如用果水或者菜水冲奶，用奶水调蛋黄糊等，这样宝宝就可以奶和辅食都吃一些。不过这样的方法不能用很久，只要宝宝不拒绝吃奶了，就要再次分开喂，奶是奶，辅食是辅食，以免消化不良。

育儿细节

添加辅食后，喂母乳的妈妈如果母乳不足了，还是要添加奶粉，要保证宝宝每天有足够的乳类摄入。

不要用奶瓶吃辅食

虽然这个阶段的辅食是泥糊状的，用奶瓶吃也可以，完全可以吸得出来，但是建议不要这样做。

用奶瓶吃辅食，方法同吃奶一样，都是吮吸，然后直接吞咽，这不利于他咀嚼能力的锻炼，也不利于他正确认识新的食物和新的进食方法，也不利于他的饮食模式向成人化的转变，还是不用为好。

另外，用奶瓶吃辅食，妈妈总是习惯于同奶水比较，不知不觉就让宝宝吃多了，还会因为没有咀嚼就吞咽而引起呛咳，从这点来讲，吃辅食以不用奶瓶为好。

育儿细节

宝宝吃流质或半流质辅食容易从嘴角漏掉，喂的时候可以顺着嘴角放到牙齿与脸颊之间，流出来的就会少些。

养成良好的卫生习惯

卫生习惯需要从小培养，逐渐形成，从宝宝有了自我意识就应该开始，在他反抗意识形成之前就形成，到了反抗期因为卫生习惯而发生矛盾的概率就少了。

给宝宝做个人卫生要定时，每次做的时间一致，比如睡前、起床后、饭后、便后等，这样时间长了，他自己知道什么时候要做什么事，提前知道了，心里就会比较平静。另外做的时间也大体一致，不要用太长时间，让宝宝心里有把握，知道很快就会完事了，不至于太排斥。

但有些宝宝始终不太配合洗脸、洗手，不是看到毛巾就大哭，就是把头转开或者用手试图打掉毛巾。这样的宝宝可以借助玩耍、游戏来完成。妈妈可以找到与洗脸、洗手、洗澡、刷牙的儿歌，洗手的时候唱洗手的儿歌，洗脸的时候唱洗脸的儿歌，洗澡的时候唱洗澡的儿歌，刷牙时就唱刷牙的儿歌。儿歌唱完，洗漱也结束了，这样宝宝注意力在儿歌上就不会太排斥洗漱了。

妈妈可以把洗手、洗脸、洗澡当作游戏来做，洗脸的时候跟他玩藏猫猫，几个回合玩下来，脸就洗干净了；洗手的时候可以拍水、抓肥皂泡等；洗澡的时候把可以漂在水上的塑料玩具放到澡盆，洗澡也就可以顺利进行了。

早教细节

宝宝不喜欢洗脸主要是因为毛巾盖住眼睛，很没有安全感，如果洗脸时避开眼睛并尽量减少毛巾蒙在脸上的感觉，宝宝就不会那么排斥洗脸了。

不要太早让宝宝坐学步车

学步车让宝宝提前获得了自由行动的能力，很多父母也认为学步车可以帮助宝宝进行被动锻炼，有益身体发育，因而早早让宝宝坐上了学步车。然而这未必有多少好处，相反坏处是显而易见的。

7～8个月是宝宝练习滚、爬的黄金时期，宝宝过早使用学步车，提前实现了到处移动的愿望，对滚、爬等动作就失去了练习的兴趣，容易没学爬就学会了走路。而滚、爬对宝宝的身体肌肉发育、能力锻炼以及脑部发育都有重要意义，错过了是一件遗憾的事。

另外，太早使用学步车，宝宝双脚不能完全着地，总是踮着脚尖走路，对肌肉和骨骼发育不利。而且宝宝这时候的腿部肌肉力量还不是很充分，长时间承担全身重量，容易导致骨骼变形，形成“O”形腿。

可以给宝宝正常使用学步车的最佳时间是宝宝10个月以后会站的时候。如果在7～8个月用，不能太频繁，也不能一次使用太长时间。

早教细节

如果身边没有人帮忙照顾宝宝，有时候妈妈不得不把宝宝放在学步车里，记得空闲下来马上把宝宝抱出来，不要让他在里面待太长时间。

训练宝宝坐便盆

宝宝在7～8个月的时候，能坐得稳当，而且排便的次数和时间都趋于稳定，可以训练坐便盆了。训练宝宝坐便盆，要慢慢来。

首先要让宝宝熟悉便盆，可以把干净的便盆放在宝宝经常活动的场所，卧室、客厅、阳台等地方都可以，让宝宝经常看到，还可以让他看一看、摸一摸或者坐上去试一试。别在宝宝一无所知的情况下一下子把他放上去，陌生感会让他本能地反抗。

接下来，可以让宝宝了解便盆的概念和用途，可以把脏了的纸尿裤扔在便盆里，让宝宝看，也可以给他看一些宝宝坐便盆的图画书。当宝宝了解了别人都是这样的，他也会愿意尝试一下。

让宝宝坐便盆，建议选择在饭后30分钟以后排大便，小便安排在宝宝刚睡醒或者饮水后，并坚持这样的规律。在宝宝坐在便盆上的时候，父母要在旁扶着，以免宝宝摔倒，同时也增加他的安全感，这样他会更配合。同时父母可以用“嘘”和“嗯”来提醒他排便。

坐便盆成功，妈妈要记得每次给宝宝鼓励和赞赏，让他觉得坐便盆是件愉快的事。

* 训练宝宝坐便盆的注意事项

训练宝宝坐便盆的时候，最好以尊重他的意愿为前提，以下几点要注意。

❶ 宝宝不愿意坐便盆，不要强迫，要重新让他熟悉便盆，一直到他接受为止，并尽量选择他心情好的时候训练。

❷ 每次坐便盆的时间不能太长，开始时不能超过5分钟。因为宝宝的肛门括约肌和提肛肌的肌张力较低，蹲盆时间太长很容易造成脱肛。

❸ 便盆要舒适，不要太高或太低。如果是冬天，要给便盆套上棉布套子。

❹ 不要让宝宝坐在便盆上吃东西、玩耍，这样做不利于正确认识便盆的用途，而且宝宝坐在上面不专心，不利于排便习惯的建立。

❺ 训练要持之以恒，一旦开始了就坚持下去，只有这样宝宝才能真正形成习惯。

❻ 培养快乐如厕情绪，如果宝宝不肯排便不要责骂、呵斥，多给鼓励很重要，不要让宝宝对排便形成厌恶和排斥情绪。

早教细节

宝宝现在控制小便的能力并不强，每次都便在便盆里不太现实，妈妈不要勉强宝宝，也不要频繁把尿，以免宝宝尿频。

语言智能开发：儿歌或诗词

儿歌和诗词朗读起来都富有节奏感，而且抑扬顿挫、平仄押韵，很容易吸引宝宝的注意力，提高他对语言的兴趣。妈妈可以找些儿歌和诗词给宝宝读。

儿歌和诗词，妈妈可以边背诵边跟宝宝玩，最好让玩的内容和诗歌内容契合，有助于宝宝理解语言。如果没有契合点，可以制造一些特别的动作节点来增加宝宝的参与性，比如给宝宝念“拉大锯，扯大锯，姥姥家唱大戏。接姑娘，请女婿，小外甥，一起去。”念头一两句，就跟宝宝做拉扯动作，念到“唱大戏”就把宝宝的手抡圆画个圈，表示“大”，念到最后一句，就把宝宝拉站起来抱住摇晃几下。动作完全可以自己设计，只要能让宝宝感兴趣就行。不过要做到每次念儿歌和做的动作都一样，方便宝宝记忆和反应。

本书胎教期使用的儿歌、诗歌，现在依然可以用。

早教细节

同一首儿歌或诗歌可以连续教很多天，直到已经无法引起宝宝的兴趣了，就换一首新的。不过，学习了一段时间新内容之后，曾经学过的可以再拿出来温习一下，宝宝会因为似曾相识而高兴。

运动智能开发：手部动作拍、握、点

宝宝的手和手指越来越灵活，7～8个月适合训练一些手部动作，拍、握、点是基本内容。教宝宝手部动作的时候，最好同时让他了解这些动作代表的意义，这样做方便他以后遇到适当的场景用适当的动作表示自己的意思，而不是仅仅做个小木偶，让干什么就干什么，不会自己做反应。

拍手代表高兴，可以在高兴的时候，握住宝宝的两只手相互拍打，同时说：“真好！拍拍手！”“太棒了！拍拍手！”把手紧握代表下决心的意思，每次让宝宝做什么事的时候，就让宝宝双手握住，同时说：

“握紧手！宝宝一定能做到。”父母表示下决心要努力的时候也可以比较夸张地在宝宝面前做出双手紧握的动作；把宝宝的食指分离出来去指点东西，边指点边说这个是什么。在此基础上，可以让宝宝练习用一手食指点另一手手掌，边点边说：“点点手，点点手。”

早教细节

当宝宝不用提示自己去做动作的时候，父母可以把宝宝代表的意思用语言表达出来，促进语言智能发展。

运动智能开发：变换体位

宝宝会坐了，但要自己从躺转为坐或者从趴转为坐，或者从坐转为趴，都还做不到，只会被动地从后面或侧面跌倒。这时候，父母可以多训练宝宝变换体位。

宝宝躺着的时候，父母用玩具逗宝宝，让他坐起来。仰躺着坐起是很困难的，在宝宝将头颈、腿都抬起来，用尽全身力气想坐起来的时候，父母可帮一把，把宝宝拉成坐位或者将宝宝稍向一侧推，让他手肘着地，作为支撑坐起来。另外，可以在宝宝手边放一个宝宝可以借力的东西，比如大被子，宝宝会拉着被子坐起来。宝宝趴着想坐起来时，父母可一手顶住宝宝臀部，另一只手插入腹部下方，向上向后用力，宝宝就坐起来了；如果宝宝坐着想趴下，可以给他两只手，让他把手放上来，然后向前向下拉，让宝宝上身向水平发生变化，就能慢慢趴下了；宝宝坐着的时候，引导他向后、向左右看，当他想转身的时候，扶住他的臀部变换方向。

父母帮助方法正确，宝宝能体会到变换体位时需要用力的身体部位，以后自己学起来就容易一些。

早教细节

宝宝有什么欲望，父母可以从旁协助，但不要剥夺了宝宝努力的权利，最后尽量让他自己完成。

数理逻辑智能开发：多了、少了

当物品数量出现了大的变化时，宝宝能够察觉到。父母可以多跟宝宝玩玩多了和少了的游戏。

父母找一些围棋子、糖果等跟宝宝玩多了和少了的游戏，把一堆围棋子或者糖果堆在宝宝的面前，妈妈当着宝宝的面把其中较多的部分拿走，说："少了。"然后再放回去，说："多了。"不停地拿、放，说"多了、少了"，让宝宝明白物体数量变化和多、少这两个概念之间的关系。另外，也可以把围棋子或糖果分作两份，一份明显多，一份明显少，指着多的说"多"，指着少的说"少"。

等玩熟了这个游戏之后，就可以背着宝宝拿走部分，看宝宝会不会寻找。

早教细节

游戏用到的小东西，要记得及时收起来拿走，别让宝宝独自玩，以免吃下去。

音乐智能开发：打节拍

宝宝听到音乐之后，往往是全身一起动作，父母可以帮他做一些分化，比如只动手，随着音乐节奏打节拍。

妈妈可选择播放一首节奏鲜明，有明显强弱变化的乐曲，让宝宝背对妈妈坐在腿上，妈妈从后面捉住宝宝的双手，说："小小指挥家，我们一起打节拍。"然后说出曲子的名称。

音乐起，妈妈说："起。"和着音乐的节奏打拍子，随着音乐强弱变化，手臂挥动的幅度大小跟着改变。音乐停，妈妈说："收。"动作停止。

宝宝会逐渐跟上妈妈的节奏，以后听到音乐，自己就会有节奏地挥动手臂了。

早教细节

听曲子的时候，妈妈可以找一个可以敲出声音的玩具，抓着宝宝的手，跟着音乐敲打节奏，让宝宝更有兴趣。

空间视觉智能开发：五彩泡泡

宝宝伸出手抓、够的能力已经很好了，看到空中飘浮的五彩泡泡，会特别注意，还会伸手去够。在这个过程中，妈妈可以发现，宝宝总是对飘到跟前的泡泡，伸出手去抓，说明宝宝已经会用眼睛估计泡泡的距离，具备了一定深度感知的能力。妈妈可购买吹泡泡的用具，也可以自制一瓶肥皂水，跟他吹泡泡玩。当宝宝准确地抓到第一个泡泡的时候，他就前进了一大步。

早教细节

吹泡泡不要对着宝宝的脸，以免肥皂水进入宝宝眼睛，引起不适。最好是在宝宝侧面吹，让泡泡从宝宝的眼前飘过。

人际交往智能开发：互动游戏

宝宝身体肌肉力量有所发展，父母可以设计一些游戏，在训练他肌肉力量的同时，让他学会和父母配合游戏，也可以参考以下游戏。

❶ 推掌游戏：让宝宝和妈妈面对面而坐，妈妈伸出两手，掌心与宝宝的手掌合在一起，然后轮流前后移动两只手，带动宝宝的两只手臂前后运动。

❷ 排球游戏：妈妈把玩具放在手里，逗引宝宝拿，在宝宝即将拿到的时候，突然放手，然后用夸张愉快的语气："啊，掉了！"然后再拿起来放在手心，宝宝就会故意再将玩具打下去，以此引起妈妈的惊叫。然后可以给宝宝一些可以打击出声音的玩具，让他敲打，锻炼打击动作的准确性。

❸ 给物游戏：当宝宝手里拿着玩具的时候，妈妈可以跟宝宝要："给我吧。"然后从宝宝手里取过来，再还给宝宝。再要，多次训练后宝宝就会将玩具递给妈妈了。

父母经常跟宝宝进行这样的互动活动，宝宝会更有意愿与人合作、配合玩耍。

早教细节

很多平常的事在宝宝眼里都是游戏，有提升智能的作用，所以父母只要多动脑子就可以设计出很好的游戏点子。

自然观察智能开发：小鸟、小蜜蜂、小虫子

宝宝对正在活动的小东西能很敏锐地发现，父母就可以跟他一起看看自然界中的小生命如小鸟、小蜜蜂以及各种小虫子等。如果宝宝自己还没有注意到，父母要提醒他去看。

刚开始的时候只是让宝宝看着就可以，慢慢的，那些行动较缓慢的小东西，可以引导他进一步仔细观察，观察局部。如果可以，父母帮宝宝捉一只正在看着的小东西，放在小盒子里让宝宝看个够，什么时候不想看了，什么时候放掉。

跟宝宝观察自然界中的生物时，要注意培养他的爱心，不要允许他随便踩、捏、打小生命，告诉他它们也会疼。

早教细节

有些物种可引起过敏、疾病等，观察自然界的小生命时，别让宝宝随便用手去碰。

内省智能开发：移情

7个月的宝宝想要而不得的时候，往往会哭闹，这时候不适合强行制止宝宝，移情是很有效的办法。移情指的是将宝宝的注意力转移到其他方面，从而让他从现有的不愉快情绪中解脱出来。经常使用这种方法的宝宝会了解到不止一样东西能给他带来满足和快乐，从而学会掌握排解自己的不良情绪，增强自己调节情绪的能力。

当宝宝哭闹不止时，妈妈用夸张、欣喜的语气说一样东西，并带着

宝宝去看，宝宝立刻会被吸引，从而停止哭泣。如果宝宝还不能停止哭泣，妈妈要观察得更细致些，给宝宝指点细节，然后用丰富的语言进行描绘，宝宝的注意力一般就会转移过来。

懂得移情的宝宝不会钻牛角尖，因而更容易快乐。

早教细节

宝宝总有一两种玩具或物品特别能给他安慰，当宝宝哭闹起来的时候，妈妈立刻把这样东西拿给宝宝，宝宝就会停止哭闹了。

内省智能开发：延迟满足

很多父母都是宝宝要什么，忙不迭地马上去拿，生怕拿迟了，会惹得宝宝哭闹。这样做，对宝宝来讲是必要的，因为宝宝没有一点耐心，只要饿了就迫不及待地需要吃。但是不能长期这样做，从宝宝7～8个月开始就可以逐渐让宝宝学会忍耐，做法就是延迟满足。延迟满足，可以让宝宝学会等待，并在耐心等待中学会安慰自己。妈妈有意识地延迟满足，可以让宝宝的脾气不那么急躁。脾气急躁的宝宝，也可以用这种方式来纠正。

所以，当宝宝跟你要什么的时候，不要立即给，可以跟宝宝说“等一等”，或者“我做完这个给你弄”，“等热了才能喝”等。延迟满足也是逐渐进行的，一开始的时候，不要让宝宝等太久，一般是几分钟。等再大一些，可以给宝宝许诺，某一个时期兑现，或者跟宝宝提出条件、要求，作为满足其要求的前提等。

早教细节

延迟满足并不是撒谎，让宝宝过会忘记，相反的，要真的过会儿满足宝宝，说到的一定要做到，否则延迟满足就失去它的意义，对培养宝宝耐心有害无利。

8个月，会坐的宝宝早教细节

8个月宝宝身体发育

宝宝的生长发育速度在7个月时就已经变慢了，8个月时，会维持与7个月一样的水平，身长增长1～1.5厘米，体重增加400～500克。具体数值参考下表。

	身长上下限（厘米）	身长中位数（厘米）	体重上下限（千克）	体重中位数（千克）
男	63.9～78.9	71.2	6.46～12.60	9.05
女	62.5～77.3	69.6	6.13 ～11.80	8.41

育儿细节

6个月以后，宝宝身体发育个体差异开始出现，并且差别较大，更多地受到遗传因素的影响，差距在30%以内都属于正常，不必担心。

8个月宝宝智能发育

动作能力：8个月宝宝的大动作最大的变化就是会爬了。开始时，宝宝要么双手用力推，要么双脚用力蹬，开始表现出移动的迹象，不过还没有掌握动作要领，要么同手同脚地移动，也可能像青蛙一样双手先向前，然后双脚跟进地跳。过一段时间才能正确配合手脚，用手和膝盖爬行，最后发展为两臂和两腿均伸直，用手和脚爬行。

宝宝刚开始爬行的时候，感觉摇摇晃晃，有时候胳膊有些扭，有时腿有点歪，像找不到平衡似的，不过这只是不太熟悉动作而已，过几天就好了。用不了几天，宝宝爬行就非常熟练了，即使前面有障碍物也能设法翻过去或绕开。因此父母一定要小心，把危险物品收起来或加上防护罩，以免伤害宝宝。

宝宝掌握的技能更多了，能够自己扶杯喝水，能够自己吃东西，能够模仿飞吻、再见等。

宝宝的手眼协调能力增强，能够将眼睛看到的和自身的身体动作建立联系，总试图模仿大人的动作，并能在大人的教导下用手指五官位置。另外，宝宝还经常把手放在眼前玩弄，仔细观察手指的动作。

感知觉能力：8个月的宝宝能够更有目的性地视物，辨别差异的能力增强，注意力有所延长，但相对而言还是比较容易受到外界打扰，容易从一个活动转入另一个活动。

宝宝这时候对大小和数量有了笼统的概念，可以区分出大苹果和小苹果，当面前同一物品的数量有所变化时，也能感觉出来。联想能力有所增强，会有意识地到镜子后面寻人，听到要出门就会到处找帽子等。

宝宝现在听到音乐就会想跳舞，还可能因为音乐的节奏不同而改变自己的爬行姿势和速度等。这时候的宝宝往往有一两个自己喜欢的广告片，只要这个广告一出现，会放下所有的事把这个广告看完。

另外，宝宝现在已经学着了解“里”“外”的概念，对自己过去的行为有了一定的回忆能力。

情绪情感与人际关系：8个月的宝宝能准确分辨熟人与生人，会伸手要求熟人抱，被抱起时会微笑。大多数宝宝不会单独跟陌生人走，必须有熟人陪伴。

这个阶段，宝宝非常喜欢听到表扬，而呵斥则会哭，同时他的情绪很容易受感染，看到别人高兴也会很高兴。在强迫他做不愿意做的事情时，还会有反抗动作。特别能引起宝宝兴趣的是小朋友，看到小朋友就很兴奋，会去抓小朋友，还会要求大一点的小朋友抱，并认识了自己，会亲吻镜子中自己的影像。

现在的宝宝还喜欢把玩具等扔到地下让父母帮着捡起来，反复进行，这是他在体验自己的能力。另外自控能力开始萌芽，在不允许他做的时候，能够停下动作。

语言能力：8个月的宝宝理解成人语言的能力也得到增强，能够听懂他所熟悉的话语，如“宝宝乖”之类，也开始慢慢地把语言和物体联系起来。

宝宝这个时候发音明显增多，能够发出“爸爸”“妈妈”“奶奶”等简单的音节，这些音节即使不清晰也都可以识别，并喜欢模仿咳嗽声或咂舌声。另外，宝宝在发音的时候，会配合相应的表情，语调总是与情绪相一致，在与陌生人和熟悉的人交流时，语气有明显的区别。另外，此时的宝宝能听懂常用指令，尤其对像“不”这样的禁止性语言很敏感，也会用摇头表示不要。

早教细节

宝宝已经能够结合着大人的语言、表情、手势等，听懂大人的一些意思，父母如果把宝宝当大孩子一样对待，他就会表现得像大孩子一样。

训练宝宝控制小便

训练宝宝控制小便比大便要困难得多，因此需要的时间也要久得多，因为宝宝小便的生理信号没有肠蠕动那么明显。此时的宝宝在醒着时虽然还不能预见自己要小便了，但是在小便以后可以感觉到自己尿湿了或者正在尿湿自己，再大点还会指点尿湿的地方，并发出声音告诉妈妈。这时可以开始训练宝宝控制小便了。

训练宝宝控制小便时，必须学会抑制小便信号，即膀胱紧张的反射性反应，要先帮助宝宝把几层意思表达出来，教宝宝一些相关的语句如“宝宝尿尿了”，或“宝宝要小便了”等，让宝宝了解表达生理

功能的这些简易词汇，从而慢慢学会在妈妈使用这些词汇时想到小便这件事，更愿意配合妈妈坐在便盆上。等到宝宝能够进行膀胱控制时，宝宝就会在有尿意的时候自动坐在便盆上，顺其自然地排出小便。

育儿细节

从开始训练大小便到最后真正实现宝宝自己能控制，需要非常久的时间，大约要等宝宝2岁半或者3岁才能做到，所以宝宝一时半会儿做不到，父母不要太急躁。

尊重宝宝的“气质”

发展心理学一般把宝宝天生的气质分成三种类型，每种表现不同：第一种是睡眠和喂奶的步调很规律，且好奇心旺盛，对环境变化的适应力强、情绪稳定的宝宝；第二种是生活步调不规律，且性格较敏感，无法适应环境变化、容易吵闹的宝宝；第三种是反应慢、对适应环境变化有点吃力的宝宝。

气质对宝宝将来的个性有很大的影响，不过并不是不可更改的，宝宝所体验的各种环境影响对他最终的个性影响也非常大，其中父母对宝宝的态度是其中影响最大的。因此，当宝宝表现出来的气质不尽如人意时，不要嫌弃，因为这些气质是以从父母身上继承的遗传物质为基础所组合而成的，怨不得宝宝。反而要给他独特的气质给予足够的尊重，并从自己身上着眼，用更科学、更有爱心的方法教导宝宝。

早教细节

宝宝有什么不好的特质时，父母不要总是挂在嘴上，容易给宝宝不良的心理暗示，从而认定自己就是这样，很难获得突破性的发展。

锻炼宝宝记忆能力

宝宝的记忆能力是逐步增强的，1岁以前比较差，在3个月时仅可以记住前一天他首次看到的东西，5个月时只能记住两周前他第一次看到的东西，能从一群人里认出妈妈，但是这种记忆比较短暂，需要反复出现，才可以逐步认识并记住。

七八个月前，宝宝认为不在视野内的物品是不存在的，有物体从眼前消失就认为没有了，不会再去寻找。但一到七八个月，宝宝就不会这么认为了，当妈妈从他眼前把玩具拿走后，他会主动寻找。到了10个月左右，宝宝记忆和回想功能开始发展，能去玩具经常出现的地方寻找。

* 玩游戏锻炼记忆力

七八个月适合锻炼记忆力，以下几个游戏可以经常玩。

❶ 玩具在哪里：将玩具当着宝宝的面用手帕盖住一半，看宝宝是否能将玩具取出来，然后将玩具全部盖住，并问宝宝“玩具哪去了？”这时候宝宝认为玩具不存在了，妈妈就把手帕拿开说“原来在这里啊！”宝宝看到玩具还在，就会特别高兴。反复玩几次，加强宝宝的记忆，让他认识到，即使玩具被手帕盖住了，但仍然在原来的地方，过一段时间就能自己拿开手帕找出玩具了。

❷ 看照片：给宝宝看家里的照片，照片里放入有妈妈、爸爸等熟悉的人的照片，看宝宝能否从众多照片中找出爸爸、妈妈。如果宝宝看到妈妈的照片特别兴奋，拍打照片并且开心地笑就说明他认出来了，妈妈要赞美他。

❸ 小狗汪汪：妈妈用手帕蒙住脸，嘴里一边学小狗叫“汪汪——汪汪”，一边露出脸来，反复几次后，可以将手帕蒙在宝宝的脸上，然后忽然拿掉，同时学小狗叫。另外，妈妈还可以躲在椅子等物体后面，边学小狗叫，边将头探出来。如果宝宝听到小狗叫，就到处找，说明他已经记住这个游戏了。

早教细节

锻炼记忆力应该是长期的训练内容，想让宝宝记住的，父母可刻意多次重复相关信息，这样就会引起宝宝注意，相关信息也能够在宝宝的记忆中停留较长时间，从而使记忆力得到开发和锻炼。

父母应做好宝宝的玩伴

父母是宝宝最亲近和信任的人，父母跟宝宝玩游戏往往能激发他更多的兴趣，让他更容易投入其中，而且一般情况下父母是宝宝亲密相处时间最多的人，所以父母一定要多跟宝宝玩，做好他的玩伴。

父母如何做好宝宝的玩伴？千万不要无精打采，有一搭没一搭的，最好的方法是把自己也当成孩子，像回到童年一样，这样自己玩得尽兴，宝宝也会被带得兴趣勃发，全情投入。一旦投入游戏中，宝宝就可以学到很多东西。

父母跟宝宝玩的时候，最容易碰到的一个问题是厌烦，因为宝宝特别喜欢一个游戏重复地玩，比如反复把积木装进盒子再倒出来，反复把东西扔到地上让父母捡，等等，乐此不疲。建议父母对这种厌烦情绪一定要忍耐，宝宝喜欢重复游戏是有他的原因的。

宝宝在反复玩一个游戏或做一个动作时，他的技能会越来越完善，这是宝宝自己能够感觉到的，他可以从这种技能完善中获得成就感和满足感。这是他喜欢重复游戏的一个原因。喜欢重复游戏的另外一个原因是宝宝能预见下一步将发生什么事，预料中的事情果真发生了，也会让他觉得很得意，因而更喜欢重复。他的经验就是在不断重复中获得的，这对大脑是很好的刺激。

所以，做好宝宝的玩伴，就要忍受这种不断重复。

另外，在和宝宝玩的过程中，要让宝宝感受到以下3种感情，对他的人格完善有莫大的意义。

❶ 爱——在亲子游戏的过程中，建立宝宝和父母之间亲密和谐的关系是非常重要的成果之一。宝宝喜欢游戏，更喜欢看到父母温柔的笑脸。

❷ 信任——很多游戏都蕴含着信任感的培育：一些看起来危险的游戏比如抛接，跟父母一起做就

很安全，宝宝对父母会产生超乎寻常的信任感。对父母的信任是孩子日后人格发展的重要基础。

❸ 独立性——父母的扶携终究指向的是独立和能力。在游戏过程中，不要强迫也不要勉励，了解宝宝的性情，让他玩得开心，并得到真正的训练。

早教细节

在跟宝宝玩重复游戏的同时，父母要担负起引导宝宝玩新游戏，发现新玩法的任务，这是促进思维发展很重要的环节。

宝宝“黏人”不是毛病

宝宝“黏人”让父母不胜其烦，但不要把这个当作缺点，低幼龄儿童适当的“黏人”现象不仅不是坏习惯，还直接有利于将来的沟通和交流。

6个月至1岁半的宝宝多数会特别“黏”父母。适度的依恋，也就是“黏人”现象，不仅可以促使宝宝得到情感满足，还可让宝宝享受愉悦。适度的依恋，有助于建立个人的信赖度和自我信任感，成年后能够成功地与伴侣、后代和睦相处。

如果到了这个年龄的宝宝，还没有对家人产生依恋感的话，千万不要引以为自豪，认为自己生了个不会“黏人”、大大方方的好宝宝，其实这样的宝宝成年后就可能很难与别人沟通。对这样的宝宝，父母一定要给他自己特有的温暖、密切和持续不断的亲情，让他喜欢黏自己。

早教细节

祖父母、保姆照看的宝宝，父母要尽可能多地参与照顾，抽出时间跟宝宝玩耍，不要让宝宝丧失对自己的依恋和信任。

随时检讨自己的教育方式

最终长成什么样子，跟宝宝自己关系不大，主要在于父母的教育方式，所以父母要经常检讨自己，发现不对，及时纠正。

放任型：对宝宝不关心，平时对宝宝的生活、卫生、习惯和学习情况都很少过问，也很少管理。

虐待型：对宝宝不满，这也看不上，那也不满意，经常训斥和责备，甚至侮辱、体罚宝宝。

严格型：对宝宝强制、干涉，一切都得按大人意志从事，压抑宝宝的个性。

期待型：不从实际出发，不顾客观条件，无视宝宝的能力，硬要他去做力所不及的事。

不安型：对宝宝过分关注，过分担心宝宝的一点点小外伤和饥饱冷暖，甚至有些神经过敏，使宝宝也染上恐怖心理。

溺爱型：对宝宝过于溺爱，甚至什么事也不让宝宝做，对宝宝物质要求有求必应，使宝宝变得软弱和追求安逸生活。

盲从型：容忍宝宝的任性，处处由着宝宝的性子来，宝宝成了家庭的主宰，使宝宝逐渐变得处处以自己为中心。

早教细节

父母把宝宝当作跟自己平等的个体，用对等的方式与宝宝相处，较不容易出现教育行为的偏差。

语言智能开发：说出来才给

宝宝已经具备发音的能力，父母要多激励他说话，甚至可以用稍微激烈点的方法。可以这样做：父母拿着宝宝感兴趣的玩具，问宝宝想不想要，诱导他说出“要”这个词，然后再问他想要什么，诱导他说出玩具的名称，比如“球”。另外，在宝宝有实际的生理需要时，坚持说出来再给，更要这样做，逼他说话，比如他想喝奶、喝水的时候，鼓励他说“奶”或“水”，并告诉他“说出来妈妈就给你”。如果宝宝说出来了，就亲亲他鼓励道：“宝宝会说了，以后要的时候就告诉妈妈。”

有些父母特别体贴宝宝，宝宝一看什么东西，比如饿了，盯着奶瓶看，父母立刻明白宝宝的意思了，急急忙忙就去冲奶，满足宝宝了。在这样的情况下，宝宝主动说话的积极性就难以激发，说话就会晚一些。建议有这种习惯或心理的父母要做出改变。“被动”的父母才能培养出“主动”的宝宝。

早教细节

这时候宝宝肯定不能每个词都发出准确的音，但是只要发音就行，不管他发的音跟本身这个字的音差多远，妈妈都要承认宝宝说对了，将宝宝想要的拿给宝宝。

运动智能开发：训练平衡感

平衡感在运动中起着非常重要的作用，不过训练起来也并不难，只要是运动，多多少少都能训练到这个感觉系统。父母日常跟宝宝做游戏，也有不少可训练平衡感。

高举：向上举起再落下，宝宝一般都爱玩这种游戏。父母在从床上抱起宝宝的时候可以玩一玩，宝宝会被逗得哈哈大笑。不过要注意，举不要变成抛，很容易失手摔坏宝宝。

手掌托举宝宝站立：宝宝会扶站以后，父母用一只手托住宝宝双脚，宝宝就可站在自己的手掌上。宝宝站在手掌上，父母移动手掌以确保宝宝平衡。做这个游戏的时候，一定要用另一只手做保护，并且不要举太高，时间不要太久，以防宝宝突然失去平衡，往往就会措手不及，后果非常严重。

嘀嗒宝宝：双手夹住宝宝腋下，将他提起，随着儿歌的节奏，像钟摆一样有韵律地摇摆宝宝。幅度可以从小到大，高度也可以慢慢升高。“嘀嗒，嘀嗒，我是嘀嗒宝宝！嘀嗒，嘀嗒，我是闹钟宝宝！嘀嗒，嘀嗒，现在一点钟！”说到几点钟的时候，把宝宝举高。

早教细节

跟宝宝做比较激烈的游戏时，要提前想一下可能出现的危险，以防造成严重后果。

运动智能开发——“捏”

宝宝的手指越来越灵活，已经开始尝试用大拇指和食指相对取物了，就是“捏”，可以通过一些游戏来训练这个动作。

捏糖丸：找个盘子，上面放一个有盖的透明的杯子，里面装有彩色糖丸，先摇动杯子发出柔和的响声，让宝宝发现糖丸，然后把糖丸倒在盘子里。大人边说：“把糖放到杯子里。”边示范把一粒糖丸从盘里捡起放进杯子里，放进几粒后，让宝宝也这么做。刚开始，宝宝未必会听指挥，还会捣乱，可以由着他，大人一直坚持自己的玩法，宝宝就会被吸引着来模仿。

拾物：把宝宝感兴趣的玩具放在床上，大人扶着宝宝的腰，用语言逗引宝宝弯腰去捡玩具。等宝宝学会扶站后，大人可抓住宝宝一只手，在宝宝脚边放一个玩具，帮助宝宝弯下腰用另一只手捡身边的玩具。

早教细节

宝宝的手指会捏之后，会专门找细小的东西捡拾，父母一定要注意，避免宝宝把捡起来的东西吃到嘴里。

运动智能开发：学爬行

爬行是一项复杂的运动，需要身体各部位相互配合，练好爬行对以后的学站、拿勺吃饭、用笔涂鸦等都有助益。而且，爬行时，宝宝的眼睛能更清楚地看到地面和逐渐接近的物体，有助于他理解空间概念及距离感。另外，爬行其实是宝宝最早的有效移动方式，扩大的视野对宝宝的智力发展很有好处。

从没有经过爬行训练的宝宝，更容易感统失调，也容易注意力不集中，或者怕高怕水，身体协调性差。

* 帮助宝宝体会四肢协调动作

宝宝爬行需要四肢的协调配合，这点涉及动作能力、大脑指挥等方面，如果有人为因素的积极参与，效果较好。

较好的方法是在宝宝俯卧的时候，爸爸用一条毛巾从宝宝的腹部下方穿过，然后向上提起，让宝宝腹部离地，手和膝盖着地，妈妈帮忙推右脚牵左手、推左脚牵右手地帮宝宝前进，让他体会爬行的动作要领和四肢配合规律。也可以是妈妈站在宝宝前面，将他的双手放在自己的手上，前后移动，爸爸在宝宝的后面，跟着妈妈的节奏和方向推动宝宝的脚部。此外，可以准备一个靠枕。让宝宝趴在上面，四肢着地，父母在宝宝前面用玩具逗引，帮助宝宝锻炼臂部、背部、肩膀、颈部的肌肉。

* 增强爬行能力

宝宝会爬之后，父母可以多跟宝宝玩爬行游戏，逐渐增加爬行的难度，锻炼宝宝的爬行能力。

❶ 跨越障碍：将宝宝放在一边，玩具放在另一边，在宝宝与玩具之间多设置一些障碍，如枕头、父母的腿等，然后晃动玩具，诱导宝宝去拿。宝宝为了玩具一般都会爬过这些障碍。

❷ 过桥洞：爸爸或者妈妈跪趴在地上，让宝宝从腹部下方爬过，然后绕半圈再爬过，或者原地转身爬回去。

❸ 帮忙找东西：这个时候的宝宝能够听从父母的指令，父母就可以给宝宝下命令让他帮忙找东西，宝宝会迅速爬去又爬回。爬行速度越来越快。

爬行游戏可以随机设计，让宝宝爬直线、爬上下坡、爬台阶等，都可以锻炼他的手眼协调、四肢配合能力。

早教细节

让宝宝锻炼爬行，最好不要在床上练习，以免解救不及掉下来，可以买个爬行垫铺在地下。

数理逻辑智能开发：认识圆形

如果给宝宝一些由各种形状拼起来的拼图，肯定会发现宝宝最先去抠的是圆形，说明他对圆形已经有了敏感，并且很喜欢，父母不妨趁此时机教宝宝认识圆形。

如果宝宝从拼图里拿出了圆形，就及时告诉他：“圆形。”然后用手在拼图块周围描摹一圈，边描摹边说：“圆形。”让宝宝了解圆形的意义。当玩熟了之后，可以把拼图块全部拆散，让宝宝从中把圆形找出来交给自己。

早教细节

日常生活中很多圆形的东西，如盘子、象棋子、圆形饼干、圆形灯具等，都可以让宝宝认识到圆形，另外也可以在衣服上找找圆形图案，在图画书里找找圆形的太阳。

空间视觉智能开发：玩具的家

玩具的包装不要丢弃，每次玩的时候，把玩具从包装里取出来，告诉宝宝这个包装就是玩具的家，不玩了就说让玩具回它自己的家，然后把玩具放回包装盒里。玩的次数多了，每次放回去的时候，

让宝宝负责去把“玩具的家”找出来。在这个过程中，宝宝会学会仔细观察包装的形状、色彩以及大小等。如果宝宝没能找出来，妈妈可给予提示，用准确的词汇给宝宝描述这个包装所在的位置和外观特征、色彩、图案等。这样做对锻炼宝宝的观察力，开发空间视觉智能很有效。

早教细节

给宝宝准备一个专门放玩具的箱子或者柜子，作为玩具的集中地，每次收拾玩具的时候，让宝宝抱着玩具放回去。

人际关系智能开发：按指示找物

8个月的宝宝很乐意完成妈妈交代的任务，这时候可以多玩的一个游戏就是让宝宝帮忙拿取东西。尤其是要带他出门的时候，宝宝会更加高兴地帮忙。妈妈可以让宝宝去找他的帽子、鞋子、衣服等，找一件给他穿戴一件。不过，宝宝很多时候愿意去拿，但不一定能看到或找着，妈妈要给一些提示，远远地用手给宝宝指点，看宝宝会不会照着手指的方向去找。如果暂时还不能，妈妈需要爬到物品所在地方指出来，宝宝就会过去了。

此时的宝宝更倾向于到固定的地方找固定的物品，妈妈如果把他的衣服放在固定的地方，宝宝会找得更顺利。另外，妈妈可以故意用毛巾或其他衣服把宝宝的衣服盖上，可以稍微露一点，让宝宝去找，看他会不会把自己的衣服抽出来或者把上面的遮盖物拿掉再把衣服拿出来。

早教细节

如果妈妈跟宝宝说了拿衣服要出门，宝宝拿来了就要真的出门，不要欺骗宝宝，以免伤害宝宝的积极性。

内省智能开发：听懂“不”

七八个月的宝宝对禁止性的语言比较敏感。父母想要阻止他做某事的时候，可以尝试用语言阻止。

当宝宝伸手去抓什么的时候，妈妈用严肃的语气直接跟他说：“不行！”“不能拿！”或者就说：“不！”宝宝听到这类词，往往会停下动作，迟疑地看着妈妈，这时候妈妈就再对他摇摇头，再次强调不能拿，并且告诉他不能拿的原因：“不能拿，烫。”“不能拿，脏。”等。然后将他要抓的东西拿走，让他明白这个是他不能玩的。

有时候，越是不让宝宝玩的东西，宝宝越想玩，如果伤害不是很大，可以给宝宝直接感受一下，比如比较热，但还没有到烫的程度的水杯，妈妈可以拿起来给宝宝，边给边说：“想拿，看看烫不烫。”宝宝有可能就不敢碰了，但有可能就再去拿，但马上就会被烫得把手缩回来，再给都不要了。

早教细节

让宝宝认识到危险比单纯禁止有更好的限制作用，是预防危险发生比较有效的做法。

9个月，会站的宝宝早教细节

9个月宝宝身体发育

在第9个月，宝宝身长每月平均增长1～1.5厘米，体重增长220～370克，和前两个月比变化不大。具体数值可参考下面的表格。

	身长上下限（厘米）	身长中位数（厘米）	体重上下限（千克）	体重中位数（千克）
男	65.2～80.5	72.6	6.7～13.0	9.3
女	63.7～78.9	71.0	6.3～12.2	8.7

育儿细节

有的宝宝在9个月已经长出了6颗牙，有的宝宝则可能一颗都没长出来，但无论牙有多少，都不妨碍宝宝吃辅食，没牙他可用牙床磨碎食物。

9个月宝宝智能发育

动作能力：宝宝的爬行能力进展非常迅速，现在已经能够非常熟练、协调地应用双臂和膝盖快速向前，可以迅速爬到房间里任何一个角落，而且逐渐可以自由变换体位，从爬行变为坐，坐变为卧等，坐着的时候能够自由转动身体。另外，宝宝能够在大人扶着的时候站立，或自己揪着东西站起来，扶着墙或沙发横向跨步走来走去。

宝宝用大拇指与另外四指相对捏起小东西的本领越来越熟练，能将小物体放在大盒子里，能把蒙在脸上的手绢轻松地拉下来，还能把一只食指插进小洞里。宝宝的两只手的配合更加娴熟，可以把玩具在两只手之间递来递去，能够两只手抱住皮球，能把手里的东西扔出去，能帮妈妈拿东西，并递到妈妈的手里，还会把小瓶子或小盒子里的东西一股脑地倒出来。

感知觉能力：宝宝现在看东西已经带着目的性，喜欢什么看什么，并且注意力较集中，不容易被别人吸引。宝宝的观察辨别能力有所提高，能够认图认物，能够认识五官，并初步认识能吃的和不能吃的。

此时，宝宝还发现了一些事物之间的联系，比如敲打可以发出声音，还能够区分高音和低音，敲木琴的时候，会有选择地敲长木条或短木条，发出自己想要的声音。

宝宝此时能够感觉到物体数量的变化，基本上明白“一个”和“两个”是不同的。另外，对玩具有了更多的认识，玩的时候会翻来翻去观察玩具的不同面，并能准确找到存放玩具的地方。还学会了推理、判断，知道大的东西自己一只手是拿不起来的，所以会双手配合动作。

情感情绪和人际关系：分离焦虑是这个阶段宝宝最大的情绪特点，特别害怕和大人分开，妈妈上班前，宝宝可能都会哭一场。此时缓解分离焦虑最好的方法是培养他的独立性，只要具备一定的独立性，分离焦虑就会缓解。

而此时的宝宝也正适合培养独立性，因为这个时期正是他独立意识萌芽的时候，喜欢自己脱袜子和帽子，穿衣裤时，会主动伸腿、伸胳膊配合等，都是具备了独立意识的表现。抓住这个时机，随时随地让宝宝做一些力所能及的事，做完后给予表扬，有助于培养他的独立性。

另外，宝宝现在能记得几天前玩的游戏，所以不喜欢总是用同样的方式逗他，但是却喜欢反复逗弄大人，比如把东西扔到地上让大人捡。

宝宝现在特别喜欢听到赞扬，听到之后会重复动作，父母要善于运用表扬，帮助宝宝学习新知识、锻炼新技能。

语言能力：宝宝能够听懂越来越多的话，比如“喝奶了”“妈妈上班了”“再见了”等，此时他已经不再是单纯地听声音了，而是开始理解声音所传达的意思，这是一个大进步。另外，宝宝对禁止性的命令很敏感，如果妈妈说“不行”“不要”，宝宝就会停下手中的动作。

更惊喜的是，宝宝不仅能够听懂父母常说的词语，而且已经能用简单语言以及较为清晰的发声来回答问题，会叫“妈妈”“爸爸”“奶奶”等，还会说他关心的几个物品的词，比如“奶”“要”等，语言还会配合动作，比如点头表示肯定、摇头表示否定也运用得很熟练。

此时的宝宝喜欢图画，是读书的敏感期，父母可以给宝宝准备些图画书，用恰当的语言讲述给他听，有利于其观察力、语言能力、理解能力的进步。

育儿细节

宝宝特别喜欢把食指插入小洞里，包括电插板上的小洞，要注意给电插板装上防护罩或者用那种小孔是扁形的。

宝宝的腿有些弯

9个月的宝宝能够被扶着站起来了，站起来之后的宝宝，很多父母发现了一个问题，小腿有些弯，像是O形腿。发现这样的情况不必过于担心。这不一定是不正常现象，也不一定就是缺钙。宝宝的小腿胫骨都是向外侧弯曲的，而缺钙不会导致刚刚站起来的宝宝腿弯，缺钙腿弯必须是在宝宝会站、会走以后很久才会出现，本质原因是腿骨质软而长期承受体重压力导致的。

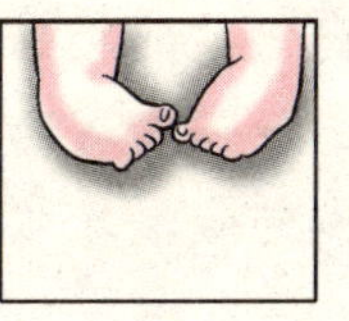

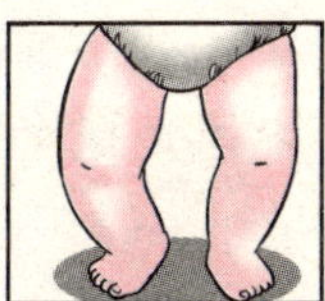

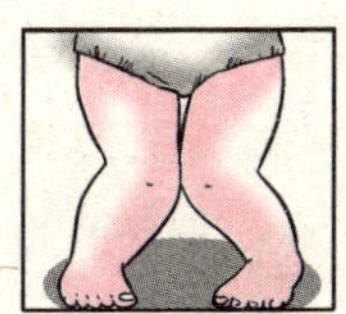

腿有些弯的情况大约会一直持续到会走以后，直到1岁半以后才能慢慢变得正常，除非有先天性遗传，大部分的宝宝都没有问题。

育儿细节

要检查宝宝是否是真正的O形腿或X形腿，可以让宝宝躺下，将他的双腿并拢，如果膝关节和踝关节可以同时并拢，就是正常的。

爬行异常

发育早的宝宝，在6～7个月就开始爬行了，晚的在9个月也就会了，如果9个月底仍然不会爬行，就要重视了。

宝宝不会爬行的原因有三个：抚养方式不当、脑损伤、脑发育迟缓。脑发育迟缓的宝宝，不仅爬行，其他动作发展也较同龄宝宝缓慢，而且动作笨拙。这样的宝宝早接受训练治疗，运动水平可以达到正常。脑损伤引起的运动功能差，即使经过训练也很难再达到和常人一样的水平。不过幸运的是，因为脑损伤而导致的运动能力低下非常少。大多数宝宝不会爬都是因为抚养方式不当如总是抱着、背着或过早让他使用学步车，使得躯干和手脚的主动活动太少，肌肉缺乏锻炼而导致的。

如果疾病因素可以排除，父母就要认真锻炼宝宝了。锻炼宝宝四肢协调动作，同时多诱导他爬行，很快就会学会，是不会影响以后的运动能力发展的。

早教细节

宝宝会爬了，必须重视宝宝的爬行动作是否协调。刚开始动作不协调是因为不熟悉造成的，但如果持续时间太久没有改善，总是一侧的手脚用力爬行，而另一侧的被拖着前进，可能是运动神经有损伤的表现，要及时检查治疗。

适时增加辅食咀嚼难度

咀嚼能力并不单单跟进食有关，如果咀嚼能力不佳，首先会影响营养吸收，其次会影响脸部美观和牙齿美观。所以锻炼咀嚼能力是必要的，吃辅食就是锻炼咀嚼能力的必经途径。

宝宝锻炼咀嚼能力的最佳时期是6～12个月，在这段时间内必须循序渐进地给宝宝加辅食，辅食的咀嚼难度也要逐渐增加。妈妈不应因为担心宝宝的咀嚼能力没那么好，就总是给宝宝提供太软烂的食物，要让宝宝适时接触较干、较硬的食物。

另外，宝宝的辅食和奶类食品的比例是随着时间逐渐变化的，辅食占的比例持续增大，而奶类占的比例持续减小，逐渐让辅食转变为主要食物。在这个过程中，宝宝的咀嚼能力就会循序渐进地发展起来，如果始终保持以奶类食品为主，宝宝的咀嚼能力也很难获得较大的进步。

早教细节

如果宝宝在应该达到一定的咀嚼能力的时候没有达到，比如到了10个月还不愿意吃固体辅食，到了1岁以后不能吃硬食等，要尽快从薄弱环节着手，循序渐进地进行训练。

进入断奶准备期

虽然提倡喂母乳直到宝宝2岁以上，但大多数妈妈都难以坚持到那个时候，更多的是选择在1岁左右断奶。

断奶最好的方法是自然断奶，就是一顿一顿断，最后断掉唯一一顿。让宝宝从随时有奶吃到不吃奶有个足够的适应时间。因此，断奶应该有个准备期，最少提前3个月，如果打算1岁断奶，9个月底就可以准备了。

* 断掉夜奶

进入断奶准备期，最主要的一件事就是断掉夜奶。断了夜奶后，宝宝会逐渐习惯整夜睡觉，更有利于生长发育。

一般的宝宝在这个阶段都只吃一次夜奶，直接断掉即可，吃两次的比较少，如果一夜要吃两次，那就先断一顿，过一段时间后再断另一顿。

断夜奶时，晚上最后一顿可以安排得晚一些，比如晚上11点或12点吃最后一顿奶。另外，在最后一顿奶之前还可以喂些米粉，米粉比较扛饿，可能会让宝宝安睡一夜。

* 减少宝宝对妈妈的依恋

宝宝依恋母乳，其实也是依恋妈妈，断奶对宝宝来说也是断了跟妈妈的一种联系方式，对他是一种心理考验，处理不好会让他很没安全感。为了更顺利地断奶，在断奶准备期减少宝宝对妈妈的依恋是必要的，可以从下面两方面着手。

❶ 让宝宝接受更多人。随着宝宝长大，应该不断扩大他的接触面，让他知道除了妈妈，还有很多人能够照顾他，爱护他，使他愿意接受其他人的照顾。

❷ 让宝宝获得更多母爱。如果妈妈能够在喂奶之外给宝宝更多的爱，比如陪着宝宝游戏，给他读书，给他讲故事等，让宝宝知道除了吃奶，他还有很多途径获得妈妈的爱，这样对妈妈的依恋也就不会那么强烈了。

安全感强的宝宝断奶一般更容易。

* 认认真真加辅食

宝宝辅食吃得好，喜欢辅食多种多样的味道，喜欢坐在餐桌上吃饭的感觉，对奶就没那么重视，往往是妈妈给才吃，不给也不要，在这种情况下断奶会非常容易。所以，给宝宝加辅食一定要认真，尽量美味。

育儿细节

有时候宝宝夜间醒来不一定就是饿了，抱起来安慰一下或者给他喂点水，如果宝宝不闹了，那就可以让他继续睡了。如果宝宝自己已经不吃夜奶了，那就千万不要再叫醒喂了。

别让电视做宝宝的伙伴

宝宝可以看电视，但不能看得太多、太频繁。电视画面、色彩变化较快，对宝宝的视觉刺激过于强烈，不利于视觉神经的发育。而且看太多电视，也会让宝宝只对电视的机械声音敏感，从而忽略其他声音，久而久之，也有可能导致宝宝自闭。

给宝宝看电视的时候，要离开电视3米以外，每次看电视不超过20分钟。宝宝大一点，可以看懂电视的时候，可以看一些儿童节目。这类节目节奏较慢，比较适合宝宝观看。但同样不能看太长时间，妈妈还要注意提醒宝宝离电视远一点。

早教细节

有些妈妈认为给宝宝看电视或者放讲故事的光碟，有利于培养宝宝的语言能力，还能让宝宝认识道理。其实未必，电视中的节目是单向灌输，宝宝没有发言和思考机会，教育和引导效果并不好。

语言智能开发：讲故事

如果之前经常跟宝宝看书，他现在已经注意到书中文字的存在了，妈妈可以给宝宝一字一句地念书中的文字了，宝宝会逐渐弄清楚念书和说话的不同。如果宝宝还不太配合，妈妈可以抓着宝宝的手点着文字来读，他就会乖乖地听了。

给宝宝读的故事要简短，最好在四五句话以内，如果能每页放一句话更好，读完一句就翻页，更符合宝宝注意力集中时间较短这一特点。因此，这时候给宝宝读的故事书比较适合的是那些做了大量缩写的故事。

读完一页，妈妈不用动，等着宝宝

自己来翻页，不管宝宝一次性翻了几页，翻到哪页就读哪页。当然，如果这页还没读完，宝宝就迫不及待地翻页了，那也没关系，读新一页的内容就行了。时间长了以后，宝宝会听明白是不是读完了，恰好会在读完的时候帮忙翻到下一页。

早教细节

跟宝宝玩的时候，妈妈念一句故事书里的话，看宝宝会不会停下来去找书。如果这么做了，说明他已经记住了一些内容，尽管可能不理解。

运动智能开发：双手协调训练

此阶段宝宝用手控制物品的能力加强，可以多玩手部游戏，锻炼手部灵活性，促进精细动作的发展，游戏可以参考以下几种。

❶ 捡球与扔球。球类游戏是宝宝喜欢的，可以准备一个乒乓球，质量较轻，大小也适合宝宝单手抓握，跟宝宝玩捡球和扔球的游戏。把球放在地上后，告诉宝宝："把球捡起来。"如果宝宝听不懂，可以加上手势多说几次，等宝宝捡起来之后，再命令他："把球扔给妈妈。"刚开始宝宝扔的动作方向性很差，宝宝会一次次地捡起来再扔给妈妈。

❷ 撕纸游戏。准备一些干净的纸，撕一个小口子给宝宝看作为示范，然后交给宝宝，让他撕着玩。撕纸发出的声音和纸大小的变化可以激发宝宝极大的兴趣，而动作本身可以让宝宝体会两只手相对用力的感觉。

❸ 涂鸦。宝宝现在的能力足够拿着笔，在纸上画出各种线条了，妈妈可以准备一些白纸和蜡笔给宝宝，由他自己涂鸦。

早教细节

宝宝对筷子、铅笔等细长条的物品也很喜欢，喜欢拿在手里挥舞，要尽量制止，将物品拿开，以免捅伤嘴或眼睛。

运动智能开发：站起来

宝宝在9个月的时候，就能在大人的扶持下站立了，可以经常扶着腋下让他站一会儿，在他站好之后，父母嘴里说着“站、站”，悄悄放开双手，这时宝宝可以保持几秒钟不倒，他在这个过程中可以体验到保持平衡的微妙感觉。

在宝宝能够双脚平放地面之后，就让他靠着墙、沙发等坚固的地方，悄悄放手，让他靠着站一会儿。能够靠着站比较久的时间以后，就把他面朝沙发或茶几放下，他会扶着这些家具稳稳当当地站一会儿。当宝宝喜欢上扶物站立之后，离独立站立就不远了，他会在不知不觉中就撒手，变成徒手站立。

做站立训练的时候，一旦宝宝显示要摔倒或者双腿屈曲的疲态，就要立刻扶住他，以免摔倒，产生害怕站立的不良影响。另外，刚开始训练的时候，每次时间不要太久，3～5分钟就可以了，以免宝宝太劳累。

宝宝能够扶物站立之后，就可以设计一些游戏，使他逐渐掌握保持平衡的技巧，尽早实现独立站立。

❶ 玩具在高处。当宝宝扶物站立的时候，妈妈可以拿一个玩具悬在宝宝的头顶，引导宝宝去够取，宝宝在踮脚、向上伸出左手或右手的时候，会体会到平衡的技巧。

❷ 转过来。宝宝扶站的时候，父母可以在宝宝的身后、左边或右边呼唤宝宝，使他向后、向左、向右转身找寻，这对他保持平衡也是很好的锻炼。

❸ 玩具在地上。当宝宝扶着沙发或茶几站着的时候，将玩具放在他脚下，引导他弯腰去取，下蹲再起身的动作让宝宝更能了解控制自己身体的方法，对成功实现徒手站立有很大的帮助。

总之，宝宝在站着的时候，越多动，平衡能力越好，越能促进尽早徒手站立。

*训练宝宝转换体位

能够徒手站立之后，要自己站起来却不一定能够办到，站起来后要坐下也不是那么容易，所以父母要在训练宝宝站立的时候，将这几种动作结合起来，具体可以这样做：

❶ 让宝宝俯卧，父母握着宝宝的肘部，将他拉成跪位，稍微休息一会儿，再拉成站位，然后再回复跪位、趴着，反复训练几次。

❷ 让宝宝仰卧，握着父母的手指，拉成坐位，休息一会儿，再拉成站位，然后再让宝宝躺下，反复训练几次。

这两种训练，可以让宝宝掌握从仰卧、俯卧转为爬、跪的动作要领，尽早能够自己独立站起来。

宝宝一般都会在9个月的时候学会自己独立站起来，但也有的宝宝在11个月左右才能完成这个动作，只要不超过1岁都是正常的。如果超过1岁，仍然不会站，就要看医生检查了。

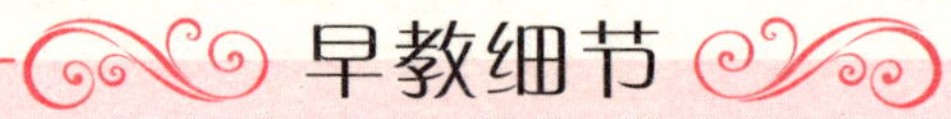

地板太光滑，鞋袜不合脚都会妨碍宝宝练习站立，妈妈要注意观察是否有这些问题。

数理逻辑智能开发：排序

妈妈先准备3个大小不同的杯子，用杯子跟宝宝玩排序游戏，让他认识依大小排序的概念。游戏开始时，妈妈先把3个杯子按大中小的顺序依次摆开，对宝宝说："这个最大，这个最小，这个中等。"妈妈将最大的杯子杯口朝下放在地板上，再将次大的杯子倒着放在最大杯子的上面，最后把小杯子倒放在顶端。让宝宝看清楚后，妈妈把杯子推倒，重新再堆一次。让宝宝用手推倒，激励起宝宝参与的积极性，鼓励宝宝模仿妈妈的动作进行游戏。此后再做几次排序，可从大到小、从小到大一字排列或前后排列，也可将小杯子装到大杯子里或者将大杯子套住小杯子。

早教细节

跟宝宝玩游戏的杯子最好是塑料的，别用玻璃或者瓷器，以免打碎划伤宝宝。

音乐智能开发：高音比赛

8~9个月的宝宝喜欢尖叫，尖叫完后还会看看大人的反应，非常得意的样子。这个时候，父母最好不要阻止，这是宝宝在验证、享受自己的新本领。此时最好的做法是跟宝宝比比高音，宝宝尖叫一声，大人跟叫一声，看看谁叫得更高，宝宝会叫得更起劲。宝宝叫得高兴的时候，大人在声音中加入旋律、起承转合，让宝宝模仿，宝宝有时候会模仿，但有时候就只会直愣愣地看着大人，想明白声音是怎么发出的。这时候可不管他的反应，再次高声叫，吸引宝宝重新高叫。

早教细节

宝宝连续长时间地高声叫会引起咳嗽，咳嗽厉害还会引起呕吐，因此每次比赛高音的时候，时间不能太久。

空间视觉智能开发：深浅、高低

现在的宝宝爬到床边就会停下来，不再往前爬了，这说明他已经能看出深浅、高低来了，知道地板比床低，伸出手也够不到，所以就不再伸手了。此时可加强训练宝宝认识这两个空间概念。

找个小球，妈妈抱着宝宝坐在床边，妈妈先把球拿在手里，然后松开手，让球自由落体掉在地上，捡起来给宝宝，让宝宝也模仿将球扔下去，试探深浅。

深浅和高低在本质上是一回事，可以在跟宝宝玩举高、蹦跳的游戏时让他认识，另外也可以带他去玩跷跷板，每次翘起来时就说“高了、高了”，落下去时说“低了、低了”。

早教细节

宝宝喜欢扔东西到地下，这也是他感知深浅的一种方法，大人不要嫌烦，多帮他捡几次。

人际关系智能开发：配合穿衣

宝宝能力见长，给他穿衣服时往往不再安安静静待着，由父母摆弄，有的妈妈形容给宝宝穿衣服就像打架一样，很困难。

其实，现在的宝宝逐渐可以听懂父母的很多语言，父母可以有意识地用语言要求宝宝配合，穿衣服的时候就可以多要求宝宝做出配合动作，比如“伸腿”“抬胳膊”“把手给我”等，当然宝宝开始的时候不能按照要求动作，但是时间长了宝宝会理解这些词的含义，到能够控制动作的时候就会配合了。

如果宝宝不肯配合，可以把穿衣服当作游戏来处理，与穿衣服最匹配的游戏是“火车钻山洞”，嘴里说着：“火车钻山洞了。”捉着宝宝的一条胳膊或腿，伸入袖子或裤腿，同时嘴里发出“呜呜——”声，当胳膊或腿完全穿进去之后，就说：“呼，钻出来了。”衣服就穿好了。

父母要求宝宝配合，不但可以减少与宝宝的冲突，还能教他学会与人合作。

早教细节

跟宝宝一起给玩具娃娃穿衣服，可以让宝宝更加接受穿衣服这件事，以后用玩具娃娃穿衣跟他比较，他会愿意配合。

内省智能开发：指出五官

了解自己的身体是了解自己的基础，最适合的是先从五官开始。

宝宝能够指出自己的五官，那他对自己身体的认识就更进一步了，这个阶段可反复练习。可以先让宝宝熟悉别人的五官，比如给他指指妈妈的五官、爸爸的五官、玩具的五官，让他先有个客观的认识。指父母的眼睛时，可以先用手指，然后指眼睛就眨眨眼睛，指嘴巴就张张嘴巴，指鼻子就皱皱鼻子，然后妈妈抱着宝宝照镜子，给宝宝指出他的五官，然后再把着宝宝的手去摸一摸，让他了解手和五官之间的位置关系，同时鼓励他做相关的表情。

指认五官刚开始，全部五官一起教宝宝可能什么都记不住，也可能只记住一样，所以最好一样一样来，等宝宝记住了再教另一样。

等五官指认熟练之后，可逐渐扩展到指认手、脚、腿、胳膊、头等身体部位，然后再学着区分左右。

早教细节

很多宝宝出于自我保护本能都不让别人碰自己的五官，尤其是眼睛，父母不要强迫他，可跳过指他自己的眼睛。

10个月，自我意识增强的宝宝早教细节

10个月宝宝身体发育

宝宝的身体生长速度、体格发育在10个月还会再略微放慢一些，不过并不明显。具体数值参考下表。

	身长上下限（厘米）	身长中位数（厘米）	体重上下限（千克）	体重中位数（千克）
男	66.4～82.1	74.0	6.9～13.3	9.6
女	64.9～80.5	72.4	6.5 ～12.5	8.9

育儿细节

因为身体发育慢了一点，消耗少了，所以此时的宝宝饭量也小了些，没必要逼他多吃，以免厌食。

10个月宝宝智能发育

动作能力：现在的宝宝特别喜欢走路，但又不会独立走，总是要求大人拉着他、扶着他四处走动，这段时间照顾宝宝的人是最累的。不过有的宝宝比较安静、乖巧，会自己安安静静地扶物横向移动，并不需要大人陪伴行走。还有些宝宝动作能力发展较快，在这个时候已经能够自己熟练地扶物蹲下捡东西了，这是一个大进步。

不过，此时还没必要刻意训练宝宝独立行走，虽然有些宝宝动作发育比较早，在10个月的时候就已经独立行走了，但并不是所有宝宝都适合。如果宝宝还没做好独自行走的准备，身体的重量会给双腿过大的负担。所以，爬行仍然是此时宝宝移动的主要方式，能自由地爬到任何想要去的地方。

在精细动作方面，宝宝没有出现什么里程碑式的、质的变化，都是前段时间动作的练习，练习捏取东西、滚球、盖盖子、扔东西等，尤其热衷于扔东西。

感知觉能力：宝宝的认知能力越来越强，此时能够认识常见的人和物，另外他还开始观察物体的属性，体会形状、构造、材质、大小等概念，遇到感兴趣的物体还会试图拆开看里面的结构。

此时的宝宝已经知道什么能吃什么不能吃，但有时候仍然会把不能吃的物品放到嘴里，实际上并不是吃，只是通过嘴巴认识一下而已。只要告诉他吐出来，他就会乖乖吐出来了。

另外，宝宝对一些规律也有了把握，比如每天早上吃完饭会去公园里溜达，宝宝在吃完早饭后就开始等待去公园，甚至会去寻找需要带的物品。

情感情绪和人际关系：宝宝的自我意识、独立意识在这个时候得到了强化，更加成熟，见到陌生人时，很多都能保持自如，离开妈妈时也不会特别焦虑，表现得非常自信。这个时候的宝宝依旧喜欢被表扬，依旧喜欢小朋友，会主动接近小朋友，但不会跟小朋友玩。

宝宝的进步给父母带来了新挑战，父母需要更加留意宝宝，可能要经常地对宝宝说“不”，警告宝宝远离他不能接触的物品，因为此时的他非常的活跃，一不小心就会发生危险，但是宝宝却未必会听，他更喜欢根据自己的意愿行事，亲子之间的矛盾开始出现。

建议父母在此时不要太频繁地使用“不”这个词，宝宝听多了会产生“免疫力”，就起不到该有的效果了，可多用替换方法。如果宝宝是方法不当，可以告诉他正确方法；如果不想让他做某事，可以转移他的注意力；如果宝宝知道某事不被允许，做之前会看妈妈，妈妈就用严厉的眼神阻止他。总之要把说“不”这个词的机会留在最必要的时候说，比如宝宝正在做一件危险的事，而自己又没有足够的时间来用其他方式阻止时。

宝宝现在对自己不理解的一些事物有害怕的感觉，比如害怕黑暗，害怕打雷，吸尘器的声音、抽油烟机的声音也可能让他害怕，害怕是这个时期宝宝情绪的主要特点。宝宝害怕都是因为不了解，这种时候，可用专业的语言给他解释一下，尽管听不懂，但他会了解到这件事其实是不用害怕的这个道理。

语言能力：10个月的宝宝，语言能力处于词和句子的萌芽时期，开始热衷于模仿说话，也是模仿能力最强的时候，多跟宝宝说话，有利于他积累词汇。

宝宝现在已经意识到了语言的力量，开始有意识地使用语言以实现他的要求，说出来的多是叠声词，比如“抱抱”“奶奶”等。这时候，父母要注意对宝宝的话做出反应，即使听不懂也要给予应答。父母的反应越强烈，越能刺激宝宝进行语言交流。千万不能说“说什么呢？听不懂，别说了”这样的话，以免打击宝宝说话的积极性。

育儿细节

宝宝的发育速度各不相同，这是非常正常的现象，所以父母没必要横向拿自己宝宝跟别的宝宝比较，只要宝宝整体上在进步就没有问题。

避免意外事故

意外伤害已经构成儿童期严重的健康问题。在所有意外中，最常见的是跌伤、烧伤、溺水、中毒、吞食异物等，其中80%都发生在家庭中，这些意外事故大多数都是可以减少、降低甚至避免的。

建议父母要提高警惕，隔段时间就将家里的角角落落巡视一遍，对可能造成伤害的物品或设置及时清理或者安装防护设施，不要心存侥幸，哪怕只是一转念间的念头也要强迫自己去做，不可忽略。小小忽略可能就造成大危险。另外，要定时做大扫除，将地板上边边角角都清理干净，避免有纽扣、药片、瓶盖等小东西落在地上被宝宝捡起来吞下去。

另外，危险物品一定要安置妥当，这些物品包括：日常用品，包括刀具、筷子、打火机、火柴、电器、水、煤气等；日常化学用品，包括洗衣粉、洗衣液、洁厕液、洗涤灵、杀虫剂等；日常饮食，包括热水、热汤、花生、豆子、果冻等；常用药品，包括各种外用药、内服药。

育儿细节

放置危险物品的柜子或桌子一定要稳固，放在上面的物品不会随着摇晃掉下来。如果不放在高处，就一定要加上锁，让宝宝打不开。

意外事故急救方法

如果意外伤害已经发生，救护要适当，以免更严重。

跌倒、跌落：首先检查是否有意识；然后检查手脚，如果手脚不能动，一碰就哭，检查是否骨折或脱臼；检查是否出肿包，有肿包，用湿毛巾冷敷。

如果宝宝大声哭，但会立刻停止，情绪无异常，要继续观察，如果逐渐发呆，脸色渐渐不好，全身无力，还经常呕吐，马上上医院（脑外科）。

摔得很厉害的话，当天不洗澡，也避免外出，睡下后，要时常察看脸色等状况如何。

误饮、误食：小固体只要咽下去了就没事，会从粪便中排出来。如一吃下去就出现咳嗽、喘息，小脸变红，然后变紫，是堵住气管了，要立刻把宝宝倒着拎起来，猛拍背部，让其吐出来，或者双手从后背搂住宝宝，用力按压上腹部，使其吐出来。

烫伤：用冷水冲10分钟左右。隔着衣服烫伤时，隔着衣服冷敷或冲洗，边冲边剪开衣服。烫伤的是脸或额头，不能用水直接冲时，多准备几条毛巾，轮流冷敷。冷敷后，不要涂药，用干净纱布或毛巾包好，送往医院。若起水泡，必须去医院处理。

烫伤面积过大时，在患处敷上冷毛巾或冰袋，不要涂抹药物，用毛毯包裹，保持患部清洁，送往医院。

眼睛里进了异物：立刻用水冲洗，不要揉，如果冲不出来，要尽快去医院，如果是药或强刺激物要用大量水冲洗并马上去医院。

耳朵、鼻子里进了异物：一般异物不要硬掏，要去医院；如果小虫子进了耳朵里，可用手电筒照耳朵，或涂抹橄榄油，引诱虫子出来，如果不出来，就去医院。

擦伤、割伤：肥皂水冲洗干净伤口，纱布包扎。出血口大时，抬高受伤部位，用干净纱布或手绢按压伤口，去医院。

擦伤：洗干净伤口，消毒，不要抹药。

骨折：如果骨头刺穿了皮肤，不要移动，不要把骨头放回原位，叫救护车。

流鼻血：用中指和拇指捏住鼻梁根部，持续一会儿。

被猫狗抓了、咬伤了紧急处理：用肥皂水冲洗伤口，然后去医院接种狂犬疫苗。

被门夹了手指：指甲劈了，夹了口子，去医院；眼看着肿起来，一碰就疼得跳起来，一直哭，怀疑是骨折，不要动，去医院。

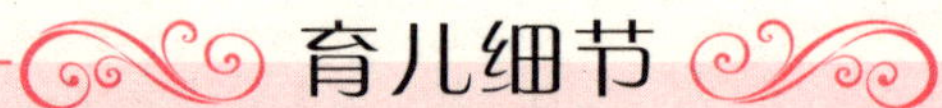

育儿细节

宝宝小外伤最好不用创可贴，容易化脓。

初步培养独立性

10个月的宝宝智力发育有很大进步，独立性增强。愿意独处和拥有解决问题的技能是培养独立性最重要的两个方面，在这个时候，父母可以多让宝宝独立做一些事，或者教导他一些独立的技能。

❶ 让宝宝参与洗澡。给宝宝洗澡的时候，教导宝宝也模仿这些洗澡的动作，共同完成洗澡。

❷ 鼓励宝宝单独玩一会儿。确定宝宝所处环境安全，所玩的玩具也安全，就可以刻意让他自己玩一会儿。

③ 鼓励宝宝独立吃饭、喝水。给宝宝准备一个学饮杯，让他自己抱着喝水，吃饭的时候也给他一套餐具，练习自己喂自己。

* 正确看待宝宝黏妈妈现象

宝宝黏妈妈，是一种正常现象，这种现象从7~8个月就开始了，到了10个月的时候，黏妈妈的现象有增无减，可能每次分离都会大哭一场。在妈妈上班时，哭闹都是必演的戏码。

在这个时候，有的妈妈选择了骗过宝宝，悄悄离开的方式。这其实不太好，这样的做法比让宝宝哭着看妈妈离开伤害更大，宝宝会以为妈妈凭空消失了或者不要自己了，惶恐不安的感觉更强烈，在再次见到妈妈的时候就更依恋，更不愿意分开。因此最好不要悄悄走。如果宝宝哭闹就在他的哭闹声中跟他说再见。在宝宝能够听懂话后，分离时妈妈可以跟宝宝交代自己要去干什么，多久回来等，让宝宝有盼望，了解分离是暂时的，可以增加他的安全感。

每次分离后再见面，妈妈情绪一定要饱满，给宝宝一个大大的拥抱或者几个亲吻，并和他亲密地玩一会儿游戏，让宝宝充分享受在经历过分离痛苦后的幸福感觉，他可能会因为这种幸福而愿意忍受一些痛苦。

当宝宝能够顺利接受母子分离了，也就具备一定的独立性了。如果母子分离的方式不当，让宝宝一直处在焦虑中，独立性比较难建立。

早教细节

当宝宝哭闹不让妈妈走的时候，千万不要说“你再不听话，我不要你了”这种话，宝宝听不出话的真假，听到后会增加不安全感，变得更依恋妈妈。

保护宝宝探索欲

宝宝学会爬行以后，变得很不安分。因为行动上获得了一定自由，探索欲望空前高涨，有可能把所有碰到的东西都拿起来看一看、摸一摸、咬一咬。

宝宝的探索欲应该保护，这是促进宝宝潜能发展的原动力。探索的过程使已有的知识得到了活用，宝宝对知识的理解就会更上一层，思维也会在探索过程中变得活跃，进而促进大脑发育，使宝宝变得更聪明。探索欲强烈的宝宝求知欲也较强，将来学习工作时有更大的钻研精神。通过宝宝的探索，很多问题可以得到解决，这会直接增强宝宝的自信心。有些做法会抑制宝宝探索欲，要避免：

❶ 不要限制宝宝的行动，不让做这，不让做那，过度保护的时间长了宝宝会变得畏首畏尾，缩手缩脚，进而为了避免犯错误挨训，什么都不去做了，不但没有了探索欲望，连做事的主动性都会被消减。

❷ 父母大包大揽也会削弱宝宝的探索欲，因为探索的乐趣不仅仅在结果，更多的在过程中，父母的大包大揽会明显缩短探索的过程，同时因为不是宝宝亲手发掘出结果，也会让他的成就感减弱。

不过，不大包大揽并不是不管不问，只是说不能随便插手，当宝宝求助时一定要出手帮他。帮忙的时候注意不要一步到位，可以少给一些力，或者教一些技巧，让宝宝自己领会，进而尝试自己去解决，这样探索欲也会很好地保留。

早教细节

宝宝在探索的过程中，可能会让自己陷入危险中，父母要给宝宝创造一个安全的探索空间，并适当看护。

鼓励宝宝交朋友

户外活动时，可鼓励宝宝去交朋友。抱着宝宝和别的母亲抱着的宝宝相互接触，看一看或摸一摸别的宝宝，或在别人面前表演一下自己的本领，或观看别的宝宝的本领。另外，也可让宝宝和其他同龄宝宝在铺有席子的地上互相追随爬着玩，或抓推滚着的小皮球玩，或看着大一些的宝宝在一起玩。看他是否更喜欢和较大的宝宝在一起玩。

早早交朋友可以为宝宝日后的社会交往能力打下基础。

早教细节

宝宝跟别的小朋友相处时，如果出现抓别人脸或抢别人的玩具等行为时，一定要制止。

语言智能开发：叫“爸爸”“妈妈”

大部分的宝宝在会叫“爸爸”“妈妈”之前都能够自然发出“ba - ba”“ma - ma”的音，这是无意识的，但这是有意识地叫人的基础。当宝宝无意识地叫父母的时候，父母也可以答应，叫一声答应一声，能让宝宝意识到这个词和父母之间应答的对应关系。

如果想让宝宝早点学会有意识地叫父母，就要多教，反复跟宝宝说：“叫妈妈。”“叫爸爸。”有时候还要逼着他叫，比如他要让妈妈抱，但妈妈正在忙别的事，就可以鼓励加逼迫：“叫妈妈，叫妈妈，妈妈就抱你。”坚持一会儿，大多数宝宝都会叫了。当宝宝清晰地叫出来了，妈妈就要及时回应：“哎，妈妈来了。”并把宝宝抱起来，让宝宝知道这声叫的力量和意义所在。

早教细节

教宝宝叫父母的时候，不要指着身体某一部位教，以免宝宝错把这一部位误解为爸爸或者妈妈，要纠正的时候特别困难。

运动智能开发：手眼协调训练

精细动作中，手眼协调训练是很重要的一点。手眼协调较差的宝宝往往容易出现丢三落四的毛病，只有手眼协调，动作才能更精准。下面几种训练游戏可以参考。

❶ 捡黄豆：在一个盘子里放入一些黄豆，旁边再放一个空盘子，让宝宝把黄豆一颗一颗地捏起放入空盘子里。开始的时候宝宝不知道要让他干什么，妈妈可以示范，示范几次宝宝就会跟着做了。做这个训练的时候要注意不要让宝宝把黄豆等小物品放入嘴里、耳孔、鼻孔里。

❷ 滚筒游戏：将一个可以滚动的圆柱体，顺着一个斜坡滚下，在物体落下时，宝宝会主动伸手将玩具抓在手里。如果宝宝抓住了，妈妈就亲亲宝宝鼓励一下。

❸ 盖子游戏：将一只塑料的、带盖子的杯子放到宝宝的眼前，示范开盖、盖盖的动作，让宝宝模仿，这个动作可以锻炼他用大拇指和其他手指配合用力。

早教细节

日常生活最锻炼能力，平时妈妈要做的很多事都可以让宝宝参与进来，有利于宝宝各项能力的发展。

运动智能开发：主被动操

主被动操是在大人的适当扶持下，加入宝宝的部分主动动作完成的，7～12个月的宝宝最适合做主被动操。

❶ 仰卧起坐：宝宝仰卧，双手抓着妈妈手指，两手距离与肩同宽，妈妈稍微用力，让宝宝自己用劲坐起来。

❷ 仰卧起立：按照运动1的步骤将宝宝拉成坐位后，再继续用力，宝宝就可以站起来。如果宝宝双腿足够有力，可从卧位直接拉成站位。

❸ 提腿运动：宝宝俯卧，妈妈双手握住宝宝双腿，向上抬起，鼓励宝宝双手支撑抬起上半身。

❹ 弯腰运动：宝宝站着，妈妈左手扶住宝宝的两膝，右手扶住宝宝

腹部，在宝宝前方放一个玩具，引导他弯腰捡起，捡起后恢复站立位。

❺ 托腰运动：宝宝仰卧，妈妈左手托住宝宝腰部，右手按住宝宝踝部，将腰部向上托起离开床面，但头不离开床面。

❻ 游泳运动：宝宝俯卧，妈妈双手托住宝宝的胸腹部，然后悬空，迫使宝宝四肢向前后摆动，像做游泳动作。

❼ 跳跃运动：宝宝站立，妈妈双手扶着宝宝腋下，轻轻上提，让宝宝离开床面轻轻跳跃。

❽ 扶走运动：宝宝站立，妈妈双手扶着宝宝腋下、前臂或手腕，让宝宝向前迈步学走。

早教细节

做主被动操时，动作要轻柔，有节奏感，让宝宝感觉舒适。另外，动作尽量达到一定的幅度，否则起不到锻炼效果，但是也不能过于极端，以免过度拉扯造成伤害。

运动智能开发：踢球

宝宝身体的很多功能都需要父母去引导，他才能发现，包括用脚去完成一些动作，比如踢球。父母可以在宝宝坐着或站着的时候抓着他的脚去踢球，使球滚动起来，宝宝会非常惊奇这一变化，而且皮球的滚动会让宝宝很有成就感。这种用腿的方式，可以增强他腹部和腿部肌肉的力量。而脚和腿感知到球，可让宝宝进一步感知自己的身体。

宝宝只要踢过球，以后看到球都会想去踢，父母就可以把球放在地上，拉着宝宝在地上走路，告诉他：“去踢球。”走到球附近，宝宝就会伸出脚去踢了。

早教细节

宝宝自己踢球，很长时间内都估不准距离，脚挨不到球，或者不能正确地用力，让球从前方滚出，不要刻意去纠正，他会自己去体会、去纠正，逐渐掌握正确的方法。

数理逻辑智能开发：分类

宝宝逐渐明白了一些事物所具备的特征，妈妈可以根据一些比较明显的特征跟宝宝玩分类的游戏。可以这样做：妈妈先准备好一堆塑料球，一部分是红色，一部分是黄色。再准备两个纸盒子，一个是红色，一个是黄色。妈妈拿起一只红色的球给宝宝看，并说："这是一只红色的球。"然后把球放到红色盒子和黄色盒子比一比："红色的球，红色的盒子，它们的颜色是一样的。""球是红色的，盒子是黄色的，它们的颜色是不一样的。""妈妈把红色的球投到红色的盒子里去。"同样的方法拿起黄色的球再做一遍。之后，给宝宝一只球，让宝宝投到对应颜色的盒子里面去，宝宝不知道怎么做，可把着他的手去对比他手里的球和盒子的颜色，然后协助他放到对应的盒子里。

重复几次，宝宝可能就会掌握规律，可以自己玩了。妈妈可以和宝宝玩分拣的游戏，一人拿一只盒子，把对应颜色的球都拣到自己的盒子里去。

早教细节

红色的盒子、黄色的盒子都要大，而且口也一定要大，便于宝宝把塑料球投进去。妈妈教导宝宝一定要有耐心，这样的游戏对宝宝来说难度是较大的。

音乐智能开发：听音乐做动作

音乐总是会影响人做事的节奏和心情，妈妈不妨给宝宝放些音乐，同时跟他玩游戏，比如取放物品，看宝宝取放物品的动作会不会随着音乐改变节奏。这样做，可以增强宝宝对音乐的感受力。

把一首比较舒缓的曲子如《送别》和一首比较雄壮的音乐如《运动

员进行曲》放在一起，先放《送别》，跟宝宝边听边把一些小球从一个盒子里拿到另一个盒子里，宝宝动作应该是比较缓慢的，过几分钟换到《运动员进行曲》了，宝宝可能会停下动作去听，妈妈可提醒他继续运送小球，他的动作应该能看得出来会加快。

早教细节

给宝宝放音乐的时候，音量不宜过大。太大的音量会让宝宝对音乐中某些细腻的东西感受不到，弱化音乐的层次感。

空间视觉智能开发：里外、上下

里外、上下概念是很重要的空间视觉智能要素，可以在跟宝宝玩游戏的时候让他认识。比如找个盒子和一些糖果认识里外概念，反复把糖果放到盒子里去再拿出来。放进去的时候就说：“放到盒子里面。”拿出来的时候就说：“拿到盒子外面。”并用语言要求宝宝这样做。可以拿本书，再拿个盒子，把书放到盒子上，就说：“放到盒子上面。”把书放到盒子下就说：“放到盒子下面。”宝宝会逐渐明白这些概念并照着大人的要求去放东西。

早教细节

在日常生活中可随时提起方位概念，比如跟宝宝说：“杯子在桌子上呢。”“筷子掉餐桌下了。”

人际关系智能开发：传递物品

宝宝抓和放的动作在10个月时已经比较熟练了，父母可以训练他传递物品。比如当宝宝手里有一个玩具的时候，父母要求他：“给妈妈吧。”并把手伸到他面前向他要，看他是否会放在妈妈的手里。宝宝给妈妈玩具以后，妈妈再递给宝宝，反复玩。或者妈妈命令宝宝：“把这个递给爸爸。”“把爸爸手里的东西拿给妈妈。”等，宝宝只要听懂了就会很乐意去完成。

当宝宝习惯了配合父母做事，合作意识会逐渐萌生，对他以后与人相处有好处。

早教细节

如果宝宝手里有食物，就可以跟宝宝要着吃，跟宝宝说：“给妈妈吃一口。”并张开嘴，等宝宝喂食，宝宝会体会到分享。

自然观察智能开发：饲养小动物

给宝宝饲养一两样小动物，让宝宝跟它们朝夕相处，更容易培养感情，让宝宝爱上它们，能促使他更有耐心，用更细致的心去观察自然界的其他生命。

鱼、小狗、小猫都可以，其实任何稀奇古怪的小动物，宝宝都喜欢，甚至是大人特别不喜欢的毛毛虫，宝宝也喜欢。妈妈每天饲喂小动物，给小动物搞卫生的时候都可以带着宝宝，启发宝宝多方面观察小动物，比如看看眼睛、蹄子、毛、鳞等，提高宝宝的观察能力。

在饲养小动物的时候，妈妈要告诫宝宝不能太用力掐小动物，小动物会疼，以防他以后故意伤害小动物。

等宝宝长大了，可以让宝宝每天负责照顾小动物，告诉宝宝小动物的生活习性以及喜欢吃的食物，让宝宝观察观察是不是这样。并且告诫宝宝，一定要遵照小动物的喜好去照顾它们，这样小动物会成长得更健康。另外，可以教他给小动物写日记，提高责任感和观察力。

早教细节

如果自己家里没有养小动物的条件，就尽量多带宝宝到有小动物的公园或者朋友、邻居家串门，看一看。

11个月，能有意识地玩游戏的宝宝早教细节

11个月宝宝身体发育

宝宝这两个月的生长规律也没有太大起伏，不过，宝宝容貌的变化较大，比例更协调，但看起来仍是一个婴儿的样子，腹部和头部仍然显得比较大。具体发育指数可参考下面表格。

	身长上下限（厘米）	身长中位数（厘米）	体重上下限（千克）	体重中位数（千克）
男	67.5～83.6	75.3	7.0～13.7	9.8
女	66.1～82.0	73.7	6.7 ～12.9	9.2

育儿细节

宝宝的身体发育异常已经较少出现，对宝宝身体的关注可以放在体能的锻炼上，锻炼他的肌肉力量，包括手臂、腿脚、腰腹等。

11个月宝宝智能发育

动作能力：大多数宝宝现在已经能够徒手站立了，也能够顺利地爬楼梯，爬上爬下都不成问题。坐着的时候非常平稳，而且能够毫不费力地坐到一个小椅子上。另外，在大人用一只手牵着的情况下还能走路，不过走起来摇摇晃晃的，平衡感很差的样子。

当宝宝有支撑的时候，还能抬起一只脚去踢球。

手部动作的灵活性明显提高，能玩弄各种玩具，能推开较轻的门，拉开抽屉，把杯子里的水倒出来，还能够满把握笔涂鸦，将书打开再合上等。但是需要旋转手腕的动作，比如拧开门锁还无法完成。

感知觉能力：宝宝现在开始会进行有意识的活动，能够指出图画中特别的部分，看到自己熟悉的部分会很兴奋。此时，他逐渐理解事物之间的联系，开始建立起空间、时间、因果关系，例如知道小木球可以投到瓶子里，知道妈妈倒水入盆就等待洗澡，知道把杯子拿开可以拿到杯垫，听到“汪汪”声，就想起小狗等。

情感情绪和人际关系：宝宝因为能力见长，而自我意识、独立意识也逐渐增强，进入了第一个反抗期，所以有时候不那么听话了，有了自己的主见。虽然有了些主见，但在控制自己的情绪方面没有什么长进，一旦遇到困难或要求不被满足，仍然会以发脾气、哭闹的形式发泄痛苦和不满。宝宝哭闹时，打骂是无济于事的，给宝宝一些安慰，并帮他解决问题是最好的方法。

另外，宝宝自我意识的增强，让他对妈妈有了一定的占有欲，喜欢别的小朋友，但绝不许妈妈抱他们。自我意识的增强还让宝宝有了害羞的感觉，可以观察一下他见到别人时的表现。

语言能力：宝宝现在变得越来越喜欢说话了，除了会说简单的几个词如“爸爸”“妈妈”“奶奶”等，还会说出一连串语义不明的词，不但会跟大人啊啊呜呜、咿咿呀呀，流利地说出一串串别人不懂的话，还会自言自语，嘟嘟囔囔。这是宝宝在练习说话。有些宝宝，在会说了某些词之后，还不懂该词的实际意义，出于炫耀心理，会时不时地说说，比如有时候会对着别的男性叫“爸爸”，煞是可爱，只要纠正他就行，没必要觉得尴尬。

宝宝不但热衷于自己说话，还急于模仿大人的腔调和表情，让自己的语言也充满感情，富有节奏。在宝宝练习说话的时候，父母应及时回应或对他微笑，不要打击他练习的积极性。

另外，宝宝现在对图画感兴趣，可以抓住机会给他多看一些画册并讲故事。

早教细节

宝宝越来越会察言观色，会根据别人的表情来决定自己的行为，是个训练宝宝守秩序的好时期，父母要把握机会给宝宝定下合适的规矩。

宝宝是“左撇子”

宝宝已经显出更多用某只手的偏好了，有可能左手比右手更熟练，是个左撇子。左撇子虽然在很多方面不是太方便，比如很多工具都是为右手使用设计的，左手就不太容易。不过，也没必要歧视左撇子，更不要强制去纠正。强制纠正左撇子有可能扰乱宝宝语言系统，造成结巴，而且容易给他留下心理阴影，让他产生自卑感。

现在比较正确的做法是增加宝宝使用右手的频率，比如跟宝宝玩游戏的时候，尽量把玩具递到他的右手里，并要求他用右手来跟自己玩耍。另外，跟宝宝读书、画图的时候，多把着宝宝的右手指点文字或者画线等，也能提高右手的使用率和协调性。这样，让宝宝也愿练习使用右手，从而达到左右两只手都能使用工具，让宝宝感到“两只手都可以用，真方便”而产生喜悦。

早教细节

左撇子在运动中比右利手更容易受伤，只要注意保护左撇子宝宝的运动安全即可，其他方面跟右手没多大差别。

预防偏食

宝宝的辅食越来越多，偏食、挑食的倾向出现了。不过，此时挑食、偏食还不必紧张，并不会对他的健康产生什么严重影响，任何一种食物都有营养价值类似的替代品，不喜欢吃这样，可以尝试别的，整体上维持营养结构合理即可。

让宝宝吃那些他不愿意吃的食物，可以把它们混入其他他喜欢的食物中，也可以把所有食物都人格化，像做游戏一样让宝宝把食物吃下去，比如跟他说：“让××到你的小肚肚里旅游一下吧！”宝宝可能会很乐意的。如果妈妈比较巧，可把辅食做出各种造型，花朵、小动物等，宝宝会很喜欢吃。

另外，很重要的一点就是父母要给宝宝做好榜样，自己绝对不能偏食，不要在餐桌上谈论哪种食物不好吃，也不要挑挑拣拣，宝宝的模仿力非常强，父母说不好吃的食物，他也会固执地认为不好吃，从而造成偏食。

早教细节

宝宝现在不喜欢吃某些食物跟以后偏食与否没有必然联系，他现在不喜欢的食物可能只是感觉陌生、恐惧等，当这些食物频频在饭桌上出现，恐惧感、陌生感消除，也就能吃得很好了。

给宝宝吃点粗粮

现在很多宝宝小小年纪就已经出现了血脂异常、动脉硬化、血压、血糖升高等毛病，为成人后的健康埋下了隐患。出现这种情况的原因主要是宝宝喜欢吃甜食、鸡鸭鱼肉等，对粗粮和蔬菜总是避而远之导致的，为此应该从小就培养宝宝吃粗粮的习惯，对健康很有利。

不过，宝宝一般不喜欢吃粗粮，一定要做得细致、好吃才行，可以参考下面的做法。

❶ 水果燕麦羹：燕麦片煮熟放温后，加入适量牛奶，加入一些水果丁即可。

❷ 奶香玉米汁：嫩玉米加一点黄油或色拉油煮熟，粉碎，和一点煮玉米的水，搅拌成汁，然后加适量的牛奶或椰浆即可。

❸ 什锦杂粮饭：用红豆、芸豆、花生、核桃仁等其中一种或几种和大米、紫米、糯米、小米等几种或一种共同浸泡煮饭，加少量椰浆，再加一些去掉枣核的红枣、蜜饯或果脯等煮熟烂即可。

❹ 小饼、发糕：粉状的粗粮如玉米粉、豆粉等可以与面粉混合，然后加入鸡蛋、牛奶等，和成面团，醒发一两个小时后，加入适量泡打粉，揉搓均匀后，上锅蒸成发糕或者用煎锅做成小饼即可。

育儿细节

宝宝吃粗粮每周一次即可，一次摄入的推荐量为5～10克，吃多了容易消化不良，出现腹胀现象，还可能影响某些营养素如铁和钙的吸收。肥胖宝宝和便秘宝宝可以适当增加。

训练独立就餐能力

宝宝从完全由妈妈喂食到自己独立进餐，是一个逐渐发展、缓慢进步的过程，从10个月开始训练，若学得快到2岁就可以完成，学得慢则需要到3岁才可以完成。

11个月的宝宝对餐具产生了浓厚的兴趣，不再乖乖坐着等妈妈喂食，而是积极地抢勺子，这时候可以准备两套餐具，一套给宝宝玩，一套用来喂食。也可以给宝宝准备些可以捏着吃的食物，让他用手抓。

宝宝刚开始喂自己吃的时候，无论是直接用手还是用勺子，都不能准确把食物送到嘴里。尽管如此，还是要让宝宝自己练习，尤其不要错过独立就餐的黄金时期，也就是12～18个月时。需要说明，这个时期宝宝仍然喜欢用手抓饭，父母可以教导他用餐具，但是不要强迫，每次吃饭前强调一下怎样用餐具就可以了。

* 尊重宝宝意愿很重要

宝宝已经有了自己的个性，希望按照自己的意愿行事，不希望被强迫。在就餐能力训练的黄金期，如果宝宝想要拿勺子，而妈妈坚决不让，一手摁住宝宝，一手喂饭，这时候宝宝多数会反抗，把头避开不吃饭，强行喂食，就大哭不止。这对养成宝宝良好的就餐习惯是很不利的，所以还是要让他自己吃。

早教细节

宝宝把饭撒得到处都是，很难收拾，妈妈可以预先在他周围铺上一张报纸，收拾起来会容易很多。

培养良好进餐习惯

11个月的宝宝，咀嚼能力增强，消化能力也更完善，饮食习惯基本上可以固定，一般一日三餐两点，加两顿奶。一定要坚持规律的饮食习惯。

* 定时定量进餐

良好的进餐习惯，首先要坚持定时定量进餐。平时一日三餐可跟大人一起上餐桌，同时吃，三餐之外的两顿奶最好也固定，一顿在宝宝醒后半小时左右，一顿在睡前半小时到1小时，另外两顿点心在早上9—10点和下午3—4点。

奶类每顿可以给250毫升，辅食、肉类每次10～30克，蔬菜、豆腐等每次50～100克，谷类食物150毫升左右，可安排和大人一起用餐。在两餐之间还需要再给些点心，点心可以是果汁、鲜水果泥、果酱等，一般120克就够，也可以给两片饼干、馒头片、面包等。

* 父母做好就餐榜样

宝宝的模仿能力很强，父母在餐桌上什么样，他将来可能就是什么样，父母一定要意识到这一点，在餐桌上给宝宝树立一个好榜样。

首先，保持平静、愉快的情绪，谈话也说一些轻松的话题，不要在餐桌上争吵，始终给宝宝一种感觉：吃饭是一件愉快的事。

其次，不要在餐桌上议论哪种菜不好吃，或者表现出厌食情绪，不要挑三拣四，宝宝偏食、挑食很多都是跟父母学的。

最后，父母不要一边吃饭一边做别的事，如看电视、看书等，避免宝宝也养成不能专心吃饭的习惯。

早教细节

跟大人一起吃饭的时候，宝宝有时候要求吃大人的饭，可以把他的饭放到大人盘子里然后再夹给他。

让宝宝晚8点上床

现在的宝宝每天都很兴奋，会不太喜欢早早上床睡觉，总想再玩一会儿。但是，父母一定要坚持，坚持让他8点钟就上床睡觉。每天的夜间10点到凌晨是生长激素分泌的高峰期，分泌量可占全天的20%~40%，但是这一水平，需要在深睡1小时以后才可以达到，所以晚8点睡觉是最好的。

为了让宝宝在8点能入睡，从7点半开始就要尽量保持安静，不要再疯玩，可以做一些安静的活动，讲故事、看图画等，父母在这个时候也尽量不要太活跃。

现在宝宝有能力选择睡觉的姿势，但是不能由着他，要让他养成健康的睡觉姿势，形成不蒙头、不含奶头、不咬被角、不吮手指的良好习惯。

宝宝的不良习惯要温柔引导，千万不要严厉呵斥，以免无意中做了强化，让宝宝更加难以改正。

早教细节

如果父母不睡，宝宝也很难哄睡，父母可以先停下一切活动跟他一起躺在床上，等他睡着了再起来。

做好宝宝玩伴

跟宝宝玩游戏，重点之一是让他快乐，重点之二是开发他的能力和培养特质，所以不是一件简单的事，要注意以下三点。

❶ 游戏时一定要考虑到宝宝的情绪。如果宝宝情绪饱满、高涨，可以玩一些蹦跳、翻滚游戏，如果宝宝困倦、身体不适或者情绪不佳，要选择一些平静、平和的游戏方式，如唱儿歌、讲故事等。

❷ 控制宝宝参与游戏的速度。宝宝动作开始时反应要比大人慢，大人要耐心等宝宝完成动作，不要帮助或催促。当宝宝熟练了一个动作以后，就可着重于提升速度，反应越快、速度越快，动作就越成功。

❸ 游戏要随时调整。宝宝注意力的持续时间跟他的年龄、性格、心

情都有关系，有时候能够持续在一个游戏里20分钟，但有时候5分钟后就不耐烦了。

如何把握该不该调整游戏，看宝宝的神态就可以判断出来，如果宝宝转向妈妈了，并对着妈妈微笑，说明他喜欢这个游戏，就可以继续玩下去，如果宝宝表现得心不在焉了，有些辗转不安，就说明该换个游戏了。

早教细节

宝宝在游戏里哭起来，一般来讲都是刺激过度了，最好安静下来，抱抱他，然后看一些图画书、唱轻柔的歌曲或喂一些水等。

语言智能开发：押韵

儿歌和诗歌中的押韵处理让文字读起来非常有美感，多选有这样特征的文字读给宝宝听，可增加宝宝对语言的兴趣，有助语言智能提高。刚开始的时候每句最后一个押韵的词要容易发音，如“小娃娃，甜嘴巴，喊妈妈，喊爸爸，喊得奶奶笑掉牙……”念时，故意加重每句最后一个字的语气，并将前面的字拉长，念成“小娃——娃”，以强调最后那个押韵的字。然后紧接着说：“宝宝，说‘娃’！”然后妈妈再念一遍“小娃——”故意不说出“娃”字，等着他说出。这样反复进行，使他逐渐能跟着大人把最后一个押韵的词都说出来。

早教细节

教宝宝时，大人的发音要准确、到位，口型尽量做得夸张一些，方便宝宝模仿。

运动智能开发：学走

现在的腿部力量足以支撑宝宝开步走了，可以规律地训练走路。大部分宝宝在满1岁时都能够自己独立行走。

训练宝宝走路的方法有很多种，但不用着急，可以慢慢来，先训练他开步，可以站在宝宝一侧，双手扶着腋下，向前推动宝宝，鼓励他伸出脚向前移动，也可以让宝宝双脚分开，分别站在大人的左右脚背上，大人向后退，让宝宝跟着移动，感受迈步。当宝宝迈步较好了，就让他双手握着大人的手指向前走，慢慢地可以放开一只手，只扶着一只手就可以慢慢向前，然后让宝宝站在原地，大人向后退一段，鼓励他朝大人走过来，在宝宝快要走到的时候再向后退一段，然后接住他，这时候宝宝会很自豪，离长时间独立行走就不远了。如果宝宝不肯稳稳地站着，就让他后背靠着沙发、墙等站着，大人离开三四步，鼓励宝宝走过来。

* 宝宝摔倒不要急着扶

宝宝学走路的时候，难免会摔倒。此时，妈妈不要太惊慌。如果太惊慌，急着去抱起安慰，会给宝宝一种暗示信息，就是摔倒是很严重、很痛苦的事，会把宝宝惹哭。长此以往，宝宝会变得害怕走路，不利于他形成坚强、勇敢的性格。

在宝宝摔倒的时候，应该表现得平静一些，可以假装没有看见或看着他，鼓励他站起来，这样宝宝会自己努力爬起来。当宝宝爬起来的时候，妈妈可以走到宝宝身边夸奖他一下，说他真勇敢。

早教细节

宝宝能扶着人走之后，扶着沙发、茶几等就都能走，父母可以坐在沙发一边，鼓励宝宝扶着沙发走过来。

运动智能开发：撕纸

宝宝喜欢撕纸，大人不但不应该阻止，反倒可以跟他一起撕着玩。各种广告纸、宣传册页都是撕着玩的好材料。宝宝自己撕的时候一般都是一只手抓住一块，相对用力把纸揪开，比较笨。大人跟宝宝玩就可以启发宝宝用更精细的方法去撕，比如可以撕开一个小口子给他看，然后双手食指和拇指各捏住一端，顺着口子撕开。再撕一个小口，然后递给宝宝，他就会学着大人的样去撕开。

纸都撕成条以后，可以继续接着撕，和宝宝一起把这些条撕成小块，抓起来玩撒花的游戏。

早教细节

撕纸游戏，撕完一些有字的纸张后，最好带宝宝洗洗手，将手上沾染的铅洗掉。

数理逻辑智能开发：随性计数

这个月龄的宝宝逐渐能学会自然数数1、2、3，他此时只是记住了这3个数字，但并不了解它们代表的意义。日常生活中可多些计数的行为，可逐渐让宝宝了解数量概念。

父母陪宝宝上楼梯时，可以大声计算阶梯的数量："1级、2级、3级、4级……哇，你自己走了12级楼梯！"吃葡萄的时候可以大声说："这里有1、2、3、4、5……18颗葡萄，你要吃几颗？6颗好不好？1、2、3、4、5、6颗葡萄给你！吃完了这6颗还要的话，妈妈再给你，妈妈这里还有1、2、3……12颗葡萄等着你。"很自然地宝宝就会对数东西产生了基本概念。

早教细节

带着宝宝计数一样东西时，记得要每样东西都单独数过，而且只能数一次，不可重复。

音乐智能开发：扭秧歌

放一首秧歌曲，妈妈用左手拉着爸爸的右手，右手拉着爸爸的左手，然后把各自的两条手臂紧紧挨在一起，就形成一座“桥”，让宝宝坐在上面，就像坐轿子一样，然后父母随着节奏你进我退地扭秧歌，宝宝也会随着节奏摇晃起来，他对秧歌曲的节奏、感情感受会特别直接。

如果宝宝已经懂得配合，能在玩的过程中用双手分别紧紧抓住父母的衣服，就可以不用人保护，只要父母多留意、多小心就可以玩了。但如果宝宝还不懂，就一定要有人帮忙在旁边护着宝宝，以免掉下来。

早教细节

有的宝宝害怕激烈的游戏，如果宝宝在玩这个游戏的时候哭了起来，表示出很害怕的样子，就不要再玩了。

人际关系智能开发：捧杯喝水

告别奶瓶，用杯子喝水是宝宝饮食模式过渡到成人模式的重要组成部分。在宝宝自己还不能抱稳杯子之前，妈妈可以先拿着杯子喂宝宝水，让他先习惯用杯子喝水。当宝宝双手能抱稳东西之后，就可以训练他自己捧着杯子喝水，培养他的独立性。

训练用的杯子最好是塑料杯，杯里面倒入多半杯温开水，递给宝宝。如果宝宝用单手来接，告诉他要用双手捧着，并给他示范或者把他另外一只手拉过来，让他两手配合抱好。然后妈妈用手抵住杯子底部，使杯子到达宝宝嘴边，告诉他“喝水”，宝宝就会去喝了。

早教细节

刚开始宝宝不能保持水杯平衡，容易把水洒出来，妈妈可在旁守护，过一段时间就可以放手让他自己喝了。

空间视觉智能开发：几何拼图

拼图是宝宝的好玩具，从小到大都可以玩，这个月龄的宝宝适合玩的是几何形状的拼图，拼接简单，还有助于宝宝认识几何图形，提升空间视觉智能。

几何拼图有很多种，有一种是一组组的几何形拼块，可以分别拼入不同形状的几何框框里，还有一种是中国的七巧板，可以拼出各式各样的图形。第一种比较适合现在的宝宝，父母可以买给宝宝，也可以用硬纸板照着样子去做，把几何形状从硬纸板中间剜出，再让宝宝一个一个把它们放进去。

早教细节

宝宝放不进去，妈妈可以给宝宝比画比画，让宝宝看看空洞和几何图形形状是否一样。

内省智能开发：自我意识

10~15个月宝宝自我意识发展比较快速，喜欢自己动手，能够意识到自己和别人、别的东西是分开的，能够指认自己的身体，还会说出自己的感觉，比如“宝宝饿”等。这是一个自我意识发展比较重要的阶段。在这个阶段里，父母要注意别让宝宝走上自我意识发展的两个极端：胆怯自卑和骄傲自大。有的父母总是否定宝宝，不让他动手，导致宝宝自我意识发展不良，逐渐模糊、失掉了自我，这样的宝宝容易胆怯自卑，什么事都不敢动手，也不能流畅地表达自己的感受；有的父母走向反面，总是宠溺宝宝，什么都由着他，他的自我意识就会过头，变成了自我中心，以为自己无所不能，谁都应该听他的，从而变得霸道、蛮横，不能很好地与人相处。为了避免这两个极端，要注意两点。

首先，不要事事限制宝宝，要充分满足他的好奇心。宝宝在做事的过程中体会到自己的能力，事情成功后感到骄傲、自豪，由此可以引发很多比较积极的正面的情绪，并形成积极的性格，让宝宝更有进取心，更勇敢。

其次，不能过分由着宝宝，及时克服不良的倾向和行为。宝宝的无理要求，要适当拒绝，让他受些挫折，如果做事过分还可以小小惩罚一下，让他吃点亏。最终让他学会与人分享，不吃独食等好品质。

早教细节

自我意识在宝宝1岁以后就会逐渐明晰起来，要比现在更加有意识地正确引导，使他的自我意识得到良好发展。

12个月，会走的宝宝早教细节

12个月宝宝身体发育

宝宝的身体比例更加协调，躯干、四肢较长，胸围、肩宽超过了头围，不再是之前那个头重脚轻的大头娃娃了。这种成长带给父母一种错觉，宝宝的头围似乎变小了，不过这只是错觉而已，不用担心。身体发育具体数值可参考下面的表格。

	身长上下限（厘米）	身长中位数（厘米）	体重上下限（千克）	体重中位数（千克）
男	68.6～85.0	76.5	7.2～14.0	10.1
女	67.2～83.4	75.0	6.9～13.2	9.4

育儿细节

在12个月时，宝宝下面的一对乳侧切牙会萌出，牙齿的数量达到了8颗。因为宝宝的乳牙一般比成人换牙之后的恒牙外形要圆润、齐整，所以显得特别好看。

12个月宝宝智能发育

动作发展：有些宝宝在这个时候，能够顺利地从坐位转到蹲位，再转到站位，然后迈步走几步，走累了或害怕了会再次转为蹲位然后坐下，也有些宝宝还不能独立行走。

宝宝这时候的手臂可以向上下左右各个方向摆动，不过走路的时候，总是双臂上举，这有助于他保持平衡，但尽管如此，仍然会经历很多次摔倒，但一般不会太严重，也不会影响宝宝对学走路的热情。虽然已经学会走，但他目前的主要行动方法还是爬。

宝宝的手越来越灵活，而且喜欢自己独立完成一件事，不希望别人参与，只有做不到时，才会发脾气，恳求帮忙。此时的宝宝可以把积木一块一块地装到盒子里，再一块一块地拿出来，还能把积木搭起来；能够把小球放入盒子中；还可以把书打开，翻书页，然后再合上书；经过练习还会穿珠子、投豆子等。

感知觉能力：12个月的宝宝已经能够认识身体部位三四处，认识动物大约3种，还知道跟它们相关的一些事，比如小狗会“汪汪”叫，小鸟在天上飞，小鱼在水里游等。另外，他已经明白在眼前消失的物品不表示永远消失，能够把大人当面藏起来的物品找出来，而且已经明白了物品和容器的关系，可以把父母当面盖上的盒子打开，然后取出里面的玩具。

这个时候，宝宝对数字比较敏感，是掌握初级数概念的关键期，父母可以教宝宝自然数数“1、2、3”，在上楼、下楼时数台阶数，收拾玩具的时候数玩具。

宝宝在12个月的时候，注意力已经可以维持较长的时间了，是培养注意力的好时候，要给宝宝充分的时间玩一个游戏或做一件事，不要老是打断他。

情感情绪和人际关系：宝宝尽管跟父母以外的人能很好地相处，但是仍然不愿意妈妈离开，对妈妈的依恋感有所加强，一旦分开，会有很强烈的反应。另外，他现在喜欢模仿大人或其他小朋友的动作，喜欢跟小伙伴玩，可以把自己的玩具给小伙伴，也会想要其他小伙伴的玩具。

宝宝还可以做一些生活自理，比如自己拿勺子把饭送到嘴里，自己脱袜子、解鞋带等，并伸出胳膊，配合妈妈穿衣服。对宝宝的进步，父母不要忘了适时给予鼓励和表扬。

宝宝现在对玩具的大小、高低等，有了一定的认知。他会比较不同的玩具，进而发展出自己的喜好。他的喜好有可能以颜色区分，对绿色特别偏好；有的以材质区分，会特别讨厌或害怕毛绒玩具，等等。宝宝对自己喜欢的东西会保护，对自己不喜欢的东西，就推得远远的。

语言能力：12个月的宝宝，大多能比较清楚地说出5～10个单词，常常用一两个词表达自己的情绪和意思，父母注意观察宝宝是否会用动作辅助语言表达，比如说“不”的时候摇头，观察宝宝会不会发出一些惊叹词或经常模仿父母的声音。另外，宝宝能对大多数的指令做出正确的反应，很喜欢听指令做事，受到表扬后表现得很兴奋。

多给宝宝看图画书，他会从图画书中认识更多的事物，而一些在现实生活中接触不到的东西，也能给宝宝留下一个初步的印象，增加他认识事物的种类。此时的宝宝喜欢看颜色鲜艳、图案对称的图形，尤其喜欢人脸和小动物的形象，准备图书的时候要考虑到这些特性。

早教细节

宝宝马上就满1岁了，正式脱离了婴儿时期，变成了幼儿，父母要做更多放手，但同时要给予保护。

走路姿势异常

宝宝会走路了，父母要注意观察宝宝的走路姿势，一些异常的走路姿势可能是骨骼、肌肉等发育不良的表现，要及时发现并矫正。

❶ 踮脚：很多宝宝刚开始走路都是踮着脚用脚尖走，移动速度特别快，都是正常的，过一段时间就会自行纠正了，父母也可以提醒并训练他改正。但是如果踮脚走路半年以上还没有改正的意思，而且姿势僵硬，就要去医院检查，看是否有脑部疾病或者跟腱问题。

❷ 跛脚：如果宝宝走路跛脚，或者向两侧摇摆像鸭子一样，站立时腰部向前凸起很明显，要重视，这可能是髋关节脱位导致的。髋关节脱位可能是先天性的也可能是后天照顾不当导致的，给宝宝包蜡烛包就很

容易出现这种情况。髋关节脱位早发现早治疗，预后良好，如果治疗不及时可能给宝宝留下终身残疾。

育儿细节

佝偻病可导致一些走路姿势异常，但不能把异常问题一律当作佝偻病，而应该详细检查，以免贻误病情。

断奶过程要自然

如果从8～9个月时开始做断奶准备，那么到12个月时，宝宝已经每天可以吃3顿辅食，奶就可以完全断掉。具体可以这样做：如果宝宝现在每天要吃4次奶，隔4个小时要吃1次，那么开始断奶后，就可以尝试改为3次奶，其中的1次改为喂奶粉或者辅食。在这几顿奶中，形成习惯的那顿奶比如早上睡醒后，午睡前或晚上睡觉前必须吃的那一顿就比较难断，比较难用辅食或奶粉替代。在断这一顿奶的时候，可以从改变宝宝的习惯开始，比如早上妈妈早早起床，中午让别人带宝宝外出玩耍，让他不能在这个时间吃到奶，慢慢地就会忘记这个习惯。其他都比较容易断，可以先断。

断奶的时候，要注意让宝宝避开那些能让他想起吃奶的物品，别让他看宝宝吃奶的电视或图片，也不要让他看到妈妈的乳房，另外妈妈可以在自己身上喷上一些香水，掩盖奶味。当宝宝逐渐适应了没有母乳的生活，断奶就完成了。

育儿细节

当宝宝生病、换看护人或者出牙之际，不宜断奶，以免增加宝宝的不适感。

让宝宝爱上辅食

断奶后，宝宝必须好好吃辅食，营养才能充足，父母要用好方法让宝宝爱上辅食，下面这些方法都可参考。

诱导法：利用宝宝的特点巧妙诱导。例如，通过讲故事的方法，告诉他吃某种食物长得壮，有力气。如不吃菠菜，可让他看“大力水手”，水手一吃菠菜就变得力大无比，既直观，又形象，宝宝可在模仿中纠正不吃菠菜的习惯。

角色扮演法：让宝宝扮演饥饿的小动物，如小兔、小羊、小老虎等，让他以小动物的身份吃他不爱吃的东西，宝宝往往会很乐意充当动物，此方法比较有效。

比赛法：可以当着宝宝的面称赞某个小朋友吃得好，让宝宝同他比赛吃食物，为了不输给他人，宝宝常会马上去吃。比赛应在宝宝最熟悉的小朋友中进行，否则不构成刺激，效果不明显。

激励法：当宝宝开始吃他本不愿吃的食物时，要给予鼓励和表扬。可口头奖励：“宝宝吃得真香，今天表现最好。”亦可用抚爱奖励，如亲吻等。还可实物奖励：戴一朵小红花或在脸上扣一个印章等。

早教细节

不要用奖励如糖、零食等刺激宝宝吃饭，这样宝宝永远都不会爱上吃饭，他始终会认为奖励的肯定比饭本身更好。

帮宝宝走出分离的焦虑

传统上说的“1岁不跟，2岁不离”，就是说宝宝1周岁前不介意跟妈妈分开，1周岁后就不愿意了，每当妈妈离开的时候都会哭闹。过周岁前后的宝宝是分离焦虑最严重的时候，妈妈要帮宝宝逐步适应并接受。

宝宝分离焦虑的本质还是不安全感，针对这一特征，妈妈要做好分离的准备工作。

首先，时不时地离开宝宝一段时间，将他交给别人照看，让他明白别人也可以照顾他。

其次，告诉宝宝不跟他在一起时自己是在做什么，宝宝可以做什么，让他心里有把握。例如，告诉宝宝说："我现在要去做饭了，你自己玩一会儿。"

最后，每次分离正式跟宝宝告别，让他在思想上有所准备。如果妈妈悄悄走，会使他吃惊，并不知道会发生什么事，产生恐惧。

综上，有时候宝宝并不能说通，怎么说也是要哭，那就让他哭着看自己走，这样也比悄悄走好。

早教细节

妈妈经常跟宝宝玩躲猫猫的游戏，可让宝宝了解妈妈每次消失了还会再回来，宝宝就能比较平静地面对分离。

宝宝怕黑

宝宝长大了，怕的东西就多了，怕黑就是一个问题，注意不要增加宝宝对黑暗的恐惧。

❶ 不要给宝宝讲述那些关于黑暗中的可怕故事，更不要用黑暗来吓唬宝宝，比如说："你再不听话，天黑了狼外婆就会来抓你。"或者说："你再闹，我就把你关到黑屋子里。"等。

❷ 父母不要怕黑，如果父母在夜里一有动静就大呼小叫，会加深宝宝对黑暗的恐惧感。

让宝宝理解黑暗、适应黑暗就可消除恐惧情绪。

现在，可让宝宝适应黑暗，可以带宝宝在黑暗的环境下活动、做游戏，在黑暗里讲故事，透过窗户看看外面的月光、星星等，讲一些有关夜色的美丽传说等，让宝宝逐渐对黑暗产生好感。

宝宝长大些，可以用一本讲述太阳运转以及白天黑夜转换的知识的图画书，跟宝宝讲解黑暗是怎么来的，也可以跟他说太阳公公需要休息，让他明白黑夜是自然现象，在黑暗里并不会增加什么恐怖的东西。

早教细节

如果宝宝持续异常地怕黑时，最好带他到医院做检查，有可能是疾病如小脑发育不佳或者有夜盲症。

培养注意力

注意力也就是投入精神，是获得成功不可或缺的一个条件，不要忽略了这个特性的培养。宝宝3岁前注意力有些特别的地方，父母要了解，这样才能更好地加以培养。

* 宝宝注意力的特点

宝宝3岁前的注意力有其特点。

首先，宝宝对事物的注意都是由注意物本身的特点刺激所引起的，夸张的、色彩鲜艳的、声音奇特的更容易引起宝宝注意。

其次，宝宝的注意力不稳定，很容易受到无关事物的干扰，所以，不能同时给宝宝太多玩具。

再次，宝宝现在注意事物都是注意表面的、明显的轮廓，不注意隐蔽的、细微的特征，也不太注意两个事物之间的关系，不会区分两个差不多的图形区别在哪，需要大人特别指出。

最后，宝宝不能同时注意很多的事物，训练注意力的时候关注的对象尽量唯一。

* 发展注意力的方法

了解了宝宝注意力的特征，就可以据此开始训练。

❶ 给宝宝准备新颖、色彩丰富、富于运动变化的玩具，如玩偶跳舞的音乐盒、会跳的小青蛙、会敲鼓的小木偶等，这样的玩具能让宝宝集中注意力观察、摆弄。

❷ 玩游戏时要尽量充分地让宝宝参与游戏，不要完全由大人操控游戏，可以跟他玩拼图、积木等参与性较强的游戏，能够成功延长注意力时间。另外，游戏时多向宝宝展示不同的玩法，宝宝不断有新发现，注意力会更集中。如果是读书，可以让他翻页或者把着他的手逐字逐句向前行进或者指点一下图案，这可以大大增强他的注意力。

❸ 明确活动的目的，让宝宝的注意力带有目的性。在日常生活中，父母可以有意识地让宝宝主动将注意力集中在某件事物上，可以问“妈妈的衣服哪儿去了”“桌上的玩具少了没有”等，让他养成围绕目标集中注意力的习惯。

❹ 别打断宝宝活动。当宝宝全身心投入玩具中，注意力高度集中，父母不要去打断，以免打断他的注意力。

早教细节

宝宝好动或者注意力集中时间较短和注意力不集中是不同的，不要混为一谈，只要宝宝能够沉浸于某一个游戏中，就说明他是有一定注意力的。

不要惩罚和吓唬宝宝

惩罚是最坏的教育方法，而且宝宝很难理解被惩罚和他所做的事之间的联系，所以惩罚只能暂时制止错误行为，下次还会再犯，同时会产生逆反心理。其实，要阻止宝宝某些错误行为，最好的办法是在没有危险的情况下，让宝宝体验坏行为所带来的坏结果。比如说宝宝非要去拿热水杯，如果水还没热到会烫伤的程度，可以让他去摸摸杯子，被烫之后宝宝会快速缩回手，再让他拿都不拿了。

吓唬是阻止宝宝某些行为很有效的办法，但是往往效果过于强烈。很多人对这样一些话都不陌生，“你不乖，父母就不要你了！”“你妈妈生小弟弟了，不要你了！”“你再不睡觉，大灰狼就把你抱走！”由于宝宝还没有辨别真假的能力，他们会把这些话信以为真，记在心里，然后整天忧心忡忡，缺乏安全感。这些话也许会影响宝宝一整天、一个月、一年，甚至是一生。因此请不要吓唬宝宝!

只要方式正确，宝宝都能认识到什么事可以做，什么事不可以做，说实在话，宝宝又不是傻子，只是缺乏经验而已。

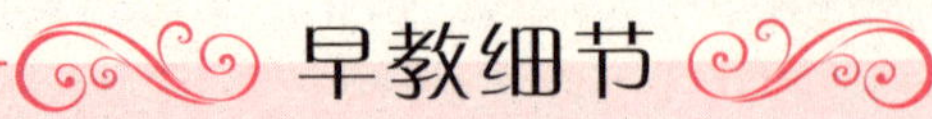

宝宝即将面对一个令他疑虑的环境时会有犹豫的表现，如果此时有大人突然发出恐怖的声音吓他，立刻就会被吓哭，夜里可能都会睡不好，所以大人最好别这么干。

语言智能开发：交流与倾听

现在宝宝能听懂很多话了，在跟宝宝说话时，如果能把他当作成人，当作一个平等的交流对象，更有利于他学习语言。

首先，句式要正规，每一句话都能做到完整表述，主谓宾俱全，即使宝宝理解不了，也要这样做，不过在说过整个句子之后，可以将重点的某个短句、词组或词挑出来再强调一下，也可以结合动作、表情等说明，在宝宝理解了之后不要忘了将整个句式再重复一遍。

其次，发音要准确，最好用普通话，字正腔圆地跟宝宝说话，这样有利于他学到正确的发音。

在保证句式正规、发音准确的基础上，应该放慢语速、夸张口型，在满足交流需求的基础上还能让宝宝通过观察口型变化学会更多语言。另外，还要做到以下两点。

❶ 认真倾听宝宝的话。当宝宝跟父母说话，意在表达自己的愿望或想法时，一定要重视，并注意倾听，听不懂时可以用动作比画或者带宝宝去找他想要的东西，尽量让宝宝的语言起到应有的作用。

当宝宝用语言交流的时候，要注意自己的态度，千万不要漫不经心或不耐烦地打断，听不懂也可以微笑应对或者点点头、“嗯”一声等，甚至可以瞎帮腔，让他知道大人注意到他在说话了，也喜欢跟他说话。如果总是漫不经心地打断，时间久了会让宝宝失去说话的兴趣，或者也学大人的样子在别人跟他说话的时候表现得漫不经心或者随意打断别人的话。

❷ 听懂宝宝“话中话”。宝宝会用的词不多，可能会用某个词表达

所有跟这个词有关系的事物，建议父母在弄不懂宝宝到底在说什么的时候，尽量发散思维，去想跟这个词相关的事情，比如他说“水”，有可能是想喝水，有可能是想洗手，也有可能是想让大人帮他洗洗奶瓶等，大人要努力去弄懂他的“话中话”。

有时候宝宝会因为父母总也不明白他的话而恼怒、发脾气，这时候父母一定要耐心，不能跟宝宝对呛，而是要尽量想办法弄明白宝宝的话。

早教细节

宝宝在刚学说话的时候，很多发音都是不准的，建议大人不要学宝宝说话，此时宝宝对语音最敏感，他需要了解正确的发音，总是学宝宝说话，只会延缓他的学习进程。

运动智能开发：“扔”着玩

宝宝七八个月时就喜欢扔东西玩了，到1岁左右达到了顶峰。宝宝在反复扔东西的过程中，不仅得到情绪上极大的满足和快乐，还能增长见识和经验。能慢慢意识到自己的动作（扔）和动作对象（物体）的区别，探索自己动作的后果——会出现什么效果和变化。由此宝宝逐渐认识到，扔不同的东西会产生不同的效果，发现物体更多的属性，对各种事物获得更多认识。

在这个阶段，父母可以跟宝宝玩一些扔东西玩的游戏，可以在宝宝把东西扔下来之后捡起来，用力扔给他，同时嘴里发出“砰”“嗵”等声音，宝宝肯定会被逗笑。另外，父母可以跟宝宝对面而坐，把沙包或者球扔来扔去，有时直接扔到宝宝怀里，让他抱住，有时可扔到他左边、右边或者远一点的地方，让他去找回来再扔给父母。在这个过程中，宝宝的动作精确度和与人合作、玩耍的意识都能获得较快发展。

早教细节

如果宝宝要扔某些不能扔的东西如瓷器、玻璃器皿等，要制止，但不要训斥，以免强化他的意识，以后专门想扔这类物品。

运动智能开发：模仿小动物

跟宝宝玩有关小动物的游戏，总是更能引起他的兴趣，更能让他集中注意力，模仿小动物的动作就是个好游戏。

父母可以带宝宝去观察一些小动物如小兔子、鱼、狗等，然后把它们的特色动作学给宝宝看，把两手手指放在头顶做小兔子的耳朵，跟宝宝说："我是小兔子。"然后问宝宝："小兔子是什么样的？"宝宝会把手也放在头顶；用手掌做屈伸动作，代表鱼儿游泳；把一只脚搭高，代表小狗撒尿，让宝宝一一学习。以后经常问宝宝什么动物是什么样的，强化记忆。同时把模仿动作做得再复杂一些，小兔子加上蹦跳的动作，鱼儿加上向前走的动作等。

早教细节

宝宝会做某个模仿动作以后，可以带他在照镜子的时候玩，并用语言或动作指出宝宝做得不到位的地方，让他对着镜子改正。

数理逻辑智能开发：借助工具

会使用工具是人类区别于其他物种最大的优越性，是非常高级的智能。帮助宝宝利用工具，来做自身直接做不到的事情，会使宝宝思路开阔，养成动脑筋思考的习惯。

宝宝伸手拿东西却拿不到时，不要简单地帮助宝宝拿，而要引导宝宝使用工具去拿。例如，离宝宝远一点的桌上有一块糖，宝宝看到了想拿，却够不着，为此很着急，这时候不要替宝宝拿，而是给宝宝一根筷子或一个长勺子，教会宝宝用勺子把糖块拨得近前一些，然后拿到手里。如果宝宝不明白，可以教宝宝怎么去做。

早教细节

电动小汽车经常会跑到沙发下面，宝宝想要拿出来，可以通过暗示，让宝宝找到自己的长枪或木刀来，把汽车从沙发下面拨出来。

数理逻辑智能开发：认识数字

虽然没必要刻意让宝宝现在就认识数字，但让他注意到这些内容的存在是没问题的，可以提高他对这些数字的敏感性，能更早地将数量概念和数字对应起来。

宝宝一般都对车比较感兴趣，当他专注地看车的时候，可以引导他去看车牌，然后把车牌号读给他听，帮他认识数字。另外生活中还有很多标有数字的牌子，都可以引导宝宝去看，如门牌号、楼牌号、公交牌等。

早教细节

如果想让宝宝记住某一个数字，就可以每次突出这个数字，将其他数字忽略，过一段时间可让宝宝指认出来。

空间视觉智能开发：画线

涂画可丰富大脑中的信息，可以奠定眼、脑、手配合活动的习惯以及养成形象思维的习惯，是人们在社会生活中的一种特别宝贵的能力，从小培养很有益处。

而且，宝宝拿着彩笔乱涂乱抹，可以练习手、腕部的诸多关节与小肌肉群协调动作，顺利完成执笔训练。也有助于学习使用筷子、勺子或其他小工具、小玩具。

宝宝现在可以横握着笔用力地在纸上画出线条了，可以给他一盒蜡笔，一张纸，让他随便画着玩。当他发现自己的杰作时，会很新奇，很有成就感。此外，当茶几上有水或者碰到沙堆的时候，也可以让宝宝用手、脚画出线条。

早教细节

虽然宝宝是随便乱画，不能画出形象，也无所谓情感表达，但妈妈可以经常问问宝宝画的什么或者自己猜猜宝宝画的是什么，可以提高宝宝涂画的兴趣和想象力。

自然观察智能开发：赏雨赏雪

自然中的很多现象，如果没有大人提点，宝宝即使发现了，兴趣也不会很大，但是如果大人带着他一起欣赏，甚至投入进去玩一玩，就很不一样了。

父母不要担心宝宝冻着、淋湿，下雪时多穿件衣服，下雨时打把伞或者大人穿件雨衣，把宝宝包在里面，就可以带着他到户外去亲密接触雨点、雪花。

下雨时，让宝宝把手伸出去接雨水，让他感受手上突然一凉的感觉，淋湿了再让他把手拿回来看看手为什么湿了，然后教他两只手合在一起接雨水，看能否接到，大人也一起伸出手接，接到的水也给宝宝看看。下雪时，除了让宝宝看天空中飘飞的雪片，还可接一片雪花观察它美丽的形状，看它慢慢融化。另外最好让宝宝到地上走走，感受脚踩在雪上的感觉，看看脚印，然后用手拍打积雪，在上面拍出手印。大人可以抓一把雪团成一团放在宝宝手里，慢慢用手指搓，让它融化，让宝宝体会雪与水的关系。

早教细节

如果天气较冷，尤其是风很大，一定注意不能让宝宝在外面待太久，同时经常摸摸宝宝的手，看他的脸色，如果手冷、肤色不均匀就是有点冷了，要尽快回家，以免着凉。

人际关系智能开发：半自助穿衣

这个阶段的宝宝能完成一些相对简单的动作，穿衣服时，可以让宝宝完成一部分动作，做到半自助地穿衣，增强独立性，可让他尽快学会自己穿衣。

穿衣服：先穿上衣，把衣服摆好，一边穿一边做指示，告诉他“伸右手”“伸左手”，衣服穿上后，让宝宝尝试扣扣子。然后穿裤子，大人把裤腿折叠起来，放在宝宝的脚边，告诉他“把腿放进来”，待宝宝的脚出了裤腿，就让宝宝站起来，自己把裤子提上去。这样宝宝觉得在整个穿衣过程中，都是自己在做，会很愿意配合。

穿袜子：大人把袜子卷起来，仅剩下袜子前缘脚趾的部分，让宝宝自己将袜子套在脚上，然后将剩余的部分拉上。

穿鞋子：锻炼学穿的鞋子最好是粘扣式的，大人先把鞋扣打开，然后两只鞋子合拢放在宝宝的面前，让宝宝伸脚放到对应的鞋子里，然后妈妈帮他把后跟提上，让宝宝自己粘上粘扣。

在配合穿衣一段时间后，宝宝就能自己穿了，不过可能会时不时出错，经常穿反，不是里外反了，就是前后反了，要耐心纠正。另外，买衣服的时候也可以做点预防工作，比如买上衣可以前后有不同的图案，方便宝宝辨别，买鞋子可以买双脚合在一起时形成完整图案如动物的脸的款式，就很少穿错了。

早教细节

不要因为宝宝不会穿衣服或者认为宝宝穿得不好，就每次都重新穿一次，打击宝宝学穿衣服的积极性。更不要用父母的帮助取而代之。

人际关系智能开发：讲礼貌

说话较早的宝宝现在已经能跟着大人说一些简单的话了，可以教他一些礼貌用语，让他学会讲礼貌。懂礼貌的宝宝人见人爱，反过来别人的夸奖会让宝宝信心大增，对他个性的成长益处颇多。

这些礼貌用语包括问好，说“谢谢”“对不起”“欢迎”“再见”“请”等。在宝宝可以说这些问候语之后，妈妈不要次次都告诉宝宝要说什么，可以启发宝宝说：“阿姨给你礼物玩具，你应该说什么？”而不是“跟阿姨说谢谢”。这样可以让宝宝把礼貌用语和用途形成联系，在相应的场景可以主动说出该说的话，而不是一个只会学舌的小鹦鹉。

父母平时跟宝宝说话，也可以多用礼貌用语，比如“宝宝给妈妈拿毛巾过来好吗？”“请帮妈妈拿拿拖鞋，谢谢！”等，日常行为也尽量礼貌，让宝宝在这样的环境下熏陶成长，自然也会效仿这些礼貌的言行。

早教细节

家里来客人的时候，不要把宝宝排斥在一边，可以给宝宝介绍下客人，然后让宝宝跟客人打招呼，并帮助倒茶、拿拖鞋等，让宝宝参与到交际中来，不至于让宝宝知识和生活脱节。

内省智能开发：“你的”“我的”

分清“你的”和“我的”，使宝宝有了更明确的自我意识，能更加确定自己是可以脱离别人独立存在的，有利于宝宝独立能力的培养。

在给宝宝准备东西的时候，经常使用“你的”“我的”这样的词，比如吃饭了，就说“这个小碗是你的，这个大碗是我的”；当妈妈问宝宝这是谁的拖鞋，如果宝宝指妈妈，妈妈就说：“对，这是我的。”然后，就问：“那双拖鞋又是谁的呢？”当宝宝指自己的时候，就说：“对了，这是你的。”

早教细节

等宝宝明白了“你的”“我的”的含义之后，就诱导他先学会说“我的”，比如拿出一件衣服，说：“这是小明的吧？”宝宝认识自己的衣服就会说：“不是，是我的。”或者会说出自己小名，拍着自己的胸脯表明衣服是自己的。

1岁1~3个月，准备“独立”的宝宝早教细节

1岁1～3个月宝宝身体发育

宝宝满周岁以后，身高和体重增长稳定，但都不再像以前一样那么快速，在1～2岁这一年中，平均每月增重也就是几百克而已，而且体重的增长并不是持续的，有时候可能2～3个月都没有增长。

宝宝容貌的改变，要比身高、体重发生的变化重大。满周岁以后，随着活动增加，肌肉逐步发育，脂肪逐渐减少，腿和胳膊逐渐加长，脚不再扭向一边，而是走路时朝前了。脸变得比以前更有棱角，下巴也显露了出来。不过，头部和腹部仍然是整个身体上看起来最为硕大的部位，站直以后，宝宝的腹部仍然显得很突出，臀部仍然很小。宝宝的腿和胳膊既短又软，好像没有肌肉，面部显得软而圆。

满1岁3个月的宝宝具体发育情况可参考下表。

	身长上下限（厘米）	身长中位数（厘米）	体重上下限（千克）	体重中位数（千克）
男	71.2～88.9	79.8	7.68～14.88	10.7
女	70.2～87.4	78.5	7.34 ～14.02	10.0

育儿细节

有的宝宝在刚满周岁的时候，囟门就会闭合，大多数宝宝在18个月前闭合，都是正常的。从满周岁起，头围变化就很小了，在一年内，头围有可能只增加2.5厘米。到2岁时，宝宝的头围将会达到成年时的90%。

1岁1～3个月宝宝智能发育

动作能力：多数宝宝在满1周岁的时候都能独立走几步，到了1岁3个月的时候，则可以走得比较稳当，而且能顺利借助较矮的工具向高处爬，能够独自爬上六七级台阶，有大人拉着的能走几级。

宝宝在这个阶段对自己的食指能力非常着迷，看到小孔、小洞就会把食指插进，这个时候一定要注意不要让他把手指插入电插孔，以免触电，要及时给插座加上防护罩。宝宝手指插入小孔有时候会被困住，妈妈要小心地帮他拔出来，可以用温水沿着手指慢慢倒，减少摩擦力然后边拔边转，宝宝的手指就出来了。

自理能力：宝宝用手抓着吃东西已经非常顺利，不过用勺子的姿势仍然不正确，还是满把握勺柄，有时候能把食物放到嘴里，有时候撒在外边，会握着杯子自己喝水，但常常会洒一点。宝宝现在还喜欢自己脱衣服和穿鞋子，但多数还不能自理尿便，有时候可能会指点便盆告诉父母他的需求。

认知、思维能力：这个阶段的宝宝，认知能力进一步提高，会逐渐说出和指出身体部位的名称，并明白身体各部分的功能。另外对各种物品之间的关系有了更进一步的理解，会从盒子中取出积木，从瓶子中取出小丸，拿开杯子拿到杯垫等。

宝宝会学会连续翻书，他已经知道书可以连续翻下去，并且能把圆形放入对应的模板中。

情绪情感和人际关系：这个时候的宝宝，对小朋友很感兴趣，但是不会跟小朋友玩，即使到了小朋友比较多的地方，也是自己玩自己的。看到小朋友的玩具会去争夺，或别人拿他的玩具的时候会保护，不过，如果认真跟宝宝要求，他也会把自己的玩具交出来。

宝宝的独立意识在继续发展，很多事情都想自己做，父母不要过于限制，应该适当引导。

另外，宝宝刚刚走出认生阶段，可能就出现了害羞的情绪，看到陌生人会露出害羞的表情。此时的宝宝做错事的时候，会感到内疚和不安。

听说能力：宝宝不但能听懂很多话，有时候还能听懂话里的潜台词，比如正在捣乱的宝宝，妈妈只要提高音调叫一声他的名字，他就明白了，会自动停下动作。

宝宝运用语言也是有意识、有目的的，比如看到妈妈会叫“妈妈”，跟妈妈打招呼，饿了会喊“妈妈”，然后提出要求，要排便了会叫“妈妈”并指指便盆等，每一句“妈妈”都是有其实际意义的。宝宝运用语言的能力现在正经历着逐渐从单词向句子过渡的阶段，过一段时间可能就能够说一句短小的话，比如“宝宝饿”。

不过也有的宝宝现在可能还没有开口，只要他能听懂大部分话就说明智力没问题，不必担心，只要多加锻炼就可以。

育儿细节

此时的宝宝很容易闯祸，比如拉开抽屉打翻，将茶几上的东西扔到地上，打碎碗、杯子等，这是因为宝宝的动作还不够利索导致的，不要责怪他，宝宝就是在不断的犯错当中长大的。

宝宝会走了

大多数宝宝都是在1岁1～3个月这段时间学会独立走路，迈出他人生第一步的。

会走后，宝宝会不断增强自我满足感和肢体灵活能力，去探索新鲜的世界，开始在家里“巡游”。宝宝开始“巡游”的时候，要注意保证家庭环境中家具的安全性。为了帮助宝宝练习走路，可以在房间里放置一些比较牢靠的家具，家具边和角等尖锐的地方最好能包起来以防止宝宝跌倒后磕碰受伤。这样就可以放心地让他围着房间转了。最好让宝宝光着脚练习，在避免滑倒的同时，锻炼足弓和脚踝的力量。如果天气比较冷，则可以给宝宝穿上底部有防滑胶粒的袜子或者有防滑底的鞋子。

迈出第一步，可不是那么容易实现的。与头和躯干相比，宝宝的腿和脚太小了，但却要承受全身的重量。在前进的过程中，他必须学会如何调整臀部、膝盖和脚踝的协调性，以免摔倒。所以，宝宝在摇摇晃晃走路的时候，还需要伸出双臂来保持平衡。

早教细节

如果宝宝还没有走路，不要着急，在生长过程中不同的发育阶段，都会有这种近乎发育停滞的现象，也许宝宝是在专注于其他方面的发展，或者只是在凝聚勇气。一旦真正鼓起勇气站起来，宝宝们一定会勇敢地迈出人生的第一步！

辅食变成常规饮食

满1岁的宝宝，牙齿有6～8颗，咀嚼能力提高很多，消化酶活力也较强，辅食就不再被称作辅食了，已经成为宝宝的常规饮食，能够按照一日三餐两点的节奏安排。

早、中、晚三餐都可以跟大人一起吃，在每两餐之间加些点心，点心可以是牛奶、饼干、蛋糕、馒头干搭配各种水果或果汁，现在的宝宝每天仍然需要500毫升左右的奶，不过没有必要早上一起床就喝奶了，也没有必要晚上睡前必须喝奶。可以在吃早餐的时候喝1杯，另外的1杯可以在下午或者睡前喝。

育儿细节

一日三餐成了宝宝的主要营养来源，营养一定要均衡且齐全，可以数一数，一般每天进食的食物种类包括主食、蔬菜、水果、调味料在内，在15种左右，一周的食物种类达到30种以上就可以满足宝宝的身体需求了。

培养宝宝安全意识

宝宝活动的范围逐渐扩大，安全就成为一个大问题，父母要给他灌输安全意识，可帮宝宝减少危险。现在的宝宝虽然听不懂这些，但是听多了，会增加回避危险的主动性。

* 培养宝宝安全意识的途径

培养宝宝安全意识，有以下4个途径，父母可以参考。

❶ 将安全意识培养渗透到日常生活中，让宝宝在大脑里形成印象，比如当宝宝走到茶几拐角的时候，就给他指指拐角，再指指他的头，告诉他“疼”，看到暖水瓶告诉他“烫”，同时做出被烫到的痛苦样子，几次以后，宝宝看到茶几角或暖水瓶就会想起“疼”和痛苦的样子，从而远离。这样做比单纯要他远离暖水瓶和茶几角要有效得多。

❷ 培养宝宝良好的习惯，好习惯可以帮宝宝减少危险，比如提醒宝宝吃饭、喝水前要先吹吹，小口尝试一下，可以避免烫伤。

❸ 给危险物品贴上危险标示，让宝宝认识，比如电源旁、暖水瓶旁、栏杆旁等，贴上禁止的标示，最好在旁边再贴一个宝宝因此受伤的图片，宝宝更容易理解。

❹ 加强宝宝的体能训练，宝宝动作不熟练、反应迟钝是容易受伤的一个主要因素，平时少跑动的宝宝相对来讲更容易受伤，因此应该让宝宝多动，多做一些运动，增强身体灵活性。

灌输安全意识，可以就宝宝当前的理解能力、活动的范围来进行，并且要用宝宝感兴趣的方式，能听懂的语言来进行。现在比较适合的是讲故事，长大一点可以用分角色扮演的方式，让宝宝设身处地地去考虑或者借助电视新闻中的、生活中的实例让宝宝了解危险所在，以及如何回避等知识。另外，安全意识所涉及的范围也要慢慢扩大，现在主要是居家安全和饮食安全，长大后就要教导交通安全、社会安全等知识。

早教细节

相对于教导宝宝安全意识，更重要的是父母要有安全意识，宝宝的安全事故都是因为父母的大意，没有想到而发生的。父母一定要提前想到宝宝可能会遇到的危险，采取措施，防患于未然。

宝宝“傻大胆”易出危险

有的宝宝“天不怕、地不怕”，什么事情也敢做，别的小朋友不敢干的事情，他敢干，别的小朋友不敢去的地方，他敢去。宝宝“傻大胆”大部分是由于父母过分迁就造成的。父母的迁就、保护让宝宝不能正确了解某种行为会产生的后果而导致的，听任发展下去很可能变成“无法无天”。

勇敢，并不是什么都不怕。“傻大胆”的宝宝是容易发生危险的，或者损害别人，或者伤及自己。

让宝宝知道怕什么，应该让宝宝具备正常的惧怕心理。健全的惧怕感，要从小培养。要让宝宝逐步认识到自己的行为可能有好的后果，也可能有不好的后果。要争取好的后果，避免不好的后果。

“我爬上这墙头，万一摔下来会摔伤的。”

“我打了小朋友，爸爸妈妈会批评我的。”

“我不把玩具收拾好，爸爸妈妈是会批评我的。”

这样，宝宝会逐步学会无论干什么事情前，都考虑一下可能的后果，对不好的后果有惧怕感——这种惧怕感，有助于激励宝宝的积极行为，抑制消极行为。

早教细节

让宝宝知道惧怕，并不是要吓唬他，而是确实让他知道事件后果，宝宝如果知道爸爸妈妈吓唬他，就不能正确认识后果了，反而更容易出问题。

合理对待宝宝要求

宝宝长大了，开始有了自己的主见和判断，会提出要求。对宝宝的要求，爸爸妈妈一定要认真对待，学会客观地评估宝宝的要求是否合理。如果合理，就要满足宝宝的需求，并且不附带任何条件，千万不要拖延到宝宝哭闹后才满足他。这样就会助长宝宝靠哭闹来控制父母的习惯，久而久之就变得特别任性。如果宝宝的要求不合理，父母一定要语气和缓、坚定且简明扼要地告诉宝宝这个要求不对，不能满足。对宝宝的要求只需拒绝1次，说理也只说1次，决不重复、唠叨。这样可以让宝宝感觉到父母态度很坚决，没有回旋的余地，从而放弃任性哭闹的打算。

早教细节

在跟宝宝相处的过程中，特别忌讳爸爸妈妈情绪化而且做事没有统一标准，完全随心情好坏和一己好恶而处置宝宝的要求，那样做，宝宝没法不任性。

宝宝搞“破坏”是为了探索

1岁的宝宝，什么样的东西都要动一动，碰一碰，试一试，成了一个令父母头痛至极的“破坏大王”。然而，宝宝这种破坏，其实是一种探索行为，如果一味地苛责和管教，会损害他的好奇心，同时毁掉他的创造性能力。

给宝宝适度的“破坏”空间，满足和培养宝宝的好奇心，可有效减少宝宝的“破坏”欲望。宝宝如果对某种物件产生兴趣，不妨加以正确诱导，使宝宝在破坏的过程中认识到更多的知识。比如说，可以当着宝宝的面，把一只气球从空瘪的原状吹胀，再把气放掉，甚至拍破。再比如说，和宝宝一起动手，把机械玩具拆开来，看一看玩具为什么会动，然后，再当着宝宝的面一一装好。最后，把整个过程让宝宝也试试。这样一来，既满足了宝宝的探索心理，又培养了宝宝的动手能力，一举两得。

早教细节

购买一些拼插组装玩具如积木、拼图、变形玩偶、可拆卸的模型、捶打音乐盒、修理工具箱等，宝宝能较长时间沉浸其间，破坏其他东西的欲望就少了。

为宝宝选择图书

所有的宝宝都具有很强的求知欲，一本书到手，宝宝常会翻看数遍，即使能背下来了也仍不释手。教会宝宝爱书，就交给了宝宝一把打开智慧之门的金钥匙。

为宝宝选择适合的图书，要从适合的年龄特征、内容的多样性和知识性、趣味性几个方面考虑。1岁左右的宝宝，应选色彩鲜艳、图多字少、绘图准确的书。书不必太厚，一本一个简单而有趣的小故事是最好的。1～2岁，仍以图为主，画面可以复杂一些，但绘图一定要准确。

可以看出，给宝宝买书都提到绘图一定要准确，这点很重要。有些幼儿读物类图书中的小动物非牛非马，成年人也许看着可爱，挺有趣，但对宝宝来说，却会起误导作用。所以，买书不要只注重趣味性，因为它还承担着引领宝宝认识世界的作用，知识性也很重要。

早教细节

宝宝看书时，有时候会向爸爸妈妈提问，爸爸妈妈要给予准确的回答，不要随便糊弄，会使宝宝信以为真，对事物不能有准确的认知。

不要对宝宝说的话

父母的评价对宝宝的影响非常大，肯定，会让宝宝心花怒放；一句无心的责备，也会在宝宝幼小的心里形成难以磨灭的阴影。所以，无论宝宝做错了什么事，父母记住永远不要对宝宝说这些话：

- “傻瓜，没用的东西！”
- “你简直是个废物！”
- “你可真行，竟能做出这种事情！”
- “住嘴！你怎么就是不听话呢？”
- “我说不行就是不行！”
- “我再也不管你了，随你的便好了。”

- “求求你别再这样做好吗？”
- “你若考了一百分，我就给你买……”
- “你做这种事，真让我伤心透了！”
- “又做错了，你简直是坏透了。”

父母轻易否定宝宝，对宝宝的能力表示怀疑，是非常可怕的。“傻、呆、笨、坏”一类定语，在宝宝的心中是最严厉的判决，无情地把宝宝变成了一个家庭或学校的“另类”，在与周围环境格格不入的同时，宝宝的心灵世界也会变得一片灰暗。

早教细节

当别人对宝宝说了一些负面的话时，父母要跟宝宝纠正，肯定他相关的品质，这样就不会对宝宝形成坏影响了。

“儿语”不能多说

在宝宝刚学说话的时候，为方便沟通，父母也就势教宝宝很多这样的语言，比如用“汪汪”代替小狗，“嘀嘀”代替汽车，“呜呜”代替火车等，这在宝宝刚刚开始有意识发音的时候，可以用，能够激发宝宝模仿的兴致，让他更多地开口，但是不建议长期使用这种语言，尤其过了10个月以后要尽量避免。

长期使用儿语跟宝宝说话，会使宝宝的语言能力长期停留在简单的模仿阶段，不但会延迟宝宝说完整的话的时间，还会影响宝宝的表达能力。研究证明，给1岁以内的宝宝输送越多清晰、明确的声音，越能促进其大脑主管听觉的神经元的敏感性，因此还是要多输送完整、有价值的语言信息，少用儿语。

早教细节

宝宝的大多数发音都是不正确、不标准的，父母没必要专门纠正，但跟宝宝说到这些词的时候则一定要用标准发音，于无形中纠正宝宝的错误。

语言环境不要过于复杂

曾经有宝宝迟迟不开口说话，经过多方检查才发现是因为他的语言环境太复杂而导致的。这样的家庭一般家庭成员较多，口音天南海北，语言中外混杂。宝宝长期在这样的环境中生活，感觉无所适从，就容易不说话。虽然有些在这样环境中生活的宝宝不说话则已，一旦开口就可以说好几种方言或语言，但毕竟是少数，更多的是不说话。

一般情况下，家人的语言或方言最好不要超过两种，如果可以尽量跟家人达成一致，跟宝宝说普通话，现在的学校，交流主要用普通话，从小学习普通话，对他以后与人相处更有利。

* 说方言也比不说好

有的家庭，为了让宝宝学习说普通话，如果照顾者如爷爷、奶奶不会说普通话，为避免宝宝学一口方言，就尽量不跟宝宝说话，其实即使说方言也比不说话要好。说方言只会影响口音，并不会妨碍语言理解力和表达力以及词汇的积累，不说话的不良影响显然要比说方言大得多。

早教细节

宝宝在2岁半左右就可以分出口音了，他自己能够区分普通话和方言，并选择运用，不会一直用方言。

语言智能开发：自言自语

宝宝会说一些话之后，常常会一边做游戏一边嘀嘀咕咕，自言自语。这是一种正常的心理现象，是幼儿学习语言时的必经过程，不必担心。

人类的语言，有内部语言和外部语言之分。1～3岁的宝宝，是以学习外部语言为主的。到了4～6岁时，其内部语言才开始形成。宝宝的自言自语正是从外部语言向内部语言的一种过渡阶段的表现。由于宝宝的语言动作调节功能的发展尚不完善，还不能控制发音器官的活动，便出现了既有说出声音的特点，又有自己对自己说话不发出声音的特点。也就是既有外部语言，又有内部语言。

当宝宝自言自语的时候，爸爸妈妈可以不去理会，如果愿意跟他搭话也没问题。

早教细节

宝宝到了6岁以后，自言自语的现象会逐渐消失。但如果到了八九岁还常常自言自语，那就可能是病态，要带宝宝到医院去检查治疗。

运动智能开发：拖拉玩具

准备些拖拉玩具，可以是小汽车或者小鸭子、小狗等，最好是可以发出声音的。开始的时候，可由大人拉着在前面走，鼓励宝宝："快来追小鸭子。"提高宝宝的走路愿望和走路能力。当宝宝追过来了，就让宝宝拉着前面的绳子走，告诉他："牵着小鸭子去散步吧。"当他在前面走了，爸爸妈妈可以跟在后面说："我来抓你的小鸭子了，快点跑。"迫使宝宝加快走路速度。也可以说："快让小鸭子藏起来，藏到沙发后面去。"让他学会保护他的玩具。还可以在前面挡着宝宝，宝宝过去之后，爸爸妈妈不要动，看他的玩具是否能过去，玩具过不去了，以后宝宝会学着估摸他和玩具的位置关系，学会躲避障碍。

另外，还可以让宝宝把拖拉玩具当作工具，在上面放一些更轻巧的东西，拉来拉去地运送，体会玩具作为工具的用途。

早教细节

爸爸妈妈多参与宝宝的游戏，可把游戏带到更有意义的方向，而且宝宝的游戏不管多简单，只要有爸爸妈妈积极参与就会玩得忘乎所以，一种游戏就能挖掘出更多玩法。

数理逻辑能力开发：度量

教宝宝测量面积、体积，不一定要用标准尺子，比如测量房间大小，可以带着宝宝沿着墙根一步挨一步走一圈，用步作为单位来计量房间大小；如果想知道一个大杯子可以装多少水，并不一定要用500立方厘米来表达，可以让宝宝拿把勺子，一勺一勺把水装入大杯中，看着一共装了几次，就可以说这个杯子可以装几勺的水。

如此让宝宝一边玩，一边建立度量衡的概念。

跟宝宝搭积木玩的时候，可以有意识地给他灌输长度和高度以及相关概念。比如拿一些积木，大人先示范给宝宝搭得越来越高，或越来越长，让宝宝模仿。搭高的时候，就说“长高了呀”。倒塌的时候就说：“哎呀，又变矮了。”搭长了的时候说：“又长一点，又长一点。”拆下的时候说：“变短了，更短了。”这样，宝宝就会了解高矮、长短等概念。

如果宝宝进步较快，可加一些思考难度，比如让宝宝总结出积木堆得够高时就会倒，使用的积木在哪里多放或少放就会改变形状，要做一样长短或高度时两排积木需用的数量必须相同等这一类的数学物理原理。

早教细节

数理概念是最枯燥又难懂的知识，多想一些变通办法，寓教于乐，让宝宝在游戏中去掌握是最好的。

音乐智能开发：音乐玩具

市面上的音乐玩具不少，爸爸妈妈要给宝宝选择一两样，最好是宝宝能演奏的小乐器，如手敲琴、小鼓、笛子等，而且要求音色尽量纯净，没有杂音，音调尽量准确，以免损害宝宝的听觉辨别能力。

这些玩具宝宝刚开始是不会自己玩的，一定要爸爸妈妈先示范，教给宝宝，然后让宝宝自己随便玩，把这些玩具弄得发出声音他就会很满意，有时候还会仔细翻找，看看到底是哪里在发出声音。

当宝宝对这些玩具很熟悉了，就可以教给他一小段简单的旋律或节奏，最好是他听熟悉的一段，他会很惊讶，原来如此啊。他自己开始无法演奏出来，但会愿意听妈妈继续演奏。

早教细节

手机放音乐，一般音质较差，音色不纯，有可能给宝宝的听觉带来伤害，少听为妙。

空间视觉智能开发：拆装玩具

有一些结构比较简单的玩具，能够拆开，可以跟宝宝一起把它们拆开再组合。先拿着玩具，活动各个部分给宝宝看，然后一个部件一个部件地把它们拆下来，拆成一堆放在一起，拿起一件问问宝宝是哪个部件，然后跟宝宝比画着看看，哪块跟哪块可以连接在一起。对比一会儿，就把它们再一件一件地组合在一起，变成一个完整的玩具。宝宝看着整个过程一定会觉得特别神奇。

当宝宝的兴趣被充分调动起来了，就让宝宝参与到拆装中来，可以把最后一道工序或者最简单的一道工序留给他。

早教细节

让宝宝参与拆装的时候，宝宝的动作往往笨拙，大人一定要耐心等待，不要中途插手，否则会挫伤宝宝的积极性和自信心。只在宝宝向大人求助时才可略做指导和帮助。

人际关系智能开发：分享食物

宝宝在10个月左右的时候，特别喜欢给别人东西，包括食物。但过了1岁以后，会逐渐变得喜欢吃独食，别人很难要得出来，有的宝宝即使给，也要先在自己嘴里过一下，然后才给。现在当然不能强迫宝宝与人分享，但是让他明白分享是快乐的事还是可以的。

当宝宝在吃零食的时候，妈妈可以跟宝宝要着吃："那个好吃吗？给妈妈吃点。"宝宝如果给了，就真的咬一点，千万不要说："妈妈不吃，你吃吧。"会让宝宝不知所措，不知道妈妈的真实意图是怎样。然后告诉宝宝："宝宝给的就是好吃。"吃完了，不要忘了谢谢宝宝。如果宝宝不肯给，妈妈就拿出别的零食，说："妈妈有点好吃的，给宝宝吃点。"别全部给他，而只允许他咬一点，然后自己大口吃，再次要求吃点宝宝的，宝宝可能就会愿意了。

早教细节

平时有了食物，不要全部给宝宝，要大家分开，每人一份。宝宝习惯了，食物每人都有份，就不会想着独占了。

自然观察智能开发：玩沙子

没有哪个宝宝看到沙子会不喜欢的，而玩沙子也的确是亲近大自然最好的方法。如果有条件，可以带着宝宝到有干净沙滩的地方玩一玩，公园里的沙地也是好选择，再不然随便找个沙堆都可以玩，比如人们装修时拉回来的沙就可以玩。

玩沙子有专门的工具，不过刚开始的时候，还是空手玩、光脚踩在沙子上，让宝宝最直接地用触觉感受沙子最好。用工具玩沙子，宝宝可能只会用铲子铲起来再倒掉，爸爸妈妈可以跟他一起堆沙堆、建沙堡、把水倒入沙子中、把玩具埋入沙子中让宝宝寻找、在沙子上作画、用模具倒出各种小动物等，边玩边让宝宝体会沙子的特性。

早教细节

沙子容易眯眼，一定要告诉宝宝玩沙子的时候不能用手揉眼睛，还要看着他不要把沙子扬起来。

自省智能开发：爱攻击

1岁左右的宝宝出现攻击性的行为很正常，每个宝宝都会经历这个时期，但是对宝宝的错误行为不做正确的指导，很可能会养成打人的坏习惯。

对宝宝的“暴力”行为，应当知道他为什么会这么做，才能找到解决问题的办法。

宝宝不会无缘无故发脾气，打人、咬人肯定有自己的原因。父母不妨站在宝宝的角度，看看究竟是什么原因让宝宝动用“武力”。宝宝打人有时候是自卫，有时候是因为心情不好，有时候仅仅是口腔感觉不舒服。

当宝宝行为可能发生危险时，父母既要及时制止，用最简单的语言清楚、严肃但不是威胁地告诉宝宝：“不可以打人，不可以咬人。会受伤的。”同时要给予温柔的安慰，可以教宝宝，如果下次生气了可以到父母身边寻求帮助。以免宝宝把积累的不满再次发泄到其他宝宝身上。切忌在宝宝出现攻击行为的时候训斥宝宝或者打宝宝，宝宝并没有意识到自己的行为是错误的，他会感到莫名其妙，对攻击行为的纠正没有益处，反而可能会强化。另外，不要怂恿宝宝报复性地打击别的小朋友。

早教细节

父母和宝宝玩的时候，不要咬宝宝，更不要打宝宝。如果说“我要吃了你”，并把宝宝的脚趾或手指放到自己的嘴里，那么宝宝会很自然地尝试对别人这样做。

1岁4~6个月，进入反抗期的宝宝早教细节

1岁4～6个月宝宝身体发育

宝宝现在每个月体重、身高都会长一点，但都不明显，隔三四个月不见，才能看出比较明显的变化。这个阶段宝宝的生长发育情况可参考下面的表格。

	身长上下限（厘米）	身长中位数（厘米）	体重上下限（千克）	体重中位数（千克）
男	73.6～92.4	82.7	8.1～15.8	11.3
女	72.8～91.0	81.5	7.8 ～14.9	10.7

育儿细节

宝宝总的睡眠时间没有减少，为14～15小时，但次数少了，只有少部分宝宝还需要在白天睡两觉，大部分宝宝白天只在午后睡一次。

1岁4～6个月宝宝智能发育

动作能力：1岁4～6个月的宝宝走得很稳，能蹲下捡东西，接着站起来再走，很少摔跤。

这个阶段的宝宝可抬脚接触球，但不会踢，扶栏杆上几步楼梯，开始学跑，会抛球；能模仿画出线条，可将小物放入小瓶并从小瓶取出，会翻书看书；宝宝喜欢把空盒子、小桶等有空间的容器装满玩具。在日常生活中，宝宝喜欢模仿成年人的动作、语气。喜欢玩球，会做把球举过头抛起来的游戏。

自理能力：会脱去简单的衣物，白天不尿裤子，这么大的宝宝会用水杯喝水了，但自己还拿不稳，常常把杯子的水洒得到处都是。吃饭的时候，宝宝喜欢自己握着勺子取菜吃，但是还拿不稳。这么大的宝宝平衡能力还比较差。

认知、思维能力：认识常见的实物和图片，认识五官，喜欢和家人做认指眼、耳、鼻、口、手等认识人体器官的游戏。在镜中真正认识自己的存在，开始产生对黑暗和动物的恐惧感。父母要尽量设置一个能满足宝宝需要的环境，满足宝宝的好奇心。另外，近1岁半的宝宝，路走得稳了，活动范围大了，随之而来的，是独立意识开始萌生。

情绪情感和人际关系：与外人的交往多起来了，喜欢和小伙伴玩，这正是鼓励宝宝与小朋友交往的好时机。一开始，宝宝会不知道怎么样与别的小朋友交往，但通过与新面孔的接触、交换玩具等简单的交往活动，宝宝能够得到很多乐趣。因此，每周最好能有两三次机会，让宝宝与同龄的小朋友们一起玩儿，让宝宝用自己的独特方式接触别人，父母要多鼓励宝宝，不要加以干涉，让宝宝通过尝试，找到更适合于自己的方法。

小朋友之间如果发生小冲突，是必然现象，父母不必过多指点，要让宝宝自己学会处理冲突。如果两个宝宝抢玩具，也不要强迫宝宝放弃心爱的玩具去强行谦让，会让宝宝迷惑不解，而且非常伤心。要让宝宝有机会保卫自己的权利，理解社会交往的基本规则。

随着宝宝的知识增长，宝宝的脾气也在增大，当不如意时，就会乱扔东西，发脾气，表示不服从和不高兴。当宝宝发脾气时，不要呵斥宝宝，这时宝宝的注意力容易分散，用别的事情吸引一下，宝宝会很快忘掉不愉快的事情。

听说能力：会说许多成人能听懂的单音或词，能执行简单的命令，如拾起玩具等，说出自己的名字、某些要求和一些实物。从语言能力发育的情况看，宝宝的词汇多了，会说“谢谢”“你好”“我们”“再见”等词了。宝宝对语言学习有一种特殊的热情，特别喜欢与他人说话和听别人说话，即使相同的话，也喜欢听好几遍，不厌其烦。

早教细节

父母的温情和爱抚在1岁多的宝宝眼中，已经不那么重要了，父母的关照可能变成了限制，会引得宝宝不耐烦。在安全的范围内，应当适当放手地让宝宝自由活动。

宝宝说话太迟

宝宝在这个时期都能不同程度地使用一些语言，如果迟迟不开口，可能有两个方面的原因。

❶ 语言环境不当会导致宝宝说话晚。如果家里成员众多，都说着不同的方言，语言环境较复杂，宝宝不知道到底学什么语言，说话会比较晚。另外，如果照顾宝宝的人较沉默，也不能刻意去开发宝宝的语言能力，宝宝说话也会较晚。

❷ 疾病也会导致说话晚。宝宝说话晚也可能是疾病所致。患有这些疾病的宝宝除了说话晚外，同时伴有一些症状。

听力障碍：对巨大声响也没有反应，不会表现出害怕，也不会因此哭闹。

智力低下：宝宝不活泼、少动、反应淡漠、喂养困难，严重的智力低下症状更明显，如面容体态异常、运动发育迟缓等。

孤独症：宝宝很少或从不用语言、表情、动作跟别人甚至自己的父母进行沟通、交流。

育儿细节

如果超过2岁宝宝还什么都不会说，更不会用语言跟人交流，就要引起重视了，及时诊治。

纠正宝宝吮指癖

宝宝小时候啃咬指头很正常，这是他认识世界的方式。但是如果过了1岁仍然如此，父母就要注意了，宝宝有可能患了吮指癖。患了吮指癖的宝宝，会经常把手指放在嘴里啃咬，把手指头啃红，甚至咬烂。即使父母帮他拿出来，他也会再次放进嘴里。

纠正吮指癖，不要在手指头涂刺激性的东西来实现，更不要批评或责令他停止，那样会强调这种行为，致使情况更严重。

吮指癖不是严重的疾病，吮指也只是宝宝安慰自己的方式，说明宝宝现在有严重的不安全感。所以对于患有吮指癖的宝宝，父母要多关爱，多跟宝宝接触、拥抱、玩耍、聊天等。

纠正宝宝吮指癖，也可以通过转移注意力来实现。可以跟他玩游戏或者给他一个可以占住手的玩具玩，让他没有机会送手指到嘴里，时间长了就会改正了。

早教细节

纠正吮指癖不要每次都跟宝宝说“不要吃手”，以免强化这种行为，更难戒掉。

宝宝任性要引导

宝宝有了自己的主见，稍有不如意就会发脾气，变得任性了，要注意引导，别让宝宝任性下去。

当宝宝任性发脾气时，爸爸妈妈最应该注意的就是不能因此而满足他之前已经被拒绝的无理要求。这样下去，宝宝认为只要自己哭闹就会达到要求，而不去管要求是否合理，任性行为只会变本加厉。不因哭闹而迁就宝宝，但不能不理会他，还是要照顾好他的情绪，并让他认识到错误。

* 疏导情绪

当宝宝因任性而哭闹时，如果父母用平静轻柔的声调承认宝宝的感情，并帮助他消除顾虑，宝宝就可以重新获得控制。因此，一旦发现宝宝表现出任性行为，父母可以平静地对宝宝说：“我知道你现在很生气。但是尖叫乱踢不管用，如果你尖叫、乱踢，我没法帮助你。现在我们不闹了，我们来想想办法，看怎样让你感觉舒服点。”

* 忽略宝宝

如果宝宝按他惯常的策略哭闹，父母可以在保证其安全的情况下，故意忽略他，既不要试图分散他的注意力，也无须给他讲道理，或训斥他，更不要心疼地劝说宝宝。事实上，宝宝哭闹的时候根本听不进任何劝解。相反，父母对宝宝的任何形式的注意只会变相地鼓励宝宝的任性行为。

* 掌握讲道理的时机

等宝宝完全平静后，父母可以心平气和地和宝宝讨论所发生的事，明确地告诉宝宝为什么不能答应他的要求，并且让宝宝明白，无论如何，父母都不会答应他的不合理要求，也不喜欢宝宝的任性。如果宝宝有什么要求一定要好好地说，需要引起父母注意时要采取合适的方式。

* 转移注意力

当宝宝正在任性地吵闹时，大声责骂或者讲道理都无济于事。此时，父母可以采取转移注意力的方法，用别的有趣的事情或者玩具来吸引宝宝，终止宝宝的任性行为。

宝宝任性行为的纠正不是一天两天的事情，更不可能一次见效，因此，父母一定要有足够的思想准备，持之以恒地坚持自己的原则，帮助宝宝逐渐克服他的任性行为。

早教细节

宝宝的任性行为被制止以后，给他简单清洗一下后可以带他玩一些有趣的游戏，让宝宝的情绪尽快好转，避免产生不必要的挫折感。

不要给宝宝贴消极标签

父母给别人介绍宝宝的时候，有时候会顺口说出一些总结宝宝特点的话，要注意别当着宝宝的面用一些消极的词，比如："这孩子害羞"，"这孩子胆小"，"可淘气了"，"一点都不听话"等，这种贴标签的行为会给宝宝起到行为强化和心理暗示的作用，让宝宝承认自己就是这样的，可能还会利用这个标签给自己的行为做挡箭牌。

因此，父母当着宝宝的面评价宝宝一定要注意措辞，避免消极用词，一些缺点可以不说，如果非说不可，可以小声地背着宝宝说，另外还可转化为反话说，比如对害羞的宝宝说："我们宝宝很大方的，问阿姨好。”宝宝听不出反话，反而以为父母是真的夸奖他呢，为了得到类似的夸奖，还会照着父母的反话去做。如果反话也没起到作用，对宝宝的表现可以忽略，不要再关注，做自己的事即可。此时过分关注，宝宝以后可能会为了获得关注而故意如此。

早教细节

对于宝宝一些比较消极的特点，父母没必要苛责，这不是宝宝的错，都是父母教育的结果，即使检讨也要先检讨自己的教育方式。

保护脆弱宝宝的感情

有的宝宝特别乖，特别听话，但却特别爱哭，父母稍微说一下，甚至都没有责备的意思，宝宝就哭了，但不是大声哭，而是抽抽噎噎地哭，有时候说话时还带着哭腔。

父母面对这样的宝宝有时候很没有办法，但无论如何不要呵斥，这样的宝宝本身就比较敏感多疑，且内心非常脆弱，自尊心又极强。他啼哭很可能是因为感觉自己没有达到父母的要求而自责，更担心父母会因此而不爱他。如果再加以呵斥，宝宝这方面的担忧会更甚，对情绪好转是没有帮助的。

宝宝哭的时候，要尽量问清楚原因，然后给宝宝一个合理解释，告诉他不要多想，并要多次强调不管宝宝怎样，父母都是爱他的。同时要让他明白他是独立的个体，要学会重视自己，爱自己。

早教细节

宝宝敏感，要多陪他做一些有利于开阔心胸的活动，如野外奔跑、竞赛游戏等，强健他的心智，逐渐让他摆脱脆弱。

发展独立意识

宝宝“我自己来”的想法出现得会越来越频繁，开始喜欢反抗父母，做事不喜欢父母插手，也不愿意按照父母的指示行动，父母觉得宝宝难管了，但实际上恰恰是宝宝独立能力发展了的表现。

父母要正确看待宝宝的独立意识，对宝宝的行为既不能不管，也不能多管。如果管得太严，宝宝的独立意识被压制，容易养成事事依赖、懒于思考和动手的不良习惯，也比较缺乏信心。但如果不管宝宝，又会让他形成随心所欲、为所欲为、独断专行的执拗性格，会让宝宝很难适应将来的生活。这时候适当的教育不但可以减少宝宝的反抗表现，还有助于发展其独立能力，可以参考以下做法。

首先，改变爱的方式，放手让宝宝学习。父母在前段时间习惯了事事代劳，周到照顾，但现在要改变，鼓励宝宝多动手。

其次，确定让宝宝自己动手的范围，放手让他自己干。宝宝能做的事就尽量让他自己做，随着年龄的增长，自己动手的范围逐渐扩大。

再次，教会宝宝做事的技能。宝宝想自己做，还得会做，才能做得有信心、有兴趣，因此宝宝在做不好的时候，父母要耐心指导技能，千万不要苛责，以免宝宝产生胆怯、自卑的心理。

还有，让宝宝持之以恒地坚持自己做。某件事新鲜的时候，宝宝很喜欢做，一旦做惯了，就不再感兴趣，父母要鼓励他坚持。

另外，要给宝宝独立玩耍的机会，如果宝宝自己很专注地在玩，父母就不要打扰了。不过，父母不参与宝宝的游戏，并不是说可以走开不管了，此时的宝宝特别容易发生危险，一定要在旁边待着，做一些自己的事，同时关注着宝宝。宝宝玩着玩着腻了，父母可以稍微引导一下，让他继续玩下去。

早教细节

有些事，宝宝愿意做，但是却力不能及或者有危险性，父母不要简单制止，而是要用宝宝能听懂的话讲清道理，让他明白为什么不能做。

开发想象能力

1岁以后的宝宝具备了一定的想象力，不过想象是无预定目的的，他们只能在具体行动中展开简单的想象，想象内容也只是实际生活的简单再现，比如见到一个圆圈图形，宝宝只会想象出纽扣、盘子、硬币等见过的事物。

家长要有意识地引导宝宝想象，开发想象能力。

* 观察自然引发想象

自然界中的一切都是引发想象的好材料，父母要让宝宝多观察自然界的各种现象和事物，并在观察的过程中引导宝宝去想象。例如，带宝宝赏月，可以告诉宝宝月亮里有美丽的嫦娥姑娘，洁白可爱的小兔，并叫宝宝去想象嫦娥长的是什么模样。可试探性地问宝宝："月亮圆圆的像不像盘子？""弯弯的月亮像不像眉毛？"等。

* 美术活动激发想象力

开展美术活动是发展宝宝想象力的有效途径。家长应该为宝宝准备一些画笔、彩色橡皮泥、小积木、纸等，让宝宝去画、去涂抹、去捏造、去拼搭、去折叠，凭想象去创造不同形象的物品。家长在活动的过程中，要适时地提出一些要求，提供一些思路和技能指导，帮助宝宝充分表现自己的想象。

* 音乐活动激发想象力

将容易用动作表现出来的音乐，有意识地放给宝宝听，要求宝宝根据乐曲通过想象设计出各种相应的动作。另外，可选一些宝宝会唱的歌曲，教宝宝理解歌词的意思，并让宝宝根据自己的理解，通过想象自编相应的动作。

* 游戏活动发掘想象力

游戏时，宝宝的想象力异常活跃。建议家长为宝宝提供各种不同的、丰富的游戏材料和玩具，让宝宝通过想象去开展相应的游戏。比如，一套自制的几何图形结构的玩具，就可让宝宝自由想象，拼凑成自己喜爱的各种玩具。

＊讲故事激发想象

宝宝都喜欢听故事，特别是精彩、有趣的神话和童话故事。因此，家长可在宝宝听故事的时候，不时地提醒和引导宝宝展开创造性想象，并选择合适的时机停下来，让宝宝展开创造性想象去讲后面的情节，然后让他用语言进行表述。

早教细节

家长可利用家中的废弃物给宝宝做些玩具，宝宝在观摩的过程中想象的动力会被激发，也可以让宝宝参与制作，在制作过程中发挥想象力。

语言智能开发：儿歌问答

儿歌朗朗上口，宝宝最爱听。此时，唱儿歌可以更精彩一些，更生动一些，比如唱《拔萝卜》这首儿歌，父母唱："拔萝卜，嘿哟嘿哟，拔萝卜，嘿哟嘿哟，拔不动。"唱完"嘿哟嘿哟，拔不动"接着唱"奶奶呀，快快来，快来帮我们拔萝卜"。再唱一遍，唱到叫人帮忙的时候开始换词，可以换成叔叔呀、小狗呀、哥哥呀等宝宝熟悉的角色，然后再装作想不起叫什么人来帮忙了，问问宝宝："让谁来帮我们拔萝卜？"宝宝说出谁，妈妈就换成谁接着唱。

还可以把儿歌内容情景化，仍然以这首歌为例，放1个比较重的物品在地上假装是萝卜，父母唱歌，让宝宝来搬，搬不动时，同样问问宝宝想让谁来帮忙，宝宝说是谁，妈妈就唱谁，让宝宝去请他，让他去帮宝宝搬重物。

早教细节

此阶段的宝宝能比较好地记住熟悉的儿歌，并跟说最后一个押韵的字，父母唱念这些儿歌时可以到了最后一两个字时故意停下，等着宝宝接上去。

运动智能开发：穿、插动作

宝宝手部动作越来越精确，可以让他完成一些需要更精确的动作来完成的任务。

穿丝带：找个纸盘，在纸盘中穿一个小洞，再找一条丝带，妈妈把丝带穿过纸盘上的小洞，稍微露出一点头，告诉宝宝："看，丝带出来一点头，帮妈妈把它拉出来。"鼓励宝宝将丝带全部拉到另一边。将纸盘和丝带交给宝宝，让宝宝来穿丝带，开始时只要宝宝把丝带放到小洞中间，妈妈就可以尝试从小洞的另一头把丝带拉出来。以后宝宝动作准确了，能真正地把丝带穿过小洞了，妈妈就等丝带真正穿过小洞后再拉。

插锁眼：现在的宝宝已经发现了钥匙和锁孔的关系，而且很感兴趣，妈妈可以给他一把锁和钥匙，让他坐着玩，也可以让他站在门上的锁前，随便插拔钥匙。这种练习对促进宝宝手眼协调能力有好处，而且锁与钥匙之间的独特关系会把他的思维推进一步，让他理解联系的概念。

早教细节

在穿丝带的游戏中，妈妈拉到丝带之后，多换几种方式将丝带拉到尽头，可拉着丝带走出去，可双手轮换将丝带拉出来，可把丝带缠绕到手臂上，让宝宝了解不同的方法都可以达到一样的效果。

运动智能开发：爬楼梯

这个年龄的宝宝已开始独立行走，独立性和主动性有所提高，对宝宝进行爬楼梯锻炼，可以增强腿部力量，为以后的跑步和跳跃能力打下基础。

在宝宝刚刚能够被扶着走路后如果曾经练过上下台阶，现在练习爬楼梯会比较容易，因为宝宝自己会有这个意识，只要大人给一些力量帮助即可。家人可以双手扶着宝宝的腋下，用较大的助力，帮助宝宝两脚交替迈上楼梯。然后可以逐渐减少助力，锻炼宝宝用自己的力量爬上楼梯。

如果宝宝不肯爬，可以把宝宝喜欢的玩具放到楼梯的台阶上，引发宝宝去拿玩具的念头，或者站在楼梯上，向宝宝拍手，喊宝宝的名字，另一个大人扶着宝宝慢慢爬上楼梯。

训练一段时间后，可以鼓励宝宝自己扶着栏杆，慢腾腾地迈上楼梯，但刚开始时要注意保护，先从2～3阶楼梯开始练习，以后逐渐地延长距离，增强力量。待宝宝能稳定地扶栏杆上下楼梯后，就鼓励他徒手迈步。

早教细节

即使宝宝自己已经能比较熟练地上下楼梯了，也要注意保护，尤其是下楼梯时。下楼梯一般比较危险，宝宝一旦掌握不好，就容易失足摔下，后果可能会特别严重。

数理逻辑能力开发：分配食物

现在的宝宝，无论父母做什么，他都想插上一手，不妨就让他帮忙，可顺便锻炼各种能力。让他帮忙分配食物对锻炼数理逻辑能力有一定的效果。

吃饭的时候，可以让宝宝在餐桌上摆放餐具。开始的时候，宝宝不会计算，只让他对应地每人一双筷子、一只碗，告诉宝宝给爸爸一只碗、一双筷子，给妈妈一双筷子、一只碗，等他再大一些，就可以计算了："我们这里有4个人，要放几只碗，几双筷子？"宝宝算不出来，可以先让他按人头摆放，然后数一数，逐渐了解加法、乘法的规律。

吃水果的时候，可以让宝宝分发水果，告诉宝宝："给爷爷、奶奶每人一只苹果。"看宝宝会一次拿两只，一只给爷爷，一只给奶奶，还是会拿一只送过去后，回来再拿一只再送一次。

早教细节

尽管宝宝走路已经比较稳了，但摔跤还是时有发生的，一定不要允许他拿着筷子走或跑，以免在跌倒时捅伤自己。

人际关系智能开发：认识家庭

宝宝已经意识到了个体和家庭成员的概念，现在可以教宝宝认识家庭成员的几个方面，让宝宝了解成员之间的关系，让他知道长辈都爱他，教育宝宝尊敬长辈。

让宝宝知道的家庭成员的方面可包括各自的姓名，并且要让他能正确地称呼，同时要让他能说出自己叫什么名字，是男孩还是女孩，几岁了等。另外，可以告诉宝宝家人的职业，每天上班都做什么工作，爸爸妈妈上班是为了让宝宝过上更好的生活等，让宝宝懂得感恩家人。

早教细节

父母下班回家后，可以让宝宝帮自己拿拖鞋、递水杯等，培养宝宝感恩的心，让他学着照顾别人。

自然观察智能开发：种植

在外面的时候，总有一些花是宝宝特别喜欢的，可以问问宝宝想不想自己也种一些。然后给宝宝准备一个专门的花盆，买些花籽，让宝宝亲手种进去，再告诉他要想让花开需要他付出什么劳动，比如如何施肥、如何浇水等。

花籽种下以后，宝宝会每天都去观察，刚开始几天花籽没有动静，宝宝可能就没耐心了，父母要鼓励他继续等下去。当花儿发芽后，父母就可以跟宝宝一起观察，引导宝宝去观察花茎，花叶的形状、颜色、大小、粗细等，用尺子或者其他物品比画比画，做个记录，过几天再用同样的东西去比较，让宝宝注意到花叶长大了、花茎变粗了。告诉宝宝等花叶、花茎变成什么样子的时候，花儿就会开放了。之后，花苞出现、花儿开放，花儿凋落都是重点观察的时候。

早教细节

如果宝宝善画，可以教他用画写种植日记，画下每天观察的情形以及观察到的结果，宝宝的观察会更深入。等会写字了，就可以用文字结合画把日记继续下去。

自省智能开发：表达感觉

会表达感觉，首先得梳理清楚自己的感觉。在梳理的过程中，宝宝对自己的认知会更深入。而且宝宝学会表达自己的感觉，有利于他与别人的交流，也有利于他的心理发育，所以训练宝宝学会表达自己的感觉也很重要。生活里处处可以训练。

握着宝宝的手摸摸热粥碗，然后迅速拿开，告诉宝宝“烫”，让他自己摸摸，问：“烫吗？”让他说出“烫”这个字，再让宝宝尝尝冰棍，问：“凉不凉？”诱导他说出“凉”。这样做可以增强宝宝的感受力，也逐渐学会表达自己的感受。

给宝宝看图画时，注意指出各种人物的心情，看到笑脸就说：“这个宝宝很开心呀”等，让宝宝了解情绪的外在表现。当宝宝情绪有变化的时候，也给宝宝说些表达情绪的词，比如宝宝很高兴的时候，就说：“哎呀，你这么开心啊，开心什么呢？”或问宝宝“开心吗？”让宝宝说出“开心”。

早教细节

当宝宝出现情绪问题而哭闹时，自己不能表达，父母要体会他的心情，替他表达出来，他会把这些词累积起来，以后就慢慢会用语言表达，而不会只是哭闹。

1岁7~9个月，具备了交往能力的宝宝早教细节

1岁7~9个月宝宝身体发育

过了1岁半的宝宝，身高、体重变化都较小，尤其是体重，有的时候好几个月都不见增长，也是正常的，因为此时宝宝的肌肉力量增强很多，每天活动量很大，消耗跟着增大，体重不增就见怪不怪了。

	身长上下限（厘米）	身长中位数（厘米）	体重上下限（千克）	体重中位数（千克）
男	76.0～95.9	85.6	8.6～16.7	11.9
女	75.1～94.5	84.4	8.26 ～15.9	11.3

育儿细节

宝宝的上牙尖牙在这个时候会萌出，达到总数12颗，而大部分宝宝的囟门都已经关闭，没关闭的也只是留有很小一个缝隙，到满2岁时就会完全关闭。

1岁7~9个月宝宝智能发育

动作能力：1岁7～9个月的宝宝能自如地走路，不但会向前走，还能稳定地倒退走和侧方向走，拉着东西走得也很好。跑步时，可能控制速度及绕开障碍物。不过，有时候仍然会摔倒。除此之外，宝宝还学会了扭动屁股跳舞，双脚并跳，攀登台阶，抬起一只脚踢球、模仿着做广播体操等。不过，尽管已经能扶着栏杆上下楼梯，但宝宝却喜欢四肢并用向上爬或者屁股朝前向下退，有时候也会坐着向下挪。

手的动作也更加灵活，能搭积木、拿笔画线，玩积木时会把3～4块积木叠在一起，也会扔球。

自理能力：开始自己用勺子吃饭，用杯子喝水，而且洒出外面的很少，还很努力地想掌握筷子的用法。另外，此时的宝宝能够控制自己的大便了，小便在白天也可以控制。只是此时的宝宝贪玩，有时候有了尿意不去解决，来不及就会尿到裤子里。不过尿湿裤子会告诉大人。此时的宝宝参与大人活动的渴望很强，喜欢模仿大人做事，如擦桌子、扫地等。大人可以分配他一些家务活，让他去干，这样宝宝的技能得到锻炼，同时也不会来打搅大人。

认知、思维能力：宝宝现在可以说出自己的名字，可以分清“你”与“我”；能够对两个步骤的指示做出反应，比如说“去把袜子和鞋子拿来”；可以告诉父母自己正在做什么，每天宝宝都在学习新单词；开始认识书里的词并且还会自己选书看；可以根据大小、形状、颜色或者用途把物体分类；理解很多物体的功能，可能还已经开始做象征性表演，比如用两个木块代替不同的动物。

听说能力：在语言方面，宝宝进入了积极的言语活动发展阶段，在理解语言的基础上，宝宝说话的积极性逐渐提高，掌握的词汇量也不断增加，能说一些简单的句子，掌握的词类也由过去的名词、动词扩展到形容词和副词等。

宝宝开始认真学习语言，翻动书页，选看图画，会注意听大人念儿歌，熟悉的儿歌可能会背出其中一两句简单的；能够叫出一些简单的物品的名称；也能够指出方向；能够说4～5个词汇连在一起的句子，如“在桌子上”；会有目的地说“再见”；能够按照要求指出眼睛、鼻子、头发等。

另外，宝宝喜欢父母说一说睡觉之前发生的事情，还会经常听到宝宝在床上自言自语。

不过，宝宝的注意力维持时间仍然不长，很难安安静静听完5分钟的故事。

情绪情感和人际关系：这个月龄的宝宝喜欢规律的生活，宝宝会对所有的突然变化都表示反对，比如，从奶奶家搬到姥姥家居住，会不适应，会哭闹；或者去幼儿园、托儿所，宝宝尚需要很多天来适应。

宝宝会对陌生人表示新奇，喜欢看小朋友的集体游戏活动，但并不一定想去参与。自己的玩具特别喜欢其中一两样，女宝宝常常会像大人一样抱着布娃娃，开始模仿成年人做家务，如铺床、扫地。

因为不再用奶瓶吃奶，为了安慰自己，宝宝可能更喜欢吮吸手指了，特别是在睡觉之前，躺在床上，一边吸吮手指，一边东张西望。

当有什么事情做不好、不顺心时，宝宝还会发脾气、哭闹，并不能控制自己。

这个阶段的宝宝好奇心很强，对什么都感兴趣，凡是够得到的、拿得动的东西，都要拿来摆弄摆弄，弄不好还要把东西拆散或扔到地上。随着自我意识的萌芽，独立的愿望越来越强，不管是自己能做的还是不能做的，宝宝都想自己去做，不愿别人帮忙。

育儿细节

宝宝独立性增强，探索欲望旺盛，再加上宝宝缺乏生活经验，所以，在这个阶段里意外事故时有发生，父母要特别注意给宝宝创造一个安全环境。

培养进餐姿势和秩序

宝宝能够自己吃饭之后，就要适时教导他良好的就餐姿势和秩序，着手培养餐桌上的小绅士或小淑女。

礼貌的进餐秩序：开饭前，让宝宝洗洗手，然后坐到餐桌前，但不要先开始吃，等到全部人落座了之后，再给宝宝盛饭、夹菜，让他和大人一起吃，吃完离桌时不能带食物。在就餐过程中，不要允许宝宝站起来爬上桌，别让他够远处的菜，有需要可以请父母代劳。

正确的进餐姿势：教导宝宝一手扶碗，一手拿勺，尽量教给他正确的握勺方法，然后告诫他吃完一口再吃一口，不要狼吞虎咽，也不要吃吃停停，不要用手抓饭等。不过没必要在进食过程中强制，只在每次开饭前强调一下即可。

恰当的进餐氛围：整体上保持轻松、愉快，虽然老祖宗有“食不言”的进餐规矩，但是一家人在餐桌上一言不发地吃饭，也不和谐，容易让宝宝有压抑感，所以还是要适当说说话，只要不大吵大叫，不开玩笑就可以了。

早教细节

宝宝有时候会把勺子弄掉或把食物弄撒或者吃得满脸都是，父母最好忽视，不呵斥也不笑，以免引起宝宝的表演欲望，把本来无意的动作变成有意的表演，再阻止就困难了。

预防不良进食习惯

不良的进食习惯都是在不知不觉中形成的，父母一定要有意识地提前预防，一旦形成再去纠正就难了。

预防形成边吃边玩的习惯。宝宝很难集中注意力去安安静静吃完一餐饭，总是边吃边玩，不能强行要求不玩，但是要有限度，就是玩具不能拿上餐桌，要玩只能玩餐具。

预防形成狼吞虎咽的习惯。狼吞虎咽的宝宝看着很可爱，但是不利于消化，只有细嚼慢咽才可以让食物在口腔里充分磨碎，和口腔里的唾液酶充分接触，进入肠胃之后，就很容易消化了，可以减轻肠胃的负担，并且更容易吸收营养。所以父母不要催促宝宝吃饭，反而要教给他细嚼慢咽。

预防吃饭时间太长。有的宝宝吃饭特别慢，甚至一顿饭可以吃两个小时。但是，肠胃的兴奋性维持时间一般不会太长，一般在半个小时左右，吃饭时间很长的宝宝，消化和吸收都不良。

吃饭慢和细嚼慢咽是不同的，主要是由于宝宝不能集中注意力造成的，比如吃一口停一停，咀嚼两下就发呆或者看电视。最根本的解决办法是减少干扰，告诉宝宝专心吃饭。

早教细节

如果宝宝只顾着玩儿，不吃饭，要给他规定吃饭的时间，一旦到时间了就收拾掉。如果还没到下顿饭的时间，宝宝饿了，记得不要给饭吃，让他饿一饿，就不会再只玩不吃了。

别让宝宝零食不离嘴

《中国儿童青少年零食消费指南》将零食划分为“可经常食用”“适当食用”和“限制食用”三个级别。

可经常食用级别的零食营养素含量丰富，而且是低脂肪、低盐和低糖的。这个级别的零食包括全麦饼干、全麦面包、煮玉米等低脂、低糖、低盐的谷类，香蕉、苹果、草莓、樱桃等新鲜水果，花生米、瓜子、核桃仁、松子等坚果。适当食用级别的零食包括巧克力、冰激凌、奶片、海苔片、蛋糕、山楂片等，都是含糖量和脂肪高的食品。限制食用的零食包括过咸、腌制食物和油炸膨化食品等，都是含脂肪、糖、盐等较高的产品。

给宝宝吃零食，注意不能影响正餐，更不能只吃零食不吃正餐。

首先，吃零食一天不超过3次。不要将很多零食都摆在茶几上，宝宝什么时候想吃就吃，这样很容易吃过量，影响正餐食欲，还会导致肥胖。

其次，零食最好安排在两餐之间，饭前饭后都不吃。饭前吃，会影响食欲，饭后吃，会让宝宝不专心吃饭，只等着吃零食。

育儿细节

给现在的宝宝吃坚果类、大颗粒类零食仍然要注意安全，避免卡喉，可以将这些食物磨成粉或打成小颗粒。

消除宝宝恐惧感

宝宝恐惧的事物千奇百怪，有的根本没有威胁性的东西也可能让他害怕。不要责备宝宝胆小，要承认宝宝有恐惧的理由，还要想办法帮他消除恐惧感。

首先，害怕、恐惧往往是因为不了解，所以熟悉、了解是消除恐惧最好的手段。对于宝宝害怕的东西，能近距离接触、了解的，让他多接触、多了解；对于那些难以接触到的，如雷电，可以用科学的语言解释给宝宝听，尽管宝宝听不懂，但他会确认这个是不可怕的。

其次，不要编一些妖怪、强盗捉小孩的故事骗他，宝宝一旦处在类似的环境中恐惧感就会出现。

另外，父母不要在宝宝面前表现出恐惧的情形，如果父母害怕闪电、害怕毛毛虫，宝宝也必然会害怕。

至于那些让宝宝感觉特别害怕、恐惧的事物，无法通过鼓励、教导等消除恐惧感的事物，可以让他远离。

早教细节

在帮宝宝消除恐惧的过程中，要鼓励他面对恐惧，但同时要教导他规避风险，以免出现意外。

语言智能开发：打电话

宝宝常常会把电话放到耳朵边模仿父母打电话，在他能说一些简单的话之后可以跟他玩打电话的游戏，诱导他说更多的话。

给宝宝1个电话，自己拿1个电话，妈妈假装出电话铃响的声音，然后对着电话说话："喂，宝宝，你叫什么名字？""宝宝，你今天吃什么了？""宝宝，爸爸在家吗？"类似这样很容易回答的问题都可以说。

宝宝可能会回答你的问话，也可能自己瞎说一气或者对着电话微笑不语，无论哪种情况，这个游戏都要继续玩下去，慢慢地这个游戏会真正成为沟通和交流的方式。

当爸爸不在家的时候，妈妈让宝宝给爸爸打个电话，让他问问爸爸在哪里、什么时候回家，这种情况下，宝宝一般拿起电话就会说出一大堆话。

早教细节

爷爷奶奶等亲戚打电话来了，妈妈都可以给宝宝听一听，爷爷奶奶会努力逗引宝宝说话，对提高宝宝的语言能力是比较有效的。

运动智能开发：齐步走

让宝宝跟着妈妈走，不但模仿步伐，还要遵守路线，不但可练习行走能力，还能同时锻炼观察能力以及模仿能力。

首先，妈妈和宝宝并排站立，妈妈说："宝宝请跟着妈妈走。"然后喊："一，迈左腿。"迈出左腿，宝宝如果没有跟你做，需要再向他说明："宝宝，看妈妈的腿，你也学妈妈这样做。"帮他把左腿迈出去。然后喊："二，迈右腿。"再教他迈右腿，很快，宝宝就明白这个游戏要怎么玩了。慢慢的，宝宝可以做到跟妈妈齐步走。

玩一会儿后，要增加难度，妈妈可忽左忽右、忽然直线地行走，看宝宝是不是会乐哈哈地跟着往前跑。再过一会儿，妈妈可做出外八字、内八字脚往前走，边做边说："我的脚是内八字，你的也是吗？"引导宝宝看看自己的脚和妈妈的脚有什么不同，让他按照妈妈的样子做。

早教细节

如果能找到一片有沙子或松软土壤的地方，玩这个游戏会更好，可以在走过一段路后跟宝宝往回走，仔细观察两个人的脚印。

数理逻辑智能开发：对应数字

现在的宝宝即使不认识数字，也能看出两个数字是否一样，跟宝宝玩一玩找出相同数字的游戏，有助于他认识数字、记忆数字。可以这样玩：找5个小盒子，在盒子的侧面分别写上1～5，在数字下方划一道口子，正好容许一张卡片通过，再准备1～5的数字卡片。然后将盒子一字排开放在宝宝的面前，告诉宝宝这些盒子是数字卡片的家，只要盒子上的数字和卡片上的数字一模一样，卡片就能从盒子的口子里回到他的家。妈妈跟宝宝说："我们把数字送回家吧。"拿起一张数字卡片给宝宝看，告诉他这是几，然后把盒子上的数字读一遍，问问宝宝哪个盒子和数字卡片上的数字一模一样。一个一个对比给宝宝看，直到找到同数字卡片显示的数字一样的盒子，再把盒子上的数字读一遍，然后形容字形给宝宝听听，就把卡片投进去。

早教细节

等这个游戏玩熟了之后，把盒子的口子做一些变化，写有小数字的盒子小，写有大数字的盒子大，让宝宝直观感觉数字大小。

音乐智能开发：二重唱

听熟了的歌，宝宝已经能跟着唱两三句了，但如果让他自己唱，就不会了，需要大人带一带，只要大人唱了，唱到他会唱的段落，他就会跟着唱几句。所以，现在一旦让宝宝唱歌，宝宝就会过来拉着大人跟他一起唱，大人不要推托，就跟他来个二重唱好了。

准备两个纸筒，当作话筒。先让宝宝报幕，让他举着纸筒

告诉大家要唱的是什么歌，等他说出来了，妈妈就起头，慢慢唱，并随着节奏摇晃身体和拍手，等着宝宝加入进来，宝宝总是在他会唱的地方和一两句，不会唱的地方就停下来看着妈妈，嘴一张一合等着加入，妈妈可以继续唱，等到会唱的地方宝宝会再次加入，一直唱到结束。结束了，妈妈要求宝宝一起鼓掌，并且向周围的人鞠躬表示感谢，并说出“谢谢”。

当宝宝能完整地记住一首歌了，就可以鼓励他自己站在大家面前单独唱一曲了。

早教细节

宝宝唱歌的时候，大人都要认真地听，不能笑他，以免宝宝害羞，以后再也不愿意在人前表演了。

空间视觉智能开发：宝宝带路

宝宝最先记住的路就是回家的路。带宝宝外出回家时，可以尝试让宝宝走在前面带路。开始时，可以在快到家时的巷子口让宝宝带路，慢慢地让宝宝从大街上或公交站或者附近的菜市场带路回家，以后去别人家串门后，也可以让宝宝带路回家。

另外，每次带宝宝回家时，走到有标志物的地方，都给宝宝提醒一下，告诉他见到这个标志物后要怎么走才能回到家。以后见到这个标志物，就考考宝宝下面的路要怎么走，到宝宝记住这些标志物的时候，他就能从熟悉的地方自己走回家了。还有，去别人家时，让宝宝注意观察路上的环境，引导他记住公交站牌、转弯之前的店铺、橱窗上的广告等能帮助辨识路径的东西。等回家的时候，可以跟宝宝一起回忆，等下次再来时，就可以让宝宝带路了。

早教细节

当宝宝不想回家的时候，妈妈可能会一边答应了宝宝不回家，一边把宝宝带上回家的路，宝宝一旦发现了这一点就会非常恼怒，从而大哭大闹，妈妈最好别这样做，可以用家里宝宝感兴趣的东西吸引他。

人际关系智能开发：旁观游戏

这个年龄段的宝宝，有时候会站在一边静静地观看大宝宝们的游戏，虽然没有参与游戏，但正在享受“旁观游戏”的乐趣。当宝宝专心致志地观看别的宝宝做某一种游戏的时候，自己也沉浸在游戏的氛围中。

这种旁观游戏的行为，并不是由于宝宝胆怯或懦弱，而是由于同龄儿童之间的人际关系还没有形成，宝宝的心理上似乎还有一种看不见的屏障没有打破，还处于不会积极主动地参加小伙伴们的游戏的状态。

宝宝处在这个阶段的时候，绝对不要催促。这是幼儿游戏的一个发展阶段，必须让宝宝充分体验这个阶段，幼儿的智力发育，是不能越过任何一个阶段的。最好的办法是等待，等到宝宝自然习惯。习惯了，宝宝会很自然而然地加入小朋友当中去玩，并且过渡到下一个阶段——“平行游戏”阶段。

早教细节

父母把宝宝带到公园之类的地方，自己尽管读书或者织毛衣，放开宝宝，不要管，任宝宝自由行动，过不了多久，他就会参加到小朋友的游戏中去了。

自然观察智能开发：寻找宝贝

宝宝喜欢收集东西，路上看到的小石子、烟盒等都会成为他收集的目标，父母不妨带着他到大自然中去寻找一些有意思的东西，提升他的自然观察智能。

妈妈可准备个篮子或者袋子。带着宝宝到公园走走，领着他各处看看，看到有趣的东西，妈妈就指给宝宝看："看，那片树叶，一半红，一半绿，好漂亮啊。我们把它拾起来吧。"然后把树叶捡起来，让宝宝仔细再看看，就把树叶放到篮子或者袋子里。

妈妈捡了几个"宝贝"之后，问问宝宝他看到什么有趣的东西了，看宝宝会不会指出一两样东西来，宝宝如果指出来了，就鼓励他捡起来，也放到篮子或袋子里。带着宝宝回家，将所有"宝贝"倒出来清洗、晾干，然后用胶水粘在纸上，做成贴画挂在墙上，让宝宝经常看到这些"宝贝"，会越观察越细致，发现许多小细节。

早教细节

要严防宝宝把那些小的、圆的东西捡起来，以免宝宝贪玩放入嘴巴、耳朵、鼻孔等，危害健康甚至生命。

内省智能开发：谦让

儿童教育专家做过一个实验：送苹果给幼儿园的小朋友吃，大部分宝宝都是拣大苹果、好苹果吃；一部分宝宝等人家拿了后，再去拿，只能吃小苹果；还有几个宝宝吃不到苹果（因苹果不是每人一个，不够分），他们不吵不闹，并不在意没有吃到苹果。等这批宝宝长大后，教育家跟踪研究，他们惊奇地发现：没有吃到苹果的宝宝成了政府官员；吃小苹果的宝宝基本上是厂长、经理；抢苹果吃的宝宝一般是平平淡淡、无所作为。

由此可见，从小培养宝宝的谦让精神多么重要！

培养谦让精神可先从宝宝谦让老人开始，分食物的时候鼓励宝宝先给爷爷奶奶，然后是爸爸妈妈，最后才是自己。然后让宝宝学会对比他小的宝宝谦让，鼓励他把自己的玩具给小宝宝玩，自己的零食给小宝宝吃。对老人和比他小的孩子谦让，宝宝一般都是更容易做到的。当宝宝对老人和小宝宝谦让习惯了，对同龄的宝宝也就能做到了。

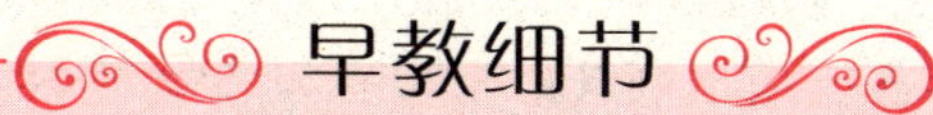

早教细节

如果宝宝有什么不愿意让出去的，父母不应强迫，越强迫宝宝越要紧守，跟父母培养他谦让精神的初衷就背道而驰了。

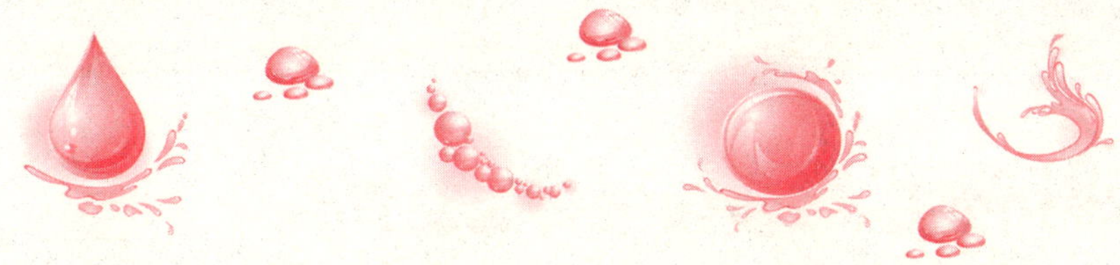

1岁10个月~2岁，亲子交流变容易的宝宝早教细节

1岁10个月～2岁宝宝身体发育

2岁左右的宝宝，腹部前突已经比以前减轻。2岁时，宝宝头的大小达到成人的90%，开始萌出磨牙。随着活动能力增加，宝宝会变得更加活跃，长出更多的肌肉，婴儿时期全身的肥肉开始减少，胳膊和腿逐渐加长，脸更加有棱有角，下颚线更明显。满2岁的宝宝身高体重具体数值可参考下面表格。

	身长上下限（厘米）	身长中位数（厘米）	体重上下限（千克）	体重中位数（千克）
男	78.3～99.5	88.5	9.1～17.5	12.5
女	77.3～98.0	87.2	8.7～16.8	11.9

育儿细节

2岁的宝宝正常情况下，囟门都已经关闭，如果还未关闭就要到医院检查，确定原因，尽快治疗。

1岁10个月～2岁宝宝智能发育

大动作能力：现在的宝宝走路的姿势标准、协调、好看，并且逐渐学会跑，只是刚开始跑的时候自己停不下来，有人在前面接住了就停下来，如果没有人接着就会摔倒，这种情况需要几个月才能改善。蹲的动作已经完全掌握，能自由地蹲下，再站起。另外，他现在特别喜欢模仿动作，会积极地模仿大人跳舞、做操等，不过动作可能不太准确。

宝宝的双手更灵活，在大人的带领、示范下，能玩比较复杂的游戏，像折纸、堆积木、捏橡皮泥、穿珠子等，还能画简单的图形，也能拧开螺丝口的瓶盖打开瓶子，还能再拧上去。不过旋转手腕的动作还做不到，一般自己拧不开球形锁的门。

自理能力：宝宝逐渐能自己吃饭，自己会不分左右地把鞋子穿上，会把衣服套在身上，并扣上较大的纽扣，也开始锻炼自己刷牙，另外他还喜欢参与妈妈的工作，妈妈做什么他做什么，并完成父母交代的任务，还能够自己打开柜子拿衣服，打开插销开门等。

因为能力越来越强，加上好动，对什么事物都充满好奇，有时候会闯祸，比如无意间打开水龙头、拧开煤气阀门等，父母要做好防范工作。

认知、思维能力：宝宝的注意力和记忆时间延长，想要转移他的注意力已经不是那么容易，即使暂时被转移，过一会儿还会想起来之前的愿望还没有满足呢，即使睡一觉都不一定会忘记这件事。

另外宝宝此时理解了很多抽象的概念，如今天和明天、快和慢、远和近等。对图形、事物的属性等认知更进一步，能够玩拼图，把匹配的图形拼起来，还能把具有同样性质的东西归为一类，把玩具和玩具收拾在一起，餐具和餐具归拢在一处等。

但是宝宝此时仍然不能有意识地规避危险，所以经常在玩的时候，被门夹伤、被水烫伤、被尖锐物刺伤等，需要父母多注意。此时阻止宝宝一些危险行为时，尽量用行动直接把他带离现场，行动比语言更能让宝宝提高认识。如果用语言可能会被宝宝自动过滤掉。

情感情绪和人际关系：宝宝这时可以独立玩耍，不喜欢别人参与，但是希望有熟悉的人陪在身边。宝宝玩得正起劲的时候，如果熟悉的人走开了，宝宝就会很恐慌，会立刻停止游戏去寻找。他这时候对妈妈的依赖非常深，很不希望妈妈离开他，包括妈妈去上班的时候。建议妈妈去上班之前，跟宝宝好好告别，不要偷偷离开，以免加深他的焦虑感。

宝宝的性格特征更加鲜明，或倔强或温顺，或害羞或自来熟，或急躁或稳慢，有的喜欢安安静静看书，有的则喜欢疯跑玩耍，父母只能在他的个性基础上加以培养，不要妄图做根本性的改变。

听说能力：宝宝这个阶段喜欢看图画书，但不一定能把书拿正，纠正他也未必听。大多数都能按照指示指出图中事物，能在照片中准确地找出亲近的人。另外，宝宝能看懂动画片了。

宝宝现在还特别喜欢听儿歌和故事，尤其是儿歌，并且能记住常听的儿歌，在大人的提示下，能够背诵几首。

宝宝现在很喜欢说话，能够用短句表达自己的需求，但更多时候是一个人嘟嘟囔囔地自言自语，或者跟娃娃说，妈妈也听不懂。需要提醒一点，宝宝在此时的语言模仿能力非常惊人，要尽量多用语言跟他交流，这对他的语言能力进步帮助很大。

早教细节

宝宝逐渐喜欢看电视了，一定要严格控制他看电视的时间，多跟他游戏并多带他到户外活动。

耐心回答宝宝的问题

宝宝会说话了之后，就变得有特别多的问题。这个时候的宝宝提问，并不是真的追究真相或者道理，更多只是想要从大人那里得到一个说法，或者仅仅是想说说话而已。所以，面对这种情形，父母一定不能嫌烦，不要跟宝宝说“别问了”。

碰到需要用科学原理才能解释清的事，没必要跟宝宝讲得那么详细，可以给宝宝一个故事般的答案，比如解释太阳下山可以用爸爸妈妈上下班来比喻，完全没有必要解释地球公转与自转的科学道理。

如果宝宝一而再再而三地问同一个问题，可在他再次提问的时候反问他：“你说呢？”如果宝宝说出答案，妈妈就告诉他已经知道答案的问题就不要再问了，可以问些新的问题。

在宝宝提问的时候，尽量多鼓励宝宝思考，可以让他养成思考的习惯，同时也减少了反复回答问题的麻烦。

早教细节

有些问题可能父母自己都弄不明白，别跟宝宝说“不知道”，可以说：“妈妈也不清楚，但可以查查书，书上都写了。”这样带着宝宝查书找答案，不但能给宝宝妈妈重视他的问题的印象，而且还能让宝宝对书产生好感。

帮宝宝建立物权观念

1岁半左右，宝宝的物权意识开始萌芽，但是没有明确的物权观念，不懂得任何物品都有自己的主人。所以他不但保护自己的东西，还想占有别人的。父母要教导宝宝不但要保护自己的物权，还要尊重别人的物权，以免长大后总是受欺负或者总与人发生冲突。

尊重别人的物权：当宝宝想要别人的东西的时候，告诉他这个是别人的，如果想要必须经过人家同意，如果人家不同意他就不能拿。如果宝宝非要不可，可以告诉他用他自己的东西去交换或者答应他可以给他买一样的东西。

在教导宝宝尊重别人物权的时候，父母要注意不能伤害到宝宝的自尊心，首先要了解宝宝拿东西的动机，再做适当的处理，不要用严厉的、让宝宝难堪的方式和语言刺激他。而答应给宝宝买的东西一定要买，否则下次就不管用了。

允许宝宝行使自己的物权：当宝宝保护自己物品的时候，父母不要强迫他交出来或者说他“小气”。宝宝有权保护自己的物品。

不过，太维护自己物权也会让宝宝形成自私的心态，还是需要教给他分享的概念，可以教宝宝给更小的宝宝玩玩具，展示玩具的玩法，并把自己的用品借给小宝宝用。

在要求宝宝分享的时候，一定不要强迫，如果宝宝实在不愿意，可以告诉宝宝如果愿意分享，妈妈会给他更多好东西，不过说出来的一定要做到。

早教细节

宝宝并不懂得“偷”与“借”有什么区别，父母要明确告诉他。如果宝宝没经过允许就把东西拿回家来，要正面告诉他“不可以偷拿别人的东西”，然后领着他给别人送回去。

别做不适合宝宝的运动

让宝宝过早参加某些健体运动，容易伤害宝宝身体。以下运动都是如此，不应让宝宝去做。

拔河：拔河需屏气用力，当由憋气突然变成开口呼气时，静脉血流会突然涌向心房，会损伤宝宝柔薄的心房壁。另外，幼儿时期身体的肌肉主要为纵向生长，固定关节的力量很弱，拔河时极易引起关节脱臼和软组织损伤，抑制骨骼的生长，严重的还会引起肢体变形。

力量锻炼：宝宝过早进行肌肉负重的力量锻炼，会影响身体各部分匀称发育，还会给心脏等器官造成较重的负担，另外还可能使局部肌肉僵硬，失去正常弹性。引体向上、俯卧撑、仰卧起坐等力量练习都不适合让宝宝做。

长跑：长跑对人体各个关节的冲击力度很高。宝宝经常长跑锻炼，对关节处的骨骺发育不利，容易出现炎症，从而影响宝宝长高。另外，宝宝过早进行长跑，会使心肌壁厚度增加，限制心腔扩张，影响心肺功能发育。

扳手腕：宝宝四肢关节的关节囊比较松弛，坚固性较差，扳手腕容易发生扭伤。另外，如同拔河一样，屏气是扳手腕时的必然现象，对心脏不利。

极限运动：宝宝器官各方面还没有成熟，很难承受极具“挑战性”的极限运动，而且很容易造成损伤，包括肌肉、关节都会受到伤害。

兔子跳：在做兔子跳运动时，每跳一次膝盖骨所承受的冲击力相当于自身体重的1/3，这对骨化过程尚未完成的宝宝来讲，很容易造成韧带和膝关节半月板损伤。

倒立：宝宝经常进行倒立或每次倒立时间过长，会损害眼睛对眼压的调节，影响到视力发育。

碰碰车：宝宝的肌肉、韧带、骨质和结缔组织等均未发育成熟，非常脆弱，受到强烈震动时容易造成扭伤和碰伤。

滑板车：8岁以下儿童不宜玩滑板车。儿童身体正处于发育的关键时期，如果长期玩滑板车，会出现腿部肌肉过分发达，影响身体的全面发展，甚至影响身高发育。此外，玩滑板车时腰部、膝盖、脚踝需要用力支撑身体，这些部位非常容易受伤。

小区公共健身器材：小区里的公共健身器材一般是给老人用的，不适合宝宝用。宝宝使用很容易造成损伤。

对宝宝来说，跳绳、弹跳、跳皮筋、拍小皮球、踢小足球、打小篮球、游泳等体育运动都是比较适合的，这些项目既有助于增加宝宝的身高，又不会伤害身体。

早教细节

对于尚未发育成熟的宝宝，一次运动时间最好不要超过一个小时，间隔十几分钟，休息一会儿后再运动。一天的运动量不能过大，以运动后宝宝不感到疲劳为限。

用平等心对待反抗行为

在2岁左右，宝宝会经历一个反抗期，让他往东，他偏往西，而且经常会把“不”“我就要”“我不喜欢”等话挂在嘴边。

宝宝出现反抗行为，主要是自我意识、独立意识增强导致的，他现在迫不及待地想要验证一下自己的本事，看看自己的意见是否受到尊重和重视。只是这种试验行为太过自我中心，有些过火了。

对宝宝的这些行为，父母不要一味训斥、阻止和惩罚宝宝，以免宝宝的独立性、自主性受到压抑，长大后性格怯懦，凡事看大人眼色，或者形成执拗的性格，总喜欢逆着父母行事。

跟这个时期的宝宝沟通，既要保证他的安全，又要能化解矛盾，还不能伤害他的感情和积极性，所以一定要讲究方法，可以参考下面几种做法。

❶ 合理满足：对宝宝的合理要求尽量满足，让他体会愿望实现后的满足感。不要总是说“不”，宝宝也会模仿，从而表现出更激烈的反抗行为。

❷ 转移注意：宝宝不合理的要求和有危险性的探索活动，强行阻止效果不大，尽量避免正面冲突，可以用更有趣的事转移宝宝的注意力。

❸ 故意冷淡：有时候宝宝会故意不让干什么就偏偏干什么，然后看大人的反应，这个时候大人最好装作没看见或没关系，他觉得没意思也就不会再干了。

❹ 后果惩法：在宝宝意图做某些带有危险性的动作时，给他演示一下可能带来的危险后果，比如他要动暖瓶，妈妈可以把抓着宝宝的手去摸暖瓶，让他感觉一下热气蒸腾的不适感，从而自然调整自己的行为。

❺ 反向刺激：如果宝宝不肯听父母的话，可以采用反向刺激法，可以这样说：“宝宝肯定会做的，你看宝宝马上就要去做了，好乖呀。”一般情况下，宝宝都会美滋滋地去做的。

与反抗期的宝宝沟通，不能总是说“不”，但当宝宝屡教不改地做某件危险的事或者提出不合理要求，也必须要严肃地对宝宝说“不”，让他学会服从和控制自己的情绪。

早教细节

“妈妈不要你了”“再不听话就打你了”“我说不行就不行”这类话会强化宝宝的反抗行为，变得更不听话，所以父母要少说。

利用“泛灵心理”培养宝宝爱心

“泛灵心理”是指把所有的事物视为有生命和有意向的东西的一种倾向，是幼儿期一种特别的现象。在宝宝心目中，一切东西都是有生命、有思想感情的活物。利用宝宝的“泛灵心理”进行教育，会培养出宝宝的爱心、责任心等优良品质。

父母应当善于把事物拟人化，激发宝宝的“泛灵心理”。例如，教育宝宝不要把墙壁弄脏，不要把小凳子弄坏，可以对宝宝说：“小凳子如果被摔了，一定会很疼的，如果把它的腿弄断了，走起路来多难受啊！”也可以说：“墙壁可喜欢卫生了，如果把它弄脏了，它就不跟你交朋友了。”宝宝听了以后会非常注意。

利用“灵化”了的外部事物如童话故事、寓言故事、民间故事等教育宝宝，比起向宝宝讲解难懂的大道理效果好得多，父母可把想要让宝宝懂得的道理编入故事中再教宝宝。

早教细节

幼儿的“泛灵心理”是一种意识发展不充分的表现。在利用“泛灵心理”进行教育的同时，还应指导宝宝逐步学会人物识辨、物物识辨，促进宝宝从本质上去认识事物。

让宝宝了解一些常识

宝宝的活动范围越来越大，见到的事物越来越多，父母应该有意识地让宝宝了解一些常识，为宝宝独立打下基础。

认识周围环境：在带宝宝去户外活动时，可以给宝宝讲解环境中的事物，比如理发店、商店、幼儿园等。给他介绍这些地方的特点、功能等。当要出去做什么事的时候，可以问问宝宝应该到什么地方去完成。

职业：一些有明显特征的职业如医生、警察、公交司机等，可以教给宝宝区分，给他讲他们的特征以及他们的工作内容。识字卡片上有对应的知识，可以从中挑出医生、警察、公共汽车、红绿灯、听诊器等，扣在桌上，让宝宝翻开一张，说出是什么物品有什么用，或是干什么的人，把人和象征性物品识别和归类。

交通工具：带宝宝外出的时候，会看到各种各样的交通工具，可一一给他介绍，包括交通工具的驱动方式、速度快慢以及公用还是私用等。不过因为公路上空气污染严重，所以不建议带宝宝专门长时间露天待在公路边看车。

早教细节

给宝宝介绍常识的时候，好的方面、坏的方面都要说，比如汽车给人们提供方便的同时还会带来车祸，让宝宝意识到汽车的危险。

语言智能开发：看图说话

带着宝宝看图画书的时候，父母要善于提出各种问题，让宝宝学会看图说话，训练宝宝观察图画和组织语言的能力，同时还能开发他的想象力。到宝宝3岁后他就能根据图画编故事了。

如果看的是海底世界、森林等图画书，可以问问宝宝图画里都有什么植物、什么动物，让宝宝说出他见过图画里的什么动物或植物。如果家里有这种东西，可让宝宝拿出来，让宝宝跟图画对比一下看是否一样。还可以给每种动物或者植物取个名字。逐渐可以让宝宝围绕着动物或植物想象一个简单的故事。

如果看的是小故事，先问他都有什么人物，他们在哪里、在干什么等故事要素，然后扩展到问宝宝人物表情、心情以及他们的想法等。

开始的时候，总是父母讲，宝宝听，父母问，宝宝答，逐渐地父母可以尝试不出声，鼓励宝宝给父母讲一讲，宝宝讲的过程中也会模仿父母问问题。

早教细节

图画书不变，但父母的问题要经常变化，充分开拓宝宝的思维和想象力，不要同样的问题从小问到大，对宝宝能力的促进相对较小。

运动智能开发：精确模仿

父母做动作，要求宝宝模仿做出一模一样的动作，可提升宝宝动作的精确性，而且这样的游戏比较有紧迫感，可以让宝宝更集中注意力。

妈妈跟宝宝对面而坐，说："请你跟我这样做。"伸出一只手，手心朝上，要求宝宝也这样做，宝宝如果不做就帮他把手伸出来，然后手心向上，几次之后宝宝就知道怎么玩了。

模仿完几个手势后，妈妈把1条毛巾放在自己面前，1条放在宝宝面前，妈妈说："请你跟我这样做。"然后将毛巾的一角折起来，鼓励宝宝模仿，之后将毛巾对折、翻转、抖动等都行。

玩过毛巾再玩乒乓球，每人1个乒乓球、1个杯子，妈妈说："请你跟我这样做。"用杯子把乒乓球扣住，然后再说："请你跟我这样做。"把杯子拿开，把乒乓球扔到杯子里等。

早教细节

玩动作模仿游戏，在宝宝熟练之后可以把动作加快，能做多快做多快，宝宝能跟上节奏会很自豪。

数理逻辑能力开发：电话号码

宝宝对大人的手机都很感兴趣，可以趁他玩手机的时候让他认识数字键，再大一些可以练习记忆电话号码。开始教的时候，按照顺序来，从1读到9，让宝宝跟着念。读的次数多了，可试试宝宝记住没有，妈妈用手指点数字键，开始时顺序从1指到9，看宝宝能读出几个，然后再从中间跳着点几个，看宝宝是否还能读出来。当宝宝能读出几个数字了，可以由妈妈读数字，让宝宝用手指按数字键，看能按对几个。把爸爸、妈妈、爷爷、奶奶等人的电话号码写在纸上，贴在墙上，告诉宝宝都是谁的电话号码，让他知道他只要按对这些数字就能打通电话，刺激他学习数字的积极性。

早教细节

宝宝的记忆力较短暂，今天记住的，明天可能就忘了，对于数字，宝宝知道一点、了解一点即可，千万不要强迫他记忆、学习，以免产生厌学情绪。

空间视觉智能开发：纸盒游戏

好玩具不在贵，各种废弃的纸盒其实能成为宝宝最好的玩具。

❶ 用大小不等的方形、长方形纸盒放到一起，堆成高塔，并把纸盒上中下移动，改变塔的形状和大小，让宝宝认识一些几何图形。

❷ 用一根绳子把纸盒穿起来，让宝宝牵着绳子朝前走。“开火车了！”

❸ 挖去纸箱的一面，在纸箱里面放上小枕头、玩具娃娃、小被褥等，纸箱就变成了“一张床”，和宝宝一起玩“过家家”。

❹ 在纸箱一侧剪出一扇门，宝宝可以玩开门、关门的游戏。

❺ 在大纸箱的四边，各摆上一个小纸盒，大的纸箱成了“桌子”，四边的小纸盒就变成了“板凳”。

❻ 在小纸盒上挖一个或几个形状大小不同的孔，让宝宝的手能自由地进去。宝宝可以把石子或小瓶之类的东西从小孔里扔进去，又可以从小孔伸手进去捡出来，让宝宝体会不同物体和不同小孔之间的对应关系。

❼ 把小物件或能发声的小铃铛放在纸盒中摇动，纸盒就变成“拨浪鼓”，让宝宝学会辨认什么东西会发出什么样的声音。

早教细节

废弃纸盒不只可以做玩具，还能做成用具，如灯罩、笔筒、花盆等，宝宝看着种种变化，创意思维会被激发出来。

音乐智能开发：猜声音

找一些可以发出具有鲜明特色声音的、不同材质的物品，比如肥皂盒、钢制饭盒、铃铛、书等，用筷子把这些物品敲响，问问宝宝是什么发出的声音，可训练宝宝的听觉分辨能力。

玩之前，可以把待会儿要敲响的物品让宝宝逐个看一看，方便他猜的时候确定范围，甚至可以敲一敲，事先感受一下声音特质，然后用手帕把宝宝的眼睛蒙上或者让宝宝背过身去，敲响一件物品，问宝宝是什么声音。如果猜对了，敲响下一个。如果宝宝没猜对，就再敲几下，然后把宝宝所猜物品也敲一下，告诉他没猜对，这个才是他猜的那个物品，让他继续猜，直到猜对。如果实在猜不对可以把该物品放到一边，等其他猜完了，打开宝宝蒙眼睛的手帕或者让他转过身来看，再次敲响，加深认识。

早教细节

宝宝越来越大了，有些游戏可以让宝宝主导或者宝宝和父母换着来。上面的这个游戏就可以大人让宝宝猜完后，换作宝宝让大人猜。

人际关系智能开发：妈妈的“小尾巴”

妈妈外出，带着宝宝，让他做自己的小尾巴，可以增加宝宝见识，提升人际关系智能。

做客：在去别人家之前，必须给宝宝介绍一下要去的地方，比如主人家住在哪里，家里有哪些人。告诉宝宝去别人家里要懂礼貌，不可以太吵闹。

宝宝在别人家容易感到无聊，如果正好有小宝宝陪伴还好一些，如果没有小宝宝，可以给他带一些玩具，让他自己玩玩具、看书、画画。

超市和菜场：在去超市或菜场之前，可以先跟宝宝说这次要买什么东西，让宝宝帮忙一起去寻找并挑选，如果宝宝对某种物品感兴趣，有必要的话，可以买下来，还可以问问宝宝为什么喜欢这种物品。买下的物品可以让宝宝帮忙放到购物篮或者购物车里。

聚会：如果聚会上还有别的小朋友，就可以让宝宝跟小朋友玩了。如果没有小朋友，可以让宝宝和朋友轮流说话、玩游戏，这不仅能提升宝宝的语言智能和人际关系智能，还是减少宝宝无聊感的好方法。

早教细节

带宝宝外出，在提升他的知识、技能的同时，一定要给他足够的安全感，父母不要离开他的视线，好让他有什么需求可以及时说出来，不会感到紧张。

自然观察智能开发：露天嬉水

露天嬉水，让宝宝同时亲近空气、水、阳光，感受大自然的美好，他会彻底爱上大自然。而且阳光、水、空气同时作用在宝宝身上，非常有益健康。另外，宝宝在水中的游泳、嬉戏动作，对身体肌肉、骨骼也都是很好的锻炼，心情好自不必说，益处是全方位的。

露天嬉水时，打水仗、水下抓宝宝痒痒、用石子打水漂、把玩具放入水中观察沉还是浮都是不错的节目，都可以玩。

不过，露天嬉水时，要预防宝宝感冒。气温不要低于25℃，水温不低于23℃，无风，且阳光温煦。刚开始时，时间不要太长，第一次水中活动1～2分钟就可以了。如果天气炎热，水温也较高，而且宝宝很有兴趣，不觉得累时可以适当延长，但最长不要超过30分钟。下水前，父母可以用毛巾或双手摩擦宝宝的身体，先热身，出水后要马上用大浴巾包裹。

早教细节

最适合露天嬉水的时间是夏季下午3～4点。如果在嬉戏中发现宝宝有脸色苍白、寒战等现象要即刻离水，及时采取保暖措施。

内省智能开发：父母小时候

宝宝喜欢听故事，父母不妨把自己小时候的事，像讲故事一样讲出来给宝宝听。给宝宝讲自己小时候的故事，其实也是自己将事件本身整理一遍的过程，中间会有很多反思、自我评价和总结的环节。宝宝经常听父母讲这样的故事也会学着去做，经常反思自己的行为，有助于提升内省智能。

给宝宝讲自己小时候的故事时，可将自己对这件事的反思作为主题，多说一些当时心态如何、心情如何，在采取了某种行为以后，结果如何，自己反思这件事的结果，该做还是不该做，在自己认为做错了的时候有没有道歉，道歉之后心情如何，没道歉之前心情如何都是重点。父母在叙述中重点描绘的这些点会成为以后宝宝考虑事情时主动考虑到的点。

早教细节

给宝宝讲自己的故事的时候，可以在某些地方适当停一下，让宝宝猜猜自己当时是怎么想的、怎么做的，并问问他为什么这样猜，让宝宝和自己一起反省。

2岁1～3个月，好奇心十足的宝宝早教细节

2岁1～3个月宝宝身体发育

2岁后，宝宝的体重每年只有约2000克的增长量。不过，此后，宝宝的颌面骨发育及面形渐渐变长，长相逐渐固定了。

满2岁3个月的宝宝体重、身高发育数值可参考下面表格。

	身长上下限（厘米）	身长中位数（厘米）	体重上下限（千克）	体重中位数（千克）
男	80.5～102.5	91.1	9.47～18.7	13.1
女	79.3～101.2	89.8	9.10～17.6	12.5

育儿细节

宝宝的睡眠时间明显减少，白天只在中午可睡2～3小时，但也有许多宝宝因为贪玩都不愿意自己睡，父母一定要督促他去睡。

2岁1～3个月宝宝智能发育

动作能力：走、跑都比较平稳，动作也协调了许多。能自己观察路线和道路情况，避开障碍，不像原来那么“没头没脑”地乱闯，也没那么容易摔跤了。如果有意识地锻炼宝宝，他应该已经能双脚离地跳起，也能向前跳出一小步了，还能从矮的台阶上独立跳上跳下，并能站稳。能自己上下楼梯。

听说能力：能够说出日常见到的大多数事物的名称，与成年人交流基本没有困难，也开始提出更多的要求和问题。能准确地说出自己和爸爸妈妈的名字，自己的年龄、性别。教得多，宝宝记住的就多。能熟练地使用一些副词如“现在”“一点儿”“特别”，以此来更精确地表达自己的意思。能说完整的句子，“妈妈上班了”“我要吃香蕉”。

自理能力：吃饭、喝水一般都能自理，也喜欢自己穿衣服，但完全依靠自己完成，对宝宝来说还不太容易，需要大人协助。吃饭时喜欢学成人用筷子夹菜。此后，可以进一步训练宝宝自己洗手、洗脸、上厕所等，提高自理能力。

认知、思维能力：2岁的宝宝已经颇具想象力，会把所有圆圆的东西都说成像太阳，把弯弯的东西说成像月亮。记忆力也有很大进步，已经能够理解一些抽象的概念，如今天和明天、快和慢、远和近等，会从1数到10，甚至更多。喜欢问更多的“为什么”。宝宝能记住家中各个人物的称呼，如爷爷、奶奶、姥爷、姥姥、小姨、舅舅等。开始学会用代词称你、我。能分辨清楚长铅笔和短铅笔，吃苹果能分辨出多少。能知道桌上桌下、身体的前面后面。能知道爸爸是男的，妈妈是女的，也知道自己的性别。到户外玩耍后，能知道自己的家门，会找到回家的路。

情绪情感和人际关系：2岁后的宝宝变得有些暴躁、吵闹，有很强的自我意识，这是因为他们想了解这个世界是如何运作，并且希望参与其中，但又不得其法而导致的，是这个时期的特有表现。在这个阶段到来后，父母千万别去抱怨宝宝的“逆反”，多多珍惜成长过程中的可爱之处。宝宝的喜怒情绪，都能用声音表达出来，高兴时会笑得很开心，生气时会发脾气、吼叫。此时的宝宝也喜欢和小朋友交往。

早教细节

2岁的宝宝因为太逆反，又因为什么都要自己做却又做不好，所以总是和“麻烦”二字相联系，其实这是宝宝进步的表现，父母应多看宝宝的出色之处，给宝宝成长更多的支持，而不是打压。

宝宝尿床

一般来说，宝宝在1～1岁半的时候，就开始能在夜间控制排尿了，尿床现象已经大大减少，但有些宝宝在满2岁半后，还只是能在白天控制排尿，夜里还会尿床，不过这不是什么大问题。只要宝宝到了3岁以后不再尿床就可以。遗尿症只有到5岁以后仍然每周至少有一次尿床情形才算。

这个阶段的宝宝尿床不要太忧虑，也不要斥责宝宝，更不能打骂或进行羞辱性惩罚，那样只会使宝宝更加紧张，从而加重尿床现象。相反的，应该尽量解除他的心理负担，一旦没有尿床就及时给予鼓励和表扬，让他树立起信心。

大多数宝宝尿床都是机能问题，能够自愈。正确训练宝宝夜间小便是避免尿床的必要手段。父母在夜间给宝宝把尿时最好叫醒宝宝，不要让他在半睡半醒之间排尿。另外，要观察宝宝在夜间要排尿的时候有什么表示，比如哼哼唧唧、翻来覆去或者哭，一旦有表示，父母要及时把他叫醒把便。另外也不要长时间穿纸尿裤，以免他习惯在睡梦中排尿。习惯睡梦中排尿是造成遗尿症很重要的一个原因。

还有些是遗传因素导致的，如果爸爸小时候尿床，男宝宝尿床的概率就会较高，这样的宝宝只能静等其长大。如果5岁以后仍然尿床就要检查治疗了。

育儿细节

在宝宝已经能够控制夜间排尿之后，如果受了惊吓，或者玩得太累、兴奋过度，都有可能尿床，这些偶然现象就不必在意了。

宝宝口吃要耐心纠正

口吃，初发在2～4岁的宝宝身上。在这段时间内，宝宝希望用较多的词汇来表达自己的意思，但却会因为掌握的词汇量太少，有时候要边想边说，往往会把第一个字重复多次，因而特别容易口吃。宝宝口吃，一般会随着宝宝长大而得到纠正，不过，在这段时期一定要正确对待，以免让宝宝口吃延续到成年。

当宝宝说错或表达不流畅时不能嘲笑和训斥、责怪，更不能打骂，父母要耐心地听宝宝说话，并且要劝周围人不要嘲笑或模仿宝宝的口吃。同时有意识地培养他的说话能力。

❶ 叮嘱宝宝说话时不要太用力，要放低音量，用轻柔的音调讲话，要有节奏地发音，恢复语言的正常节律。

❷ 说第一个字时要进行诱导，要缓慢地、轻轻地诱导宝宝发音，并逐渐变响，然后过渡到第二个字。

❸ 平时要有意识地培养宝宝慢慢说话的习惯，还可以让宝宝每天朗诵几首儿歌或诗歌。

❹ 尽可能让宝宝与人多交谈，尤其是谈一些愉快话题，宝宝不紧张，就不会出现口吃。

一般来说，只要经过这几项措施来耐心细致地逐步矫正，宝宝的口吃习惯就会慢慢纠正。

早教细节

宝宝长时间用重叠音表达要求或者故意跟口吃的人学习都会导致口吃，父母要注意别让宝宝长时间使用儿语，也不要让他跟有口吃的人长期相处。

宝宝说脏话别紧张

此时的宝宝偶尔会蹦出脏话，父母不必紧张，现在的宝宝说脏话并不关道德问题，有时候只是因为好玩，有时候是觉得脏话说起来铿锵有力，比较能够表达他心中的愤怒。

如果宝宝说脏话时并没有表达感情的意思，那就仅仅是因为好玩，可以忽略掉，进行淡化处理，假装没有听见，宝宝发现这句粗话不会引起关注，慢慢地也就失去了说的兴趣。

如果宝宝总是在心情不好的时候说脏话，父母可以对他的懊恼表示同情，并尽量帮他解决掉让他懊恼的事，告诉他还有其他方式可以让他心情好起来，不一定非要讲脏话。

当宝宝心智逐渐成熟，他就会知道讲脏话是不对的，渐渐远离脏话。

早教细节

如果父母特别紧张宝宝说脏话，他一说脏话父母就有激烈反应，宝宝为了引起关注，反而会频繁说了。

宝宝说谎是成长的表现

研究证明，说谎越早的宝宝越聪明，所以这也是成长的表现。遇到宝宝说谎时，不要太生气，弄清楚宝宝说谎的原因，耐心纠正就行了。

宝宝撒谎可能是无意的，有时候他把幻想或梦境当成了真实，只要教会他分辨现实和想象的方法即可；有时候是吹牛，是他在寻求自我安慰和平衡，多给他一些关注和表扬，他就不会再撒谎。

但有时候宝宝的谎话是为了逃避责任，谎称错是别人犯的，就要特别注意纠正他了。

❶ 首先向宝宝确认。注意提问语气不要咄咄逼人，给宝宝一定的缓冲余地，让他有时间去决定是张口说谎呢还是给出一个更好的理由或者能提供一个解决的办法。

❷ 如果宝宝没有承认说谎了，不要一再追问，因为那样宝宝为了掩饰之前的谎言，会编更多的谎言出来，可直接告诉宝宝自己已经知道真相了，并告诉他以后不要这样做，父母不喜欢撒谎的人。

之后要告诉宝宝正确方法，避免下次再犯同样的错误。

早教细节

父母平时不要跟宝宝撒谎，如果自己总是撒谎而要求宝宝诚实，宝宝是不会听从的。

适时增加文字阅读量

2岁以后宝宝阅读的书虽然仍是以图画为主，但文字要相应增加，大约近3岁时，选书的重点就要从以画为主，向以文字为主偏移。

给宝宝的书内容要生动有趣，有情节、有知识，同时应输入正确的道德观，不要一味打打杀杀。同时，要有趣味性，形式和内容都要多样化。小故事、小知识、小测验、儿歌、填图、手工制作等，都能大大调动宝宝读书的兴趣。

有一些幼儿类图书的画面不美，会对宝宝的心理造成不良影响，不要购买。

另外，2岁以后，宝宝的书不一定非选幼儿读物。比如，可结合宝宝喜爱的玩具选。宝宝若偏爱某些玩具，对和这种玩具相关的知识都表现出极大的兴趣。就不妨从“专业”书中挑一些书让宝宝看，做一些深入浅出的讲解。一些原本宝宝学不了的知识，却能很快掌握。这样看书，不仅兴趣高，某方面的知识也可得到深化。

早教细节

2岁以后的图书，画面可以抽象一些，只要抓住特点，变形也不要紧。此时宝宝已基本上能掌握小动物的主要特征，抽象可以增强想象力。

让宝宝学做家务

如果想让自己的宝宝在青少年时期习惯于帮忙做一点家务，则必须在宝宝2岁时就慢慢培养和渗透这种习惯。如果没有从小培养宝宝做一些“家务事”的习惯，就别指望着宝宝长大后能主动做什么。

父母需要想办法，找一点“家务事”让宝宝帮助做一做，如拿勺子、碟子，收拾玩具，喂小动物等，宝宝都会乐颠颠地去做的。让宝宝学做家务的时候，记得不要伤害他的积极性。

首先，让宝宝感觉到自己干的活很重要。父母不要看着宝宝做得慢或者做不好就自己接过来，让宝宝感觉家务事没有自己也没关系，自己做家务只是形式而不是必须。

其次，当宝宝已经干完了活，父母要给予夸奖，不要总是挑毛病，找缺点。对于宝宝没做好的，可以悄悄再处理。

早教细节

宝宝参与家务总会让父母觉得碍手碍脚的，这时不妨把自己正在做的工作分一部分给宝宝，让他独自完成，比如擦桌子的时候，教宝宝把某一个凳子擦干净，他会擦得很起劲，但绝不会妨碍妈妈。

训练宝宝自己上厕所

在这个阶段后期，给宝宝穿上容易穿脱的裤子，可以教宝宝自行上厕所了。

第一步：脱裤子。教给他上厕所的时候，将裤子褪到脚腕的位置。如果是男宝宝，小便时脱到大腿中部就可以了，大便也要脱到脚腕的位置。

第二步：擦屁股。关键要告诉女宝宝要从前向后擦，擦完后父母还要检查一遍。

第三步：提裤子。大小便完后，教宝宝把裤子拉上，宝宝会做到将裤子提起来，但是还没有能力整理好，需要父母帮他。

第四步：洗手。提好裤子后，不要忘了带宝宝正确洗手。

持续训练下去，宝宝在2岁半左右就可以自己上厕所了。

* 宝宝上厕所遇到的问题

宝宝能自己上厕所了，但是还是有一些问题存在，让父母感到不放心，需要费些周折来解决。

❶ 屁股擦不干净。宝宝刚学会自己上厕所后，屁股往往擦不干净，这让父母很担心，尤其是女宝宝。建议父母在宝宝擦完后自己再检查一遍，以便弄得更干净。

❷ 害怕冲水。很多宝宝冲水的时候都会表现出害怕，他并不是害怕冲水，而是因为自己的东西被带走了，感觉不安。刚开始的时候，大人可以让宝宝跟自己的便便说再见，然后站在较远的地方看着冲水，以后可以把着宝宝的手冲水，慢慢就会习惯。

❸ 拎着便盆，随时待命。有的宝宝好像是为了让便盆随时待命一样，总是把便盆拎在手里到处跑。对这样的宝宝，没有必要呵斥或阻止，不过要把便盆清洗得干干净净，总有一天宝宝会放下便盆，自己去上厕所的。

❹ 不愿意上公厕。有的宝宝在家里的时候，上厕所很顺利，但到外面的时候，就不愿意上公厕，这是陌生感引起的，可以尽量减少他在外面上厕所的概率，也可以跟宝宝一起进入厕所，让他先熟悉一下，就比较放松了。

宝宝上厕所出现问题，必然有其心理因素，要仔细分析，对症解决，不要强迫。

早教细节

平时可以跟宝宝玩玩帮娃娃上厕所的游戏，让宝宝帮娃娃脱裤子、把便、擦屁股、穿裤子，他能更加了解整个过程。把麦片糊涂在娃娃身上，让宝宝擦干净是个训练擦屁股很好的方法。

语言智能开发：传话

宝宝已经能够听懂很多话并能复述，让宝宝传话可以增强他的语言理解能力、记忆能力和复述能力。妈妈有什么话要问爸爸或者有什么话要告诉爸爸，可不直接说，而是告诉宝宝，让宝宝帮忙去问一问，爸爸的回答仍需要宝宝带回来，可较快速地提高宝宝的语言能力。

另外，可以专门跟宝宝玩传悄悄话的游戏。悄悄话因为是耳语，对宝宝很有吸引力，可以很好地锻炼他的语言能力和集中注意力的能力。

在有包括宝宝3个人在场的情况下，就可以玩这个游戏。先由妈妈跟宝宝说一句悄悄话，然后让宝宝传给爸爸，由爸爸大声说出宝宝传过来的悄悄话内容，妈妈检验宝宝是否传对了，慢慢地也可以由宝宝发起传话内容，由妈妈传给爸爸，然后让宝宝检验传得是否正确。传对了就鼓励鼓励宝宝。

早教细节

传话时要注意所传内容要简短，不要超出宝宝的能力之外，否则他无法获得成就感，也没有兴趣再玩下去。

运动智能开发：走猫步

让宝宝在路上练习走猫步，很锻炼平衡感，而且这么做让走路变得有趣，宝宝就不会吵着让妈妈抱，可以增强独立性。

平时带宝宝外出走到人行道的时候，让宝宝看看路上的砖是不是都是一行一行的，然后要求宝宝每一步都落在同一行砖上，练习走猫步。然后，妈妈在前面走猫步，让宝宝在后面跟，并且模仿，不时提醒宝宝要抬头挺胸，提醒他注意双脚是否落在同一行砖上了。

另外，碰到高出路面的马路牙子，妈妈可以走上去，双臂向两侧平伸，在马路牙子上走猫步，要求宝宝在后面跟，增加走猫步的难度。有些宝宝可能不敢自己上去走，妈妈可以在旁边握着宝宝的一只手，让宝宝把另一只手臂平伸出去，由妈妈护着练习猫步。

做这样的游戏一定要找行人较少的路段，避免影响他人也避免宝宝被磕碰到。

早教细节

检验宝宝平衡感练得是否好，可以让宝宝和妈妈分开一段距离，让宝宝看看妈妈的方向和二人之间的距离，然后要求宝宝闭上眼睛走向妈妈，看他会偏离多少距离。偏离越少说明宝宝平衡感、方向感越好。

数理逻辑能力开发：管道与球

找一个保鲜膜的卷芯，再找一个弹球，在地上铺一块布，把弹球放进卷芯，卷芯放在布上，抬高卷芯一端，让弹球从另一头滚出来，在布上滚一段距离停下，可以让宝宝理解卷芯抬高的高度和弹球滚动的距离之间的关系。

妈妈和宝宝都坐在地下，妈妈把卷芯一端抬到较低的高度，手里拿着弹球准备放入卷芯，让宝宝猜一猜弹球最终会在哪个距离停下来，让宝宝指出一个地方，然后妈妈放手让弹球进入管道，看弹球滚动的距离，在弹球最终停下的地方做上标记，看看跟宝宝指出的有多大差距。下次把卷芯一端抬得高一些，并且告诉宝宝："我们把管道抬得高一点，你猜球会跑得远一点还是近一点？"再次让宝宝猜，再次放入弹球，标记所滚过的距离，看和宝宝估计的差距。这样玩几个回合，宝宝就会逐渐了解管道抬得越高，弹球就会滚得越远。不过宝宝不一定能表达出来，妈妈可以做个总结。

早教细节

尽管宝宝已经不会再随便把东西放入嘴里了，但是弹球玩过之后还是要收起来，避免宝宝吃下去。

音乐智能开发：独舞

宝宝听到音乐就会扭动身体，但因为没有相关经验，所以跳来跳去都没什么像舞蹈的动作，就只是随便扭，扭得很起劲，但是可能一点美感都没有。

宝宝这个年纪还没有必要去专业地学习舞蹈，因为他的注意力时间还比较短，而练习舞蹈需要的一些形体训练不适合宝宝，但可以给宝宝看一两段宝宝舞蹈的视频或者看电视上教宝宝跳舞的节目，他会专注地看，还会学习一些动作，这样以后宝宝再跳舞，动作就不会那么单调，多了很多肢体动作。

不过，不管宝宝跳舞有没有美感，都应该鼓励他，当大家都有时间的时候，就跟宝宝说：“宝宝，跳个舞。”宝宝马上就会扭起来。宝宝跳的时候，给宝宝唱歌、拍手作为伴奏，宝宝没有做的舞蹈动作可以提醒他做一遍。跳完了，要给宝宝鼓掌。

早教细节

不论宝宝表演什么，大人都不要嘲笑，以免宝宝害羞或者懊恼，以后不肯再当众表演了，最好是微笑地看着他，给他鼓励。

空间视觉智能开发：做手工

父母可以利用手边有的材料跟宝宝做手工玩，比如拿一张方形纸做风车，钉在棍子上，看风吹会不会转；妈妈做饭的时候，也可以给宝宝一块面，让他跟着自己做，或者自己捏着玩，妈妈闲下来可以给宝宝捏个小鸡、小兔等。

另外，给宝宝买一些立体拼图，把一个个小部件拼成一个完整的物体时，宝宝会很兴奋，对启发他的空间想象能力很有益。

如果宝宝自己做手工只做了一个轮廓，比如把一团橡皮泥捏成了上小下大的一堆，父母可以问问他想做成什么，需要什么帮助，然后根据宝宝的需求给他指导，让宝宝给橡皮泥加眼睛、鼻子、胳膊等，做成一个小人。

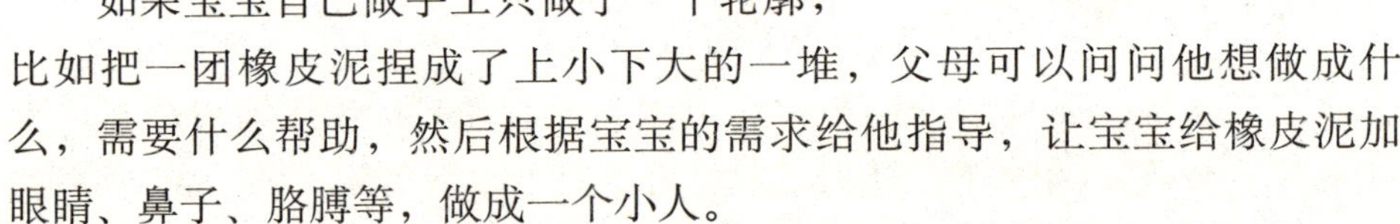

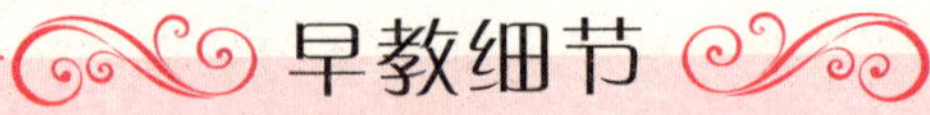

早教细节

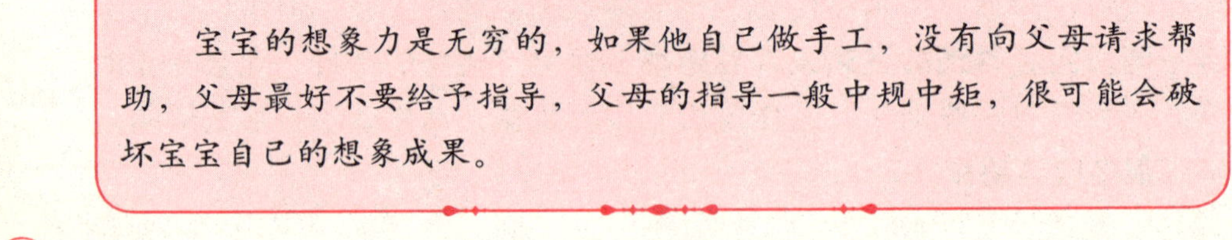

宝宝的想象力是无穷的，如果他自己做手工，没有向父母请求帮助，父母最好不要给予指导，父母的指导一般中规中矩，很可能会破坏宝宝自己的想象成果。

人际关系智能开发：比赛

赢了的自豪感，输了的挫败感，是人际关系中必须体会的，可以让宝宝从小就开始体会，父母多跟宝宝玩比赛的游戏就行。

很多游戏都可以设成比赛的形式。妈妈可以跟宝宝玩一些室内的、比较安静的比赛游戏，比如每人前面一段距离的地方放一个盆，用报纸团一些纸团，跟宝宝玩投篮比赛，谁投入盆中的纸团多，谁就赢。另外还可以玩钓鱼的比赛，用曲别针别一些纸片做“鱼”，然后用线吊一块磁铁做“鱼竿”，用鱼竿钓鱼，看谁钓得多。爸爸可以跟宝宝在室外玩一些对抗性比较强的游戏如赛跑、踢球等。

玩比赛游戏的时候，要注意一定不要总让宝宝赢，也一定不要总让宝宝输。总让宝宝赢，宝宝将来会承受不了输的滋味，总让宝宝输，宝宝挫败感会严重，从而失去自信，不愿意再玩比赛游戏，将来也不喜欢竞争。总之要让宝宝有输有赢，最好是赢多输少。

早教细节

跟宝宝玩比赛类的游戏，定下的规则一定要要求宝宝遵守，不能姑息宝宝不守规则的行为，否则会造成宝宝喜欢投机取巧的毛病。

自然观察智能开发：光与影

光线与影子的关系可激发宝宝对大自然的兴趣，有助于增强求知、探索欲望。而且，让宝宝追着光影跑，能提高他身体的协调性和灵活性。

找一个阳光明媚的天气，父母可带宝宝到户外没有阴影的地方活动，提醒宝宝看地上三个人的影子，妈妈先用脚去踩宝宝的影子，逗引宝宝来踩妈妈和爸爸的影子，然后妈妈和爸爸向前后左右移动身体，让宝宝跟着影子跑。或者宝宝和妈妈一起追妈妈的影子。

爸爸跑到有阴影的地方，宝宝就找不到影子了，问问宝宝影子哪去了，然后再跑回阳光下，影子又出现了。可以告诉宝宝，影子是因为太阳照射才出现的，躲到看不见太阳的地方影子就没有了。

另外，妈妈手拿小镜子，将阳光反射到阴暗的地方，让宝宝看镜子反射出的光斑，妈妈晃动镜子，让宝宝去追逐光斑，追到的时候让他看光斑已经转移到他身上了，这会让他感觉很奇怪。妈妈可以给宝宝讲讲镜子、阳光和光斑的关系。

早教细节

镜子反射的光比较强，不要晃宝宝的眼睛，毕竟宝宝的视觉功能发育还不是很完善。

内省智能开发：劣性刺激

人的一生不可能一帆风顺，总有些意想不到的磨难要克服，为了让宝宝将来面对磨难的时候更有勇气和耐力，父母需要创造一些困难刺激宝宝，让他感觉不舒服，进而学会去接受并疏导这种坏情绪。这种做法就是劣性刺激，是一种很有效的教育方式，可以锻炼宝宝的心理承受能力以及耐力、独立生活的能力、面对困难的勇气等，让宝宝更皮实。

劣性刺激说穿了就是让宝宝适当受一些磨难，比如冬天不要早早穿上厚衣服，夏天不必稍微热点就开空调，太挑食可以适当饿饿他，适当让他干点活，劳累一下，摔跤后让他自己爬起来，让他一个人关灯睡觉，做错事恰当批评，玩游戏让他输几局，等等。

总之不要什么都提前想到、提前安排好，让宝宝经历一定的不舒服感觉，并去默默承受。只有受过一定苦难磨砺的宝宝才更坚忍、更勇敢、更有毅力。

早教细节

劣性刺激要在宝宝能承受的范围之内，有些父母的极端方法如下雪天让宝宝裸身在室外跑步就不适合。

2岁4～6个月，逆反表现增多的宝宝早教细节

2岁4～6个月宝宝身体发育

宝宝躯体和四肢比例越来越协调、好看，下肢、臀、背部肌肉开始发达。此后的宝宝身高可以用一个公式去计算：身高=年龄×5+75厘米，体重可以用另外一个公式做参考，体重=年龄×2+8000克，满2岁半的宝宝身体发育具体数值可参考下面表格。

	身长上下限（厘米）	身长中位数（厘米）	体重上下限（千克）	体重中位数（千克）
男	82.4～105.0	93.3	9.86～19.1	13.6
女	81.4～103.8	92.1	9.48 ～18.5	13.1

育儿细节

宝宝将在满2岁半时再长出4颗第二乳磨牙，全部20颗乳牙就出齐了。不过有的宝宝要到3岁才能出齐，此时没出齐也不必着急。

2岁4～6个月宝宝智能发育

动作能力：能单足站立，自己会扶栏上楼梯，一步一级交替上楼，下楼梯双足踏一台阶。几乎所有的大动作都能做到。而且，宝宝的手指越来越灵活，旋转手腕的动作也会学会，另外动作准确性非常高，速度也快，能够在30秒内将10粒小豆子捡到小瓶中，还能够用积木搭桥，能够用正确的姿势握笔画出直线以及图形，会一页一页地翻书，并学会折纸，很轻松地将纸折出边角，玩球时会接住反跳球，会用面团捏成碗、盘等。

听说能力：2岁半左右的宝宝已经掌握很多词汇，句子说得很完整，会背诵简单的唐诗，能完整背诵4～5首简短儿歌，不能完全背下来的儿歌，则会跟着大人说出他自己知道的那部分，学会看图讲故事，能听懂故事，并掌握故事中的简单词汇，复述故事中的主要内容，叙述图片上简单突出的一点。能说出日常用品的名称和用途，如梳子梳头发、毛巾洗脸时用等。

自理能力：会解扣子及开关末端封闭的拉锁。能自己站在水龙头下洗手、冲手等，能够自己穿上简单的鞋子，还会自己按上或解开按扣，会自己脱裤子坐便盆，便完后会自己提起裤子。

但有些宝宝仍然容易出现大小便失禁，要到3岁时才能真正实现自如上厕所。

认知、思维能力：能认识几种不同颜色的物品，还能认识圆形、三角形和方形。会分清晴、阴、风、雨、雪天气。另外，他会根据大人的反应，把事物分成好的和坏的，自动地去实施好行为，克服坏行为。

情绪情感和人际关系：喜欢跟亲近的成人交往，开始产生同情感，首先是对周围的人的痛苦表示同情。后来，会对别的宝宝们表示同情，为了使别的宝宝快乐，可放弃自己的一些快乐。可能具有最初的责任感，例如上床以后不乱动、不说话，也可能产生和发展一些反面的、不良的情绪和情感，比如嫉妒、怕羞、怕黑暗、怕雷声、爱发脾气等。不过，现在的宝宝的情绪情感都很不稳定，一会儿哭了，一会儿又笑了。

宝宝开始能够与小朋友交往和合作游戏，能组织玩“过家家”游戏，扮演不同的角色。在交往中，会逐渐学会遵守规则、服从命令、表达愿望，并学会与人分享玩具、共享食物等，并想办法处理冲突，控制自己的行为和情绪。

另外，宝宝的独立性增强，可以离开父母30分钟～1小时，在这段时间里独自与别人玩。

早教细节

现在的宝宝没有稳定的个性倾向，非常容易受外界刺激物的影响，性格可塑性最强，父母要抓紧机会认真引导。

合理应对宝宝自虐

有些宝宝当要求不能满足时会自虐，比如咬自己的手指，以头撞墙，撕扯头发等。这种行为是宝宝释放压力、安抚自己的方式，同时他想以这种方式引起父母的注意。

遇到这种情况，父母先不要惊慌，可以紧紧抱住宝宝，轻轻抚摸他，告诉他你理解他心情很糟，然后建议他停止自虐的行为，鼓励他说出心情不好的原因。如果宝宝是因为做不好事情而自虐，告诉他不要着急，可以示范给他看，然后鼓励他再做一次。

如果宝宝的自虐行为是为了打动父母满足自己愿望的，千万不能让步，否则宝宝就会一而再再而三地用这种方法要挟父母。这时父母可以先用其他事物转移他的注意力。等宝宝情绪好了之后，告诉他要求的不合理行为，并且让他明白用自虐的方式要挟父母是不会满足他的愿望的。

一般这种习惯会随着宝宝逐渐长大而自行消失，在4岁左右。

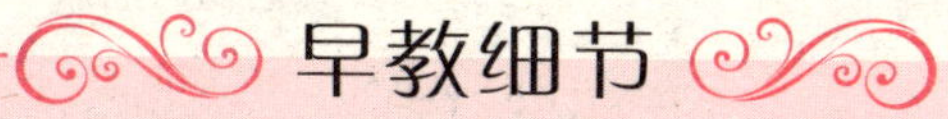

宝宝自虐时，给他提供一个安全的空间，比如一个单独的安全房间，让他宣泄一下沮丧情绪，一般效果不错。

父母少插手宝宝间的矛盾

宝宝在会与人合作玩游戏之后，必然会与伙伴之间发生矛盾，抢玩具玩，过家家时抢着要当妈妈等，一言不合还可能打起来，其实这是很正常的，父母不要为此太担忧，不用怕宝宝受人欺负，也不用担心宝宝欺负别人。发生了冲突后，宝宝会想办法去处理冲突，这个过程可以让他学会如何与人相处，学会如何克制自己，并学会在游戏中遵守规则、相互合作等，这都是宝宝成长过程中的养料，必不可少。

其实，宝宝之间的冲突一般都很微小，造成严重后果的微乎其微，而且宝宝都不记仇，今天打得不可开交，明天就又好得形影不离，像从来没有发生过冲突一样。

所以，对宝宝与小伙伴之间的冲突，父母完全没有必要紧张，更没必要去帮忙解决冲突，最好冷静面对，看宝宝如何处理即可。不过，平时要教导宝宝一些与人相处、解决矛盾的技巧。

首先，教导宝宝正确处理人际关系。先要教他学会表达自己，如果想跟别人玩、想玩别人的玩具应该怎么说，如果别人想玩他的玩具他不想给应该怎么说，让他学会用语言沟通。然后教他学会体贴别人，比如让他照顾比他小的宝宝，安慰哭了的宝宝等，培养出同情心，矛盾会少一些。

其次，要教宝宝遵守规则和秩序。守规则和秩序是减少矛盾的最好方法，父母随时都可以灌输宝宝遵守这些观念，玩游戏的时候，要先明确游戏规则，告诉宝宝要遵守，并且在游戏的过程中，父母要坚持原则，不能因为宝宝耍赖或央求而放松，如果宝宝不守规矩，就不要跟他玩，以示惩戒。

宝宝在冲突中处于弱势怎么办?

宝宝如果在与小伙伴的相处中受到欺负，父母总是特别心疼，但不要因为担心宝宝再受欺负而不让宝宝外出接触小伙伴，过度保护。

其实，被欺负也是一个学习的过程，在被欺负后，有的宝宝会发奋反抗，不再受欺负；有的宝宝学会了承受压力或者保护自己，以后再面对冲突或者被欺负的状态时不会因为压力太大而做出极端的事情。这是一种成熟的姿态。

所以，看见宝宝被欺负了，父母完全不必要去管，也不必要教导宝宝去反击或者忍受，只需要用鼓励的眼神看着他，他就能感到自信，感到有依靠，就能勇敢地面对欺负或挑衅，从而根据自己的意愿做出反应。

当然，如果宝宝受了欺负跑回父母这里寻安慰，也不必责怪他，可以告诉他欺负他的人的确是不对的，但不要鼓励他以暴制暴。

早教细节

宝宝和小朋友一起玩耍，会从某些宝宝身上学到一些不良习性，但不要因此就给宝宝挑选玩伴，宝宝在学习正面行为的时候，也需要了解一些负面行为，并学会区分。遇到不良学习对象或行为的时候，父母只需要纠正就可以了。

父母不必凡事跟宝宝商量

尽管提倡用平等、民主的方式对待宝宝，但不要过度，如果矫枉过正，任何涉及宝宝的问题都跟宝宝商量，或用商量的口气问宝宝，反而会造成宝宝的任性。

宝宝在听到大人跟他商量的时候，他不能确定大人的意思是是还是否，他就会按照自己的想法选择一下，如果等他做出了选择，大人再说不行的话，宝宝就会恼怒，从而开始闹脾气。比如需要吃饭的时候，直接说："不要玩了，吃饭了。"而不是："我们吃饭了，好不好？不要玩了，行不行？"宝宝很可能跟你说："不好，不行。"这时候父母就觉得宝宝不听话，其实他是没听懂你的意思。所以与其说："睡觉了，好不好？"不如说："该睡觉了，快去睡觉。"不说："我们不下去玩了，好不好？"而说："妈妈累了，不下去玩了。"

所以，过度地讲究民主平等，对宝宝并不适合，有些时候，宝宝需要明确的指令，父母最好用确定的语气命令宝宝去做某些事，而不是跟他商量。

早教细节

如果要让宝宝参与决定，一定要给他两个均可做选择的选项，选哪个都没问题，这样既让宝宝做了选择，又不会妨碍事情发展。

旧玩具玩出新花样

宝宝自己玩玩具，玩法往往比较单一，玩过一段时间，新鲜劲过去，就不肯再玩，而要求父母买新的。建议父母不要一味给宝宝买新玩具，其实只要稍稍用心，被宝宝抛在一边的各种旧玩具可以被重新开发出来，再度吸

引宝宝。这样做，不但能避免浪费，还能培养宝宝创意思维和钻研精神。

举个例子，父母和宝宝一起玩开商店的角色游戏，把他的玩具分门别类地放在“货架”上，宝宝会学到更多分类的知识，然后分析它们的价值，贴上价签，让宝宝建立金钱、价格等观念，还可与数字打交道。宝宝的各色娃娃可集中在一起，给它们分配角色玩过家家、选美等游戏，把各种玩具车集中在一起玩赛车游戏等。

早教细节

有些旧玩具如果已经不适合宝宝的年纪，可以鼓励宝宝把它们送给其他小宝宝或者捐给需要的人，可趁机培养他的爱心。

语言智能开发：自我介绍

让宝宝学会自我介绍，能让他更深刻地意识到自己是独立存在的、与众不同的，对独立性意识的培养是很重要的。做自我介绍，宝宝需要完整地说一大段话，对语言能力是个考验。

宝宝开始不知道什么是自我介绍，父母可以做个示范，站在宝宝的对面，用朗诵的语调说出自己的名字、长相特点、每天的工作和生活等，然后鼓励宝宝也做个自我介绍，妈妈做听众，鼓励宝宝说出自己的姓名、年龄、喜欢吃什么、玩什么等简单内容。如果宝宝仍然不知道怎么办，妈妈可以拿一只小玩具来，代替玩具做一次自我介绍，然后再鼓励宝宝做。宝宝自我介绍后，妈妈将他的介绍内容重复一遍，然后记下来，问问宝宝还有没有需要完善的，以后每次玩自我介绍游戏的时候都可以加入更深入、更复杂的内容。

早教细节

宝宝对家里人可以做自我介绍之后，当家里有客人的时候，可以让宝宝跟客人介绍一下自己，对培养独立性、克服羞涩心理有好处。

运动智能开发：扮演猫和老鼠

运动智能高的宝宝表现力好，可以经常跟宝宝玩角色扮演的游戏，比如猫和老鼠，不仅要表现出猫与老鼠的形象，还要表现出追逐和捕猎的情景，锻炼宝宝跑和躲避的能力。

妈妈跟宝宝讲好，宝宝是小老鼠，让他表现下小老鼠的模样，多教宝宝几个表现小老鼠特征的动作，可以把双手放在下巴下，掌心向内，大拇指紧贴，其余手指指向地面表示小老鼠的前爪，可以把双脚踮起来走路表示小老鼠谨慎的样子。

妈妈是小猫，做出几个小猫的样子，然后规定一间房作为小老鼠的窝，小老鼠要从窝里出来拿走客厅的玩具，不能让猫抓住。放个玩具在“小老鼠”的“窝”附近，“小猫”在外面诱惑，当宝宝“鼠头鼠脑”地出来拿玩具了，妈妈就用小猫的动作迅速爬向宝宝，假装要抓住他，让宝宝迅速躲避跑回到屋子里或者抓住他。

早教细节

在家里玩跑、跳的游戏，最好大人宝宝都穿上合脚的鞋子，不要穿拖鞋，以免滑倒磕伤。

数理逻辑能力开发：按要求找卡片

宝宝已经掌握了许多颜色和形状的知识，现在可以跟他玩个游戏，反复提出几种要求，有肯定有否定，让他挑选卡片，训练逻辑思维能力以及空间视觉智能。

准备3张正方形、3张圆形和3张三角形卡片，分别为红、黄、蓝3种颜色。一个浅盒子。将全部卡片放在桌子上。

第一个问题问宝宝：“你能找出1张不是红色的卡片吗？把它放在盒子里。”“还有没有不是红色的卡片？”“把所有不是红色的卡片都放在盒子里。”

再将9张卡片放在桌子上。问宝宝第二个问题：“你能找出不是圆形的卡片吗？”

“将所有不是圆形的卡片放在盒子里。”

再将9张卡片放在桌子上。问宝宝：“你能找出一张既不是红色，也不是圆形的卡片吗？”“还有其他既不是红色也不是圆形的卡片吗？”

再将9张卡片放在桌子上。要求宝宝：“指出一张既不是蓝色又不是正方形的卡片来。”就这样反复提出两种否定特征、一个肯定和一个否定特征的条件要宝宝完成。

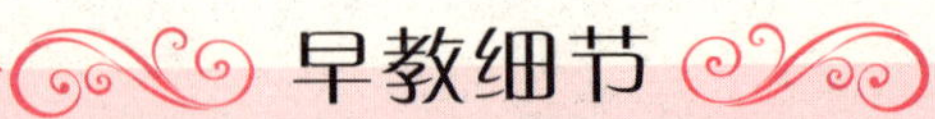

早教细节

卡片可以自制，而且应该邀宝宝跟自己一起做，在裁剪形状和涂染颜色的时候都可以让宝宝帮忙，让他在正式游戏前就了解这些颜色和形状。

音乐智能开发：分角色演唱

根据角色身份的变化改变唱歌的声音、节奏，并表现出不同的情感变化，宝宝会体会到用音乐这种手段表达个人感受，怎么样做更有表现力。

准备两只可爱的动物玩偶，让宝宝选一个他自己喜欢的，妈妈也抱一个，在房间里找一个宽敞的地方坐好，约定轮流唱歌。妈妈说自己现在很开心，要唱一支开心的歌，比如《娃哈哈》，妈妈唱完，就说让自己手里的玩偶唱歌，假装玩偶要去采蘑菇，就唱《采蘑菇的小姑娘》，等玩偶唱完了，就让宝宝唱，让他选择一首自己会唱的，妈妈可以提出要求让宝宝高兴地唱一遍，再不高兴地唱一遍，可启发宝宝想象自己不想唱，别人非逼着他唱的感觉去唱。宝宝唱完，鼓励宝宝代替他手里的玩偶再唱一首歌，要唱出玩偶的特点来。

早教细节

爸爸唱一首歌，妈妈和宝宝观摩，然后分别模仿，最后爸爸解释一下自己唱这首歌想表现什么，以此为依据可评判谁模仿得更像。

空间视觉智能开发：补充图画

将不完整的形象给宝宝，让他补充完整，对宝宝的观察力是个大考验，可提升他的空间视觉智能，真正动手补充的时候就很锻炼宝宝的表现能力了。

父母可画一些不完整的形象或者从海报上撕下部分，比如妈妈画一匹马，只画腿以上的部分，拿给宝宝看，问问宝宝这匹马缺了什么，缺了这部分，马会遇到什么麻烦，引导宝宝说出缺了腿就不能走了，然后鼓励他用蜡笔画上缺少的部分，把马补充完整。另外，可以把超市海报里的形象如杯子撕掉底下的一半，再让宝宝看看少了什么，少了这部分会发生什么事，鼓励宝宝把杯子画完整。宝宝会发现没地方来画，就在海报下垫张白纸，等宝宝补充完整了，将两张纸粘贴在一起。

另外，形象完整的图画也可以给宝宝看看还能加点什么，给形象做个延伸，比如在人脸和小动物脸上加眼镜，让人的手里牵条小狗等，让宝宝充分发挥想象力。

早教细节

宝宝的画工还不好，妈妈要适当帮助一下，帮宝宝把需要精细点的地方补充完整。

人际关系智能开发："过家家"

过家家是每个宝宝都喜欢的游戏，平时他会带着布娃娃过家家，自己当妈妈、当爸爸。如果有人跟他玩，会玩得更起劲，父母可经常跟他玩过家家的游戏。宝宝钟情的过家家游戏一般分为几类，一种是家庭生活，表现妈妈在家里做饭、照顾宝宝的内容最多，一种是医生、护士给

宝宝看病的场景，表现打针、吃药的内容最多，还有一种是商场购物场景，表现挑选、交易的最多，偶尔还会讨价还价。

这几种游戏，父母都可以跟宝宝玩玩，最好每种角色都换着扮演，让宝宝体会多种角色所承担的责任。父母要尽可能地丰富自己所担当的角色的表现内容，让宝宝去应对，轮到宝宝扮演该角色的时候他也会模仿着去做。

早教细节

玩爸爸妈妈在家里的游戏的时候，如果宝宝更愿意当妈妈，说明他对妈妈更了解，对爸爸感觉陌生，不知道如何扮演好爸爸。在这种情况下，爸爸要注意了，多跟宝宝玩耍，让宝宝更多地了解自己。

自然观察智能开发：看云卷云舒

很多自然现象宝宝自己其实注意不到，需要父母指点。空闲的时候，父母不妨带着宝宝看看云卷云舒。云彩多变的形状，洁白的色彩会让宝宝赞叹不已。另外，让活泼的宝宝乖乖躺下来看云，对锻炼耐心很有效，而游戏中把云想象成各种物品可以开发想象力。

看云时，父母指点一朵云让宝宝看，并让他想想像什么，他可能会给出一个你完全想象不到的答案，妈妈不要否定，可以让宝宝解释解释为什么像、哪里像。告诉宝宝云会变化，引起他的注意，让他的注意力时间维持久一点。当宝宝发现云真的变了，就会有耐心等待再次的变化。

看完云之后再让宝宝回忆一下刚刚都看到了什么或者让他把看到的云画下来，让他更长时间地沉浸在看云的乐趣中。

早教细节

看完云，父母可给宝宝讲讲云的形成过程以及与雷电雨雪的关系，尽管宝宝可能听不懂，但可激发他的好奇心，会对这类现象更感兴趣。

内省智能开发：约法三章

让宝宝做出承诺并要求他严格遵守，如果不遵守就给予惩罚，让他知道必须对自己的承诺和行为负责，可提高他的自控能力。

去商场的时候最适合这样办，尤其是宝宝有些恶习，到了商场就要这要那，跟他约法三章更有效果。去商场前，说好这一天他只可以买什么，没说好的绝对不能要，否则马上送他回来，并且1个星期之内绝不允许他吃任何零食。到商场后，先给宝宝买已经约定好要买的东西，然后让宝宝帮妈妈选购。如果宝宝表现得很好，妈妈要夸宝宝遵守约定，并且允许他选择一样妈妈指定范围里的东西作为奖励。如果宝宝要买玩具，妈妈就提醒他出门前的约定，并且重申不遵守约定需要承担的责任，如果宝宝仍然要赖，就当机立断带宝宝离开超市，把他送回家，然后自己再来购买，并且在接下来的1个星期内真的不让宝宝吃到任何零食。

早教细节

宝宝在公共场合哭闹，妈妈会觉得没面子，但即使这样也不能满足他，否则下次他还会故技重施。

2岁7～9个月，“小话痨”的早教细节

2岁7～9个月宝宝身体发育

宝宝仍处于恒速生长期，但身体越来越结实。一般体重增加都较缓慢，要预防宝宝吃太多零食、甜食而导致肥胖，如果超出标准体重太多，一定要控制各种空热量食物即垃圾食品的摄入。满2岁7～9个月的宝宝身高、体重发育是否达标可参考下面表格。

	身长上下限（厘米）	身长中位数（厘米）	体重上下限（千克）	体重中位数（千克）
男	84.4～107.2	95.4	10.2～19.9	14.2
女	83.4～106.1	94.3	9.9～19.3	13.6

育儿细节

充足的营养和睡眠以及适量的运动可促进宝宝的身高突破遗传的影响，让宝宝长得更高。

2岁7～9个月宝宝智能发育

动作能力：这个阶段中的宝宝，躯体动作和双手动作在继续发展，比前一阶段熟练、复杂，而且增加了随意性，可以比较自如地调节自己的动作，可以自由轻松地从楼梯末层跳下，会独脚站立，会跑、攀登、钻爬，

双手动作协调地穿珠，会用手指一页一页地翻书，会把纸折叠成长方形，还能玩些带有技巧性的玩具。

听说能力：这段时期仍然是幼儿口语发育的关键期，宝宝说话和听话的积极性都很高，语言水平也进步很快，掌握了基本语法结构，词汇量和句型也在迅速扩展。爱听故事、儿歌、诗歌等，能回答故事中的主要问题。注意力和记忆能力也较之前有所提高，能较长时间地注意看电视、看电影、做游戏或听成年人讲故事，也能记住一些简单的情节和片段。对周围的事物有极大的好奇心，喜欢不断地提问。

自理能力：在这个阶段里，宝宝的独立愿望很强，具有一定的自我服务能力和从事一些简单劳动的能力，穿鞋时能分清左右。能自己洗手、洗脸，学习自己洗脚，自己穿有扣子的衣服。喜欢帮助妈妈做事，扫地、擦桌子及帮助家人取送东西、拔草、浇花等，并且能自己收拾衣物和玩具。

认知、思维能力：这个时期的宝宝个性逐渐显露，在自我意识发展的基础上，宝宝的自我评价和道德品质开始有了初步的发展，能够判断“好”与“不好”“对”与“不对”，并且能用语言来控制和调节自己的道德行为。

情绪情感和人际关系：宝宝会用简单句与人交往，不仅会正确使用你、我、他等代词，还会用连词。知道许多日常生活用品的名称和用途。所用简单句包括主语、谓语和宾语。所用词汇中以名词最多，动词次之。直接用名词陈述自己或别人的行为。开始出现问句，如“我们上哪儿去玩”，开始学会等待，如去公园玩碰碰车知道要排队等候。由于语言和动作发展日趋成熟，认识范围不断扩大，好奇心和求知欲不断增强，因此，宝宝很希望与人交往，愿意与小朋友一起玩。

育儿细节

这个时期的宝宝兴趣广泛，吃饭就成了问题，总是对玩更感兴趣，有的宝宝还会出现厌食或边吃边玩的现象，要坚持让他规律进餐，在非就餐时间不给吃，适当饿饿他。

教宝宝讲卫生

个人卫生包括起床后、睡觉前要洗脸、刷牙，饭前便后要洗手，如果是女孩每天睡觉前还要洗屁股等，都可以教给宝宝了。另外，还要跟宝宝讲不能把手放到嘴里、经常揉眼睛等。

让宝宝讲卫生，必须教给他相关的技能，父母要耐心地教宝宝怎么洗手、洗脸、刷牙，女宝宝还要教她正确地洗屁股。

宝宝如果不讲卫生，有可能受环境的影响比较大，所以，父母要检讨一下自己是否做到位了，自己要特别注意个人卫生，做到身教。

另外，还要耐心地言传，可以给宝宝讲故事，比如猪宝宝不讲卫生，不受其他小动物的欢迎。也可以讲讲病从口入的道理，不讲卫生会生病等。如果碰上宝宝肚子痛了，就可以趁机强调不讲卫生的危害。然后，发挥榜样的力量，让宝宝多跟讲卫生、爱整洁的宝宝接触，并故意当着宝宝的面夸奖干净的宝宝，宝宝为了得到夸奖，也会开始注意卫生的。

早教细节

让宝宝讲卫生不是要求他不能弄脏衣服，更不要在宝宝弄脏衣服的时候惩罚他，以免宝宝束手束脚，不能尽情玩耍。

不要太早学写字

教宝宝识字没有问题，但教写字就太早了。

2~4岁的宝宝，90%处于涂鸦状态；5周岁的宝宝，仍有75%还不能以正确的笔顺、姿势稳定地书写简单的汉字；6周岁以上的宝宝才基本上能以正确的姿势、笔顺准确地书写简单的汉字。让不到3岁的宝宝学

习写字太难了。

此时，宝宝的神经抑制机能还很差，不能过久地从事过分细致的活动，而且较难区别相似的文字，尚无法掌握左、右方位的相对性和角度，对上、下方位掌握还不很稳定，同时宝宝手上骨骼肌肉远远没有达到成熟程度，手部关节骨化还没有完成，手部肌肉的力量也很差，不能胜任持久用力的动作。再加上宝宝的手、眼、脑的协调能力也差，为了能看到笔尖运动，会歪着身子，侧着脑袋，尽量使右侧的肩、肘、腕向前，容易养成不良姿势。

因此，宝宝学习写字基本上属于入小学以后的事，不宜在幼儿期提倡。

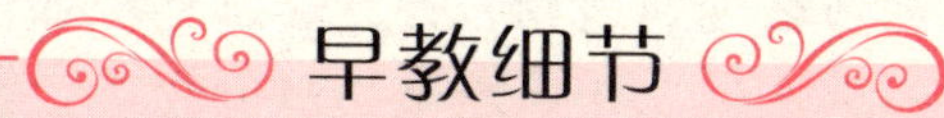

教宝宝认字，不一定非要用识字卡片，父母可以自己边写边教宝宝，让宝宝对写字有个最初的了解。

引导嫉妒心强的宝宝

宝宝有时候会表现出嫉妒。宝宝嫉妒心很容易发现，出现嫉妒情绪一般是父母亲近别的宝宝，别的宝宝受到夸奖而自己没有，或者别的宝宝会做的，而自己不会做，或别的宝宝拥有的玩具自己没有。这时，他会动手打让他嫉妒的宝宝，把他撵走，或者把他的玩具毁坏。

* 预防宝宝出现嫉妒心

让宝宝不嫉妒，父母平时待宝宝的方式就要多注意，最好避免以下3点。

❶ 一味说好话表扬宝宝。时间长了，宝宝会以为自己真的什么都好，只有自己好，一旦碰到别的宝宝得到表扬就会受不了，产生嫉妒情绪。

❷ 总是扬别的宝宝，抑自己的宝宝。夸别的宝宝聪明、能干，批评自己的宝宝，这会让宝宝感到焦虑，产生嫉妒心理。

❸ 顾着逗弄别的宝宝，忽略了自己的宝宝或者呵斥他不要捣乱、不要出声等。这时宝宝感到父母不再关注自己了，也会焦虑进而产生嫉妒。

*体谅宝宝的嫉妒心

宝宝嫉妒，本质上也是要引起父母对自己的重视，所以父母发现宝宝嫉妒，不要严厉训斥或者置之不理，否则宝宝的嫉妒心就会表现得更加强烈。此时，要尽量体谅他的心情，并分析原因，有针对性地消除宝宝的嫉妒心理。

如果宝宝是因为父母跟别的宝宝亲近而产生了嫉妒心，最好微笑地把他抱在怀里，然后告诉他："妈妈是喜欢那个宝宝，但是最喜欢的还是你啊。"他就会明白妈妈喜欢别人不代表不喜欢他，就能够容下别人了。

如果宝宝自己不如人而嫉妒，就要引导宝宝看到别人的闪光点，让宝宝知道别人是因为什么受到表扬，并且鼓励他也那样做，告诉他如果他那样做，自己也会表扬他，让他产生追赶的念头，做到同样的事，以期受到表扬。这样嫉妒心就可以转化成动力。另外，还要提高宝宝的认知能力，让他知道每个人都有自己的特点，有优点也有缺点，不一定非要去嫉妒或羡慕别人，自己也有别人没有的优点，他的心态就会平衡。

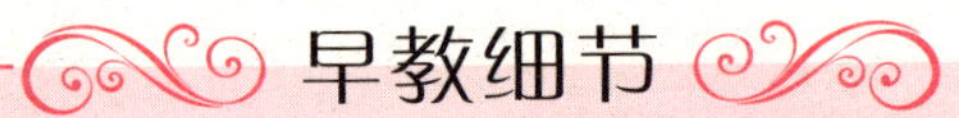
早教细节

父母自己不要总是跟人比较、攀比、虚荣心强等，以免影响到宝宝，让他也产生强烈的嫉妒心，不能坦然接受和承认别人的优点。

让爱哭的宝宝少哭的办法

有些宝宝动不动就哭，很爱哭，父母恰当的做法可减少以后他哭的次数。

首先，要允许宝宝哭，宝宝有哭的权利。俗话说不让宝宝哭是不道德、不友善的，因为宝宝较大人更敏感，痛苦阈值也较低，所以更容易产生不良情绪，大人要真心认可这一点。

其次，宝宝哭的时候，不要置之不理。父母可在宝宝哭的时候紧紧抱住他，给他一点安慰，然后将他的注意力转移到其他方面去。

再次，宝宝哭的时候不要给予太多同情，那会让宝宝强化自己的委屈，让他哭得更凶。

还有，不要因为宝宝哭而给予特权或取消规矩，也不要因为哭而免去惩罚，这样会让宝宝更容易哭。

另外，鼓励宝宝用语言表达要求，如果哭就不答应，只有说出的要求才给予满足。

早教细节

当宝宝受了委屈但还没哭的时候，父母千万不要在此时给予同情，否则宝宝一定会大哭。这时候最好是给宝宝一个微笑，告诉他："没事的。"

提高自我保护能力

宝宝特别容易受到意外伤害，让宝宝形成自我保护习惯非常重要。

第一，让宝宝养成良好的行为习惯。良好的行为习惯可让一些小伤害发生的概率大大降低。比如吃饭喝水前先尝一尝，走路靠右，动作轻柔等，这些习惯可降低日常生活中很多伤害。

第二，让宝宝学会遵守规则。宝宝们玩得高兴时往往不顾规则而一拥而上，你推我挤，很容易受伤，教导宝宝严格遵守规则是使他少受伤的重要手段。

第三，让宝宝获得一些自我保护的常识并且培养他自我保护的能力。在日常生活中要传授宝宝一些自我保护常识，告诉宝宝日常生活中有什么危险，还有些特殊的危险也找机会解说，比如夏天打雷时告诉他如何避免雷击，看电视时看到灾难场景，告诉他如何在灾难中逃生等知识。

第四，培养宝宝敢于求助的精神。告诉宝宝出了什么事可以向什么人求助，让他了解110、120、119这些电话号码的用途和用法，同时要培养他讲述事件的能力，要求他能说清楚事情发生的地点、内容、事件、需要什么帮助等。

早教细节

宝宝受伤是教导他学会自我保护的好机会，同时可让他学习自己处理一些简单伤口，提高自我保护能力。

语言智能开发：提问

经常向宝宝提问，可以激发宝宝探究问题的兴趣，引导宝宝观察事物，提高思维能力。作为父母，要注意做到两个方面，一是善于向宝宝发问，知道问什么和怎么问；二是必须珍视和保护宝宝的好奇心和求知欲，对宝宝提出的每一个问题都要尽可能给予满意的解答，不能有丝毫的不耐烦。

向宝宝发问要注意：正确地选择问题，不是什么问题都能问宝宝，父母的提问，要符合宝宝的年龄和思维发育水平，问题太简单宝宝会不爱回答；问题太难了，宝宝会回答不上来，挫伤探究事物的积极性。

要善于抓住机会提问，一般应当在宝宝兴致勃勃的时候发问，最好在一定的场景中，问场景中的问题，景物就在眼前，有利于宝宝思考和判断。

问题要提得宽泛，因为提问是为了增加宝宝的知识面，所以，应当走到哪儿就问到哪儿，说到哪儿就问到哪儿，不要翻来覆去总是那么几个问题，只有父母多动脑筋，宝宝思维能力才能提高得快。

早教细节

父母自身的知识面要丰富，向宝宝提的问题，自己首先要清楚，不要自己问了自己也答不上来，甚至于误导宝宝。

运动智能开发：手指游戏

用手指做造型，需要一定的想象力和创造力，另外还需要手指具有一定的灵活性和协调性。下面的这个游戏可以经常跟宝宝玩。

首先，妈妈把手藏到背后说："小手小手藏起来，小手小手变变变。"手指做个造型，然后伸出来，放到宝宝面前，让宝宝看看像什么。

然后，手指造型有很多种，比如大拇指与食指呈90°角，其余三指屈起，横着看是"八"字，竖着看是枪；一只手掌伸直，另一只手掌与这只手掌掌心相对握住它，两手大拇指伸直，就好似小狗的头；双掌平放，俩大拇指外侧紧紧相贴，就是小鸟；10只手指两两指腹相对，拇指和食指之间呈45°角，就形成一个三角，等等，都可以一个一个做给宝宝看。

等宝宝看过所有造型之后，要求他和妈妈一起把手藏起来，做好造型再伸出来，比比谁的更像。宝宝做了妈妈没做过的，就要求宝宝解释一下他做的是什么。

早教细节

宝宝的手指不那么灵活，有的时候想做的动作做不出来，妈妈要帮忙摆弄一下。

数理逻辑智能开发：估计

估计是对事物的量或大小进行有根据的推测。较小的宝宝由于正处于理解这些概念的时期，一般做不到精确估计。当宝宝会估计的时候，他们也学会了如"大约""多于""少于"等词汇。以下的建议可以开发宝宝的估计智能。

利用吃饭或购物等日常活动来培养宝宝的估计能力。吃饭时可以让宝宝估计自己用多少勺就能吃完一碗饭，每吃一勺，数一下，一两岁的宝宝会觉得相当有趣。若一直重复这项游戏，当宝宝稍大点时，他就能很习惯地自己去估计。若有精确答案，可以同一开始的估计做比较，这将帮助宝宝学会合理地推测。

估计听起来很复杂，实际上并非如此。仅是对事情做个猜测（如宝宝的小朋友中，谁长得最高），然后验证一下精确性而已。在训练大一点宝宝的估计能力时，可以记下宝宝推测的值和次数，若反复做同样的或类似的训练，宝宝最终会越来越接近真实值。

早教细节

宝宝是否获得精确的答案并不重要，重要的是看到宝宝的推测值在逐步接近正确值，这种技巧训练有助于提高宝宝的估计技能。

音乐智能开发：五音不全

宝宝可能自己能唱一首或者几首歌了，但有可能跑调，五音不全。五音不全的宝宝一般是听音能力不佳导致的，可以通过以下方法训练，逐步纠正听音能力的差异。

父母可以演奏乐曲，或者用录音机放歌曲让宝宝跟着唱，也可以让宝宝学一种乐器，让他边演奏、边听、边唱，听听弹的音和唱的音是不是一样准确。

不要让宝宝清唱歌曲，清唱时宝宝往往起音不准，更容易走调，要让宝宝跟着伴奏唱，刚开始小声地跟唱、练习。对某句歌曲唱不准的，要耐心地逐句教，让宝宝逐句听录音，逐句学练唱，直到唱准为止。

另外，普通话发音不准也会影响音准，如果宝宝有这样的情况，可以让宝宝朗诵儿歌，要注意朗诵时的咬字发音和声调，帮助宝宝提高音准能力。

早教细节

让宝宝唱准一首歌的旋律，跟选择的歌曲是否适合也有关系，最好选择那些发声在自然声区里的儿歌，有利于提高宝宝的音准。

空间视觉智能开发：建筑游戏

积木是宝宝们都喜欢玩的一种玩具，而且玩的时间都比较久，有的宝宝四五岁了还在玩，就因为积木可以创造出不同的造型，可满足宝宝发挥想象力，做造型、做“建筑”的乐趣。

宝宝玩的时候，如果没有什么目的，父母可引导一下，命令宝宝给自己搭个造型，比如要求他搭一座桥、搭一座高楼、摆个手机模型或者摆出爸爸妈妈的脸等，等宝宝搭好后，可以让他给解说一下，那部分代表的是什么，为什么摆成那个样子等。如果宝宝自己在搭，往往在搭好后会自豪地来找父母欣赏他的杰作。这个时候，父母一定要拿出高度的热情，认真欣赏宝宝的建筑，并且适当提些问题，宝宝会努力思考然后给出答案，他会对自己的作品更加了解。

欣赏完了宝宝的作品，父母可以帮他拍照留存，以后时不时翻出来看看，让他更有成就感。然后让宝宝毁掉当前的作品再设计、搭造一个，不断激发他的想象力。

宝宝搭积木的时候，如果特别安静，妈妈就不要频繁去打扰他，让他集中注意力思考最好。

早教细节

宝宝搭积木有时候搭到中途就倒了，可能会非常懊丧，父母要鼓励宝宝重新来搭，并跟他总结倒的原因，让他在以后注意。

自然观察智能开发：溶于水与不溶于水

爸爸带宝宝做游戏，选择物理实验，让宝宝明白一些自然现象最好不过了。下面这个游戏可供爸爸参考。爸爸准备3个透明的玻璃杯、水、3个纸条，分别写有“沙子”“糖”“盐”，沙子、糖、盐各少许。然后，将3个纸条分别贴在杯子上，在3个杯子里装上等量的水，将沙子、盐和糖分别缓缓倒入对应的杯中。让宝宝观察3个杯子中物质的变化，看着糖和盐慢慢溶解，沙子没有变化。问问宝宝：“糖哪儿去了？盐也不见了，到哪去了？”让宝宝思考一下，然后给宝宝讲解，有些物质溶于水，有些物质不溶于水，糖和盐就是溶解在水里了，所以现在两个杯子里的水变了味道了。让宝宝尝尝糖水和盐水的味道，看看是否果然如此。然后撕下3个标签，让宝宝判断哪个标签是哪个杯子的，看宝宝会怎么做。

早教细节

盐和糖的分量要足一些，方便让宝宝观察到糖和盐的溶解过程。

内省智能开发：责任感

交给宝宝一件必须经过等待才能完成的事，这可以让宝宝持久地担负责任，而把一件事有始有终地做完，对好的生活习惯培养也有好处。

妈妈可以跟宝宝玩一个转交物品的游戏，先把东西拿给宝宝，要求他等爸爸回来，交给宝宝，并提出要求：“千万不能弄丢了，这是你的责任。”并承诺：“爸爸收到它之后，妈妈会给你1块钱作为报酬。如果找不到了，宝宝要给妈妈1块钱作为赔偿。”宝宝如果始终保护着妈妈交给的东西，并成功地将东西交给爸爸，妈妈给宝宝1块钱作为报酬，并夸奖宝宝有责任感。如果宝宝过一会儿就忘了责任而把东西随便扔，等爸爸回来，宝宝不能交出来，就拿走宝宝的1块零花钱，告诉宝宝这是不负责任的代价。

早教细节

无论宝宝有无完成任务，妈妈都要善于带着宝宝总结经验，比如告诉他其实他可以找个地方把东西先放好，等爸爸回来以后再取出来，这样既负责任又省心省力。

2岁10个月~3岁，准备上幼儿园的宝宝早教细节

2岁10个月~3岁宝宝身体发育

满3岁的宝宝器官发育基本完成，出现发育不良的概率降低，包括大脑。在满3岁时，宝宝的脑重量将接近成人脑重量的范围。满3岁宝宝的身高、体重是否合格可参考下表。

	身长上下限（厘米）	身长中位数（厘米）	体重上下限（千克）	体重中位数（千克）
男	86.3~109.4	97.5	10.6~20.6	14.7
女	85.4~108.1	96.3	10.2 ~20.1	14.1

育儿细节

满3岁的宝宝对疾病的抵抗能力有了很大程度的提高，一些体弱的宝宝，父母也可以不用再整天为宝宝的多病担太多心了。

2岁10个月~3岁宝宝智能发育

动作能力：宝宝的大肌肉动作已基本协调，能够自如控制自己的身体，走路、跑步、上下楼梯姿势正确，能按照指定的方向跑，可以双脚纵跳，也可以立定跳远，能跨过障碍，能在平衡木上行走，能骑三轮车，能够正确地做模仿操。

宝宝的双手非常灵活了，能够正确握笔画出竖线、横线和圆圈，能用积木搭建房子、火车等，能拧紧或拧开瓶盖、螺帽等，会使用剪刀，会拼10片左右的图，并能用橡皮泥做简单的物体。

自理能力：宝宝到了3岁的时候已经能单独一个人睡觉了，也能自己穿脱衣服，并且习惯了睡觉、上厕所、刷牙等作息时间。虽然许多事情仍然做得不太好，但已经基本能够自理了，父母可以多让宝宝参与处理生活各方面的问题。

认知、思维能力：宝宝的认知范围进一步扩展，知道家庭住址，认识很多自然现象如天、地、日、月、星及风、雨、雪等，并且也知道一些季节的简单特征，比如冬天冷，夏天热等，时间和方位等抽象概念了解得更多，能分辨早、中、晚，知道上下、前后、里外等，而且能分辨所有常见颜色。另外，宝宝会区分性别，此时的宝宝可以记住6～8个月以前的人或事。

宝宝的性别意识也在3岁左右开始萌芽，察觉到自己和异性宝宝的区别，并说出自己是男孩还是女孩，也能区分出别人是男性还是女性。

宝宝的思维能力发展也很不错，现在已经能够举一反三、触类旁通，可以通过类比、举例等让宝宝明白他不懂的事。他也逐渐明白了数字的含义，能够分辨出相等和不等。

情感情绪和人际关系：这个阶段的宝宝愿意和小朋友一起玩耍，也愿意参加集体活动，最喜欢的是过家家和打仗，有初步的交往技能，懂得轮流、谦让和合作，懂得遵守规则，行为变得慷慨，也会使用礼貌用语和别人打招呼。父母要用赞赏的眼光看待宝宝的人际交往行为，多给鼓励。

语言能力：词汇增加很快，开始使用数词和连词，也已经掌握了基本的句型和语法，在大人的指示下，能够讲出图片的内容，会背诵8～10首儿歌，能复述3～5个简单故事。

此时的宝宝问题特别多，父母要耐心回答，这是锻炼语言能力的重要途径，另外不要单纯讲述，还要善于提问，给宝宝创造说话的机会。

早教细节

父母要学会观察宝宝在小伙伴中间是否受欢迎，如果不受欢迎，很可能是能力太弱导致的，要加强锻炼。

宝宝缺锌要积极补

宝宝缺锌会影响发育，如矮小、厌食、性成熟障碍、免疫功能低下、皮疹及脱发等，如果宝宝有一些特异表现，比如嗜食异物（包括土块、煤渣、火柴头等），贫血，生长发育迟缓，容易反复发生呼吸道感染等，可能存在缺锌问题。不过，只要不是严重的缺锌问题，都建议食补，给宝宝吃些含锌元素丰富的食物如海产品中牡蛎、鱼类含锌量较高；动物性食物中瘦肉、猪肝、鸡肉、牛肉等也含一定量的锌。另外，豆类、坚果等都是补锌的好食品。如果能经常给小儿增加些含锌量高的食品，一般不会发生缺锌的情况。另外，少吃味精，因为它是引起缺锌的祸首之一。

如果宝宝缺锌严重，可在医生指导下进行药补，服用含锌制剂，如葡萄糖酸锌等。

补锌要预防过度，健康的人体对锌的需求量很低，一般1岁以下的宝宝对锌的需求量是每天3～5毫克。如果长期补锌过多，可使体内铁减少，引起或加重缺铁性贫血。另外，锌摄入量过多，会在体内蓄积引起中毒，出现恶心、腹泄、发热等症状，严重的甚至突然死亡。所以宝宝补锌一定要在医生指导下进行。

育儿细节

锌对维护大脑正常功能有意义，但并非补锌就可提高脑功能，所以不要盲目为此而补，以免锌过量。

避免宝宝“小气”

“小气”的宝宝，很难与小朋友们相处。在幼儿园及学校里，也很难结交到好朋友。要想宝宝能够豁达大度，能够宽容别人，需要父母从一点点小事做起。

宝宝的“小气”首先表现为喜欢吃“独食”，自己的玩具不让别的小朋友玩等。所以父母要让宝宝明白，好吃的东西并不是只有宝宝能吃，玩具人人都能玩。父母不要什么都宝宝优先，否则，会使宝宝错误地认为：父母让他都是应该的，到需要他让父母的时候，那就是违反常规了，宝宝自然不能接受。

宝宝“小气”，还表现出不能承受任何委屈。宝宝在外面受了小小的委屈，父母不要太在意，反而应该教宝宝宽容，比如小朋友不小心踩了宝宝的鞋，父母用大度的态度来影响他，说：“没关系！我给你擦一擦，玩吧！”宝宝就不会在意自己受到的委屈了。

早教细节

有的父母在宝宝受了同龄小伙伴欺负后会领着宝宝去找小朋友算账，这种做法要不得，否则只会让宝宝越来越“小气”。

教宝宝“试一试”

宝宝遇到困难会犹豫，开始在“想再试试看”的心情和“我可以做得好吗？”的不安中转换，如果此时父母给予鼓励，鼓励宝宝去试一试，跟宝宝说“会做为什么不做呢？”或“加油！”或“试试吧，宝宝一定能做好”等，也许宝宝就能一口气地跨越障碍，出色地完成一件事。

相反的，如果父母在宝宝犹豫的时候没有给予鼓励，而是给了宝宝退避的台阶，比如跟宝宝说：“宝宝原来不喜欢这个啊。”宝宝马上就会放弃尝试，错过一次体验成功的机会。

当然，宝宝犹豫时有可能的确是有现实的困难让他觉得无法克服，这时候父母可以给出建议或提示："如果这样做呢？"宝宝就会迅速领悟，转而快乐地去做了。

早教细节

让宝宝试着去做的事要适合宝宝的能力和年龄，一些明显做不到的却鼓励宝宝去试，只会让他受伤。

培养创造性思维

宝宝拿着把扫帚一会儿当马骑，一会儿当冲锋枪，充分体现了宝宝的创造性，父母不要嫌吵，反而要称赞和肯定他的创造性，有利于促进宝宝开拓思维。另外，还有些方法可以开发宝宝的创造性思维。

不要有问必答：提问题，是宝宝好奇心的表现。好奇心，是人类对自己不了解的事物感到新奇而有兴趣进行探究的一种心理倾向，它是推动人们主动求异，进行创造性思维的内部动因。对待宝宝提出的问题，不要"有问必答"，可以鼓励和引导宝宝自己思考，寻求答案，是开发创造性的有效手段。

教宝宝有趣地解决问题：在日常生活中，常会碰到一些小困难、小问题，不要急于帮宝宝解决，要让宝宝自己想想办法。例如，启发宝宝：小猫把球掉到了河里，很着急，帮它想想办法，怎样才能把球

取上来，办法想得越多越好。再比如把一块小积木放进一个不能伸进手去的瓶子里，让宝宝在不翻倒瓶子的条件下，想办法把积木从瓶中取出来，宝宝想的办法越多、越合理，越好。

根据故事开头编结尾：给宝宝讲一个新故事的时候，不要一口气讲到结尾，可以让宝宝自己想一想结尾会怎样，让他用自己的语言叙述出来。宝宝往往会给一个让大人意想不到的结尾。

在音乐、绘画中表现：在充分感受音乐的同时，要求宝宝为歌曲配上动作来载歌载舞，鼓励宝宝表达内心的情感；让宝宝自由发挥想象按意愿画，也可以规定一个主题，让宝宝围绕主题来加工和绘画。比如，要求画小猫，宝宝可能画小猫钓鱼，小猫捉老鼠，小猫的一家，宝宝抱着小猫，“加菲猫”等。

在游戏中想象：游戏，特别是建构游戏和角色游戏，都能够发展宝宝的创造思维。用积木搭各种建筑物时，宝宝可以凭自己的想象和意愿，无拘无束地建构。在玩商店、邮局、医院、餐厅、幼儿园等角色游戏中，宝宝可以在人物和活动情节上，根据自己的经验任意进行创造性想象。

早教细节

有时候宝宝的行为或者想法在大人看来有些匪夷所思，这时候父母可问问宝宝为什么这么想或这么做，不要以简单一句“瞎说”“胡闹”打发，可能会伤害宝宝的创造性思维。

别让宝宝出现性别认知偏差

宝宝在3岁左右开始有性别意识，开始关注异性宝宝跟自己的不同之处，经常会向父母提出男女差别的问题，父母可以正面回答，告诉他：“你是男孩，表姐是女孩，男孩是长鸡鸡的，女孩不长。男孩是跟爸爸一样的，女孩跟妈妈一样。”

当宝宝有了性别观念后，要潜移默化教宝宝认可自己的性别，别让宝宝发生性别认知上的偏差。国外的一些做法值得借鉴，比如给男宝宝穿蓝色，女宝宝穿粉色；男宝宝穿裤子，女宝宝穿裙子；爸爸带儿子洗澡，妈妈带女儿洗澡；多拥抱男宝宝，给予认可，多亲吻女宝宝，给予呵护。男宝宝多做挑战性运动，培养坚强勇敢的性格，女宝宝多做体操，锻炼柔韧、平和的个性。

早教细节

宝宝都会问"我从哪里来？"这样的问题，此时要用科学的语言给宝宝讲明白是很难的，只需简单地告诉宝宝："你是妈妈生的。"宝宝虽然未必理解，但一般也不会再追问，他只知道自己和妈妈有关系就足够了。

上幼儿园前实现自我管理

宝宝上幼儿园后，几乎所有的事都要自己完成了，在上幼儿园之前让他实现自我管理，是给他最好的礼物。这样可以减少很多宝宝上幼儿园后的不适感。实现自我管理包括让他自己起床、穿衣、洗漱、叠被子、整理玩具、收衣服等，另外还要让宝宝学会自己安排和对自己负责。

自己安排和自己负责：这一点对宝宝有些难，但还是要注意培养，每次带宝宝出门的时候，可以让宝宝想想需要带什么，让他意识到要穿衣服和戴帽子等。另外还可以让宝宝安排一下去哪里玩，准备做些什么，在宝宝提出来之后，可以帮他分析一下可行性和优劣等，最后商量一下决定去哪玩、怎么玩。外出后如果宝宝因为忘了带某样东西而发脾气时，父母不要自揽责任包办代替，而让宝宝意识到自己想做的事要自己安排好，安排不好，要学着负责到底。

这时期宝宝有些事情想要自己做，父母不要阻拦他，如果做得不好，也不要批评，以免让他为了避免批评，而不肯做。

早教细节

宝宝做不好的时候，父母可以帮忙，但是一定要让宝宝意识到这是他自己的责任，父母现在会帮忙，但当他长大了就需要自己负责到底了。

语言智能开发：快速抢答

快速抢答的游戏重视反应速度，气氛热烈，能让宝宝不知不觉放下羞涩和畏惧加入其中，对提高宝宝表现的勇气有帮助，而且快速抢答不仅仅考验语言表达能力，重点是有来有往的沟通。

这样的游戏可以在家里人多的时候玩，比如爷爷奶奶也在的时候就可以玩。先让参与抢答的人都坐到沙发上，妈妈站在茶几前宣布规则：妈妈提出问题后，知道的要迅速用筷子击碗，谁先敲响碗，问题由谁回答。回答对得一朵小红花，回答错减一朵小红花。抢答开始，妈妈提问，其他人先敲响碗，回答问题，得红花，给宝宝做个示范。下一个问题开始，其他人假装在思考，等等宝宝，妈妈问问宝宝知不知道，鼓励他知道就敲一下碗，然后让宝宝回答，回答对同样得红花。

有时候，参与游戏的人抢答后可故意答错，让宝宝来纠正，然后把答错的人的小红花收回，给宝宝再发一朵小红花。

早教细节

游戏开始时让宝宝多得些小红花，刺激他的玩兴，玩熟后要严格按照规则来，让他体会规则的力量，尝试失去和得到的感觉。

运动智能开发：定形撕纸

让宝宝按照要求将纸撕出形状，需要手指足够灵活，力道掌握适度，还要求手眼配合得好。

妈妈可找些纸，再拿一支笔，在纸上画圆形、方形、三角形、长方形等图形，要求宝宝先将外轮廓撕掉，再将中间多余的部分撕掉，撕得越精细越好。宝宝能够把画好线的图形撕出来之后，妈妈就加大难度，要求宝宝在没有画线的情况下直接把图形撕出来，说撕三角形就撕三角形，说撕长方形就撕长方形。

宝宝能按照要求定形撕纸后，把纸和笔都给宝宝，让宝宝自己画自己撕，也可以妈妈和宝宝一起撕，不过每撕出一片来妈妈都可以问问他撕的是什么，告诉他如何加工一下能变成什么，促使他的撕纸活动更有目的性。

早教细节

宝宝的想象力很丰富，但手未必能表现出来，妈妈这时候要帮助宝宝，但不要全部代劳。

数理逻辑能力开发：切分

分数概念对于宝宝来说是比较难理解的，不过日常生活中有很多涉及分数的事，可以乘机让宝宝对分数有个初步的概念。

与宝宝分享食物，可以让宝宝先感性地认识一些分份的知识。比如妈妈跟宝宝同吃一个橘子，妈妈对半分开，给宝宝一半，妈妈留一半，就说：“给宝宝1／2，妈妈1／2。跟爸爸三个人分一个橘子，就是每人1／3，然后再跟奶奶分，爷爷分。”

宝宝马上过3周岁生日了，在过生日的时候可以在切蛋糕的过程中让宝宝再了解了解分数概念。妈妈用刀切蛋糕的时候，边切边说：“我们把蛋糕切成8块，给了你这8块中的一块，给妈妈这8块中的另一块，你看爸爸这里还剩下8块中的6块！再把8块中的1块给爷爷，1块给奶奶，爸爸就剩下8块中的4块了。”基本分数如二分之一、四分之一、八分之一很容易就让宝宝了解了。

早教细节

一些具有危险性的物品如刀、剪刀，宝宝应该远离，但是随着宝宝长大，再让他远离就不那么容易了，最好是教给他正确的使用方法，让他具备避免受伤的意识。

音乐智能开发：听音乐作画

现在有的宝宝可以画出形象清晰的图画，不过大部分都是一些潦草的线条。在这个阶段可以尝试让宝宝边听音乐边画画，能同步提高空间视觉智能和音乐智能。

给宝宝准备1张白纸、彩色蜡笔、播放唱片，告诉宝宝听音乐的时候，想到了什么就画下来。看看乐曲变了，宝宝的图画会有什么变化，观察宝宝是否应用了不同的颜色。

宝宝画完了，妈妈要仔细看看，好好体会宝宝的图画跟音乐之间的联系，看不懂的，问问宝宝画的是什么，让他详细解释一下。

另外，玩沙子的时候，也可以给宝宝放一段音乐，让宝宝用手、脚在沙子上画画。对宝宝来说，用手、脚画画比用笔更自在，更能表达感情。

早教细节

宝宝的潦草线条，尽管很难看懂，但不要斥责说："画的什么呀，什么也看不懂。"以免影响宝宝的积极性和自信心。

空间视觉智能开发：时装表演

将近3岁的宝宝喜欢择衣，不满足妈妈给选择的衣服，总是要依照自己的意愿去选衣服、穿衣服，尽管有时候搭配得非常不得当，甚至夏天找出冬天的衣服要穿，但宝宝很坚持。这说明他对衣服的色彩、款式已经有了偏好。父母不妨跟宝宝玩玩时装表演的游戏，满足宝宝这种择衣的愿望，同时可借机给予指导，让宝宝了解更多色彩和款式搭配的知识，提高空间视觉智能。

时装表演的时候，可以让宝宝自己搭配衣服穿，然后父母点评宝宝搭配的优点和缺点。也可以由父母搭配给宝宝穿，父母可以搭配得很好看，也可以搭配得很雷人，让宝宝走到镜子前看看，让他说出搭配中的颜色以及图案、造型特点等，给出评价，说说自己喜不喜欢。

宝宝自己搭配的衣服在大人眼里有时候看上去不伦不类，但未必就是绝对错误的，也许是一种未来潮流呢，所以不要嘲笑宝宝，在不外出的情况下可以由着他穿自己喜欢的搭配。

早教细节

为了避免宝宝自己择衣做出太不适合的选择，又不伤害他的积极性，可以先由大人挑出两套衣服，再让宝宝在这个范围内挑选。

人际关系智能开发：协作游戏

妈妈和宝宝各拿一张对折的报纸，把两张报纸对准折痕连接起来，作为轨道，把乒乓球放在轨道上，让乒乓球在报纸上滚动，但不能掉下去。这个游戏需要两个人协作。

妈妈抬高自己一侧的报纸，让乒乓球滚向宝宝，但保持两张报纸折痕始终连接在一起的状态，同时提醒宝宝："抬高报纸，别让乒乓球掉下去。""别跟妈妈的报纸分开。"让宝宝学会不让乒乓球掉下去的技巧。

妈妈提出要求："我们一起站起来，把乒乓球运到门口去。"然后小心地站起来，双方都努力不让乒乓球掉下来，把乒乓球运到目的地。宝宝会很有成就感。

两个人共同努力完成游戏，宝宝会体会到协作的重要性。这种精神是将来宝宝为人处世应该具备的一种重要精神。

早教细节

这个游戏参加人越多越需要共同协作，可以让爸爸、爷爷、奶奶等一起参与进来。

自然观察智能开发：认知天体

宝宝感兴趣的事物越来越多，很可能对月亮、星辰也开始感兴趣了，父母要及时让宝宝认知。可以给宝宝买有星星、月亮等各种天体的图画书，并讲讲星星、月亮是什么，让宝宝对这些天体有个概念性的了解。

另外，在日常生活中，要多提醒宝宝关注这些天体的变化，每天早上起床之后，打开窗户，让宝宝看看太阳升高了；傍晚看看太阳落下了，该回家了；夏天夜里天气好的时候，可以跟宝宝坐在阳台上，看看星星、月亮，让宝宝找找哪颗星星最亮，观察一下今天的月亮和昨天有什么不同。

如果宝宝有进一步的追问，比如太阳为什么发光，星星为什么不掉下来，可以找本自然书，用专业的语言讲述给他听。宝宝虽然听不懂，但对这些知识的好奇心反而增加了。

早教细节

有些城市里可能不容易看到日升月落、繁星满天的景象，妈妈可以带宝宝去农村体验体验，也可以去天文馆去看看，让宝宝感受一下宇宙的魅力。